Dos verdades ocultas

Bajo el polvo de la indiferencia

LUIS BARBOZA

Luis Alonso Barboza Jiménez
Dos Verdades ocultas bajo el polvo de la indiferencia
/ Primera Edición. Luis A. Barboza Jiménez. San José, Costa Rica. 350p.;
22.86x15,24 cm.
ISBN 978-9968-47-896-0
Cristianismo, Teología Cristiana

© 2015 Luis Barboza. Idioma español.
Impreso en Estados Unidos de América por Amazon
Primera edición 2015
Originalmente publicado con el título:
Dos Verdades Ocultas Bajo el Polvo de la Indiferencia
por Luis Alonso Barboza Jiménez.
Para consultas y comentarios: luabaji@gmail.com
Foto de Jeremy Bishop en Pexels
Todos los derechos de publicación son exclusivos de Luis Barboza.
Costa Rica, Centroamérica

Dedicatoria

Al Señor por usarme y darme paciencia y claridad de mente en este proyecto tan difícil y también por permitirme ver los frutos de este trabajo en la vida de otras personas. A mi madre, María Virginia, por inculcarme desde niño el amor a la Palabra de Dios y por apoyarme en esta obra en medio de todos los obstáculos. A mis hijos, Luis Andrés y Paula, por su cariño y por ser parte de mi inspiración en todos los momentos difíciles que hemos pasado.

Introducción

A menudo la gente común se sorprende de los genios que tienen la capacidad mental de explicar el mundo en que vivimos por medio de las matemáticas, sin embargo, por más admirables que sean este tipo de personas simplemente ellos están descubriendo e interpretando leyes matemáticas que siempre han existido, pero ¿cómo puede este mundo que salió de la nada, como muchos afirman, estar regido por leyes tan perfectas? ¿Cómo pudo crear la nada algo si la nada no existe? Ahora bien, si estamos conscientes de que hay un Dios creador, que se preocupa de sus criaturas ¿por qué la muerte y el dolor? ¿habrá un más allá lleno de dicha y plenitud de vida? Si es así ¿cuál es la respuesta del Señor al problema del pecado?

En forma espontánea decimos que para solucionar el problema del pecado Cristo vino a morir por nosotros, pero ¿qué significa realmente eso? ¿por qué Cristo vino a morir por nosotros y por qué específicamente fue él y no otro?

A lo largo de esta obra desvelaremos la trama que hay desde que empezó el pecado hasta que este desaparecerá para siempre y en este recorrido verificaremos la sorprendente lógica de la Biblia desde la perspectiva de dos doctrinas importantísimas en la interpretación profética como lo son: La mortalidad del alma y los diez mandamientos en el plan de salvación. De seguro, al terminar de leer esta obra su fe y esperanza en el Señor saldrán realmente fortalecidas.

Capítulo I: La ley de Dios y la redención

¿Y si hoy fuera tu último día?

¿Q ué pasaría si hoy fuera tu último día? ¿Crees que en el día en que tengas que rendirle cuentas a Dios serías encontrado justo?

Estoy seguro que, como la mayoría, te consideras una persona buena y que no le haces mal a nadie, pero, ¿Qué tal si haces una pequeña prueba para ver qué tan bueno eres? Cuestiónate lo siguiente: ¿Has alguna vez mentido? No importa si tus mentiras han sido grandes o pequeñas; si has mentido eso te hace un mentiroso ¿cierto? ¿Alguna vez has robado algo? Si lo que alguna vez robaste fue pequeño o fue grande, no interesa, lo que cuenta es que tomaste algo que no era tuyo y eso también te hace un ladrón. ¿Has matado a alguien? Quizás no hayas asesinado a nadie, pero, dice 1 Juan 3:15 que si alguna vez has aborrecido a alguien eso te convierte en homicida. Te hago otra pregunta: ¿Eres una persona adúltera? La mayoría de las personas contestarán inmediatamente que no, pero, dice Jesús, en Mateo 5:28, que "cualquiera que mira a una mujer para codiciarla, ya adulteró con ella en su corazón". Si alguna vez viste a otra persona con lujuria, entonces, has sido una persona adúltera, aunque no hayas tenido contacto físico con ella.

Hemos visto solo cuatro de los diez mandamientos y si, a las preguntas que te hice, respondiste afirmativamente, entonces, eres una persona mentirosa, ladrona, asesina, y adúltera por tu misma confesión. Teniendo esto en cuenta te pregunto de nuevo: ¿Qué pasaría si hoy fuera tu último día? ¿Crees que en el día en que tengas que rendirle cuentas a Dios serías encontrado justo?... Obviamente serías culpable.

Tal vez digas que son más las cosas buenas que haces que las malas, y que eso haría que la balanza se incline a tu favor, pero, piensa en esto: Viene un hombre, acusado de homicidio, y se presenta ante un juez y le dice: "señor juez reconozco que he cometido homicidio pero tome en cuenta que he sido un buen padre, un buen hijo, ayudo a la gente pobre con dinero, etc, etc y, por lo tanto, le solicito que me declare inocente en este juicio". ¿Cómo le respondería el juez? ¿Le declararía inocente por las cosas buenas que hizo este hombre? por supuesto que no. De la misma manera hará el Señor. No seremos juzgados por las cosas buenas que hagamos sino por las cosas malas que hicimos, ya que sin santidad nadie verá al Señor (ver Hebreos 12:14). Dios es amor pero también la justicia es una de sus cualidades y, por lo tanto, no tendrá por inocente al culpable (ver Números 14:18).

Ten presente que mientras estemos en este mundo tendremos pruebas y seremos tentados, pero, la tentación no es pecado, sin embargo, ceder a la tentación si es pecado ya que pecar es opcional; tú decides si pecas o no.

A pesar de todo siempre hay una esperanza pues Dios, a través de su Hijo, pagó la deuda que tú tenías que pagar. Si confiesas tu pecado y te arrepientes, dejando de hacer lo que hasta ahora has hecho, el Señor, por medio de su Espíritu, te dará la victoria sobre el pecado y, de esta forma, estarás guardando los mandamientos no para ser salvo sino porque eres salvo.

Los diez mandamientos son el espejo del alma, tal y como lo afirma Santiago 1:23-25. En ese espejo podemos ver todas nuestras debilidades y defectos y eso nos crea la necesidad de buscar la solución a todos nuestros problemas en Jesucristo, nuestro redentor. La ley, aunque es útil, no te puede salvar ya que ella solo actúa como una señal de tránsito que te advierte del peligro. Dice Romanos 7:7.

¿Qué diremos, pues? ¿La ley es pecado? En ninguna manera. Pero yo no conocí el pecado sino por la ley; porque tampoco conociera la codicia, si la ley no dijera: No codiciarás."

A continuación, te detallaré lo que Señor, a través del tiempo y en su misericordia, ha hecho para poder redimirte a ti y a toda la humanidad.

Breve historia de la redención

La evidencia bíblica deja en claro que el pecado no tuvo su origen en la tierra, sino en el mismo cielo, y que se manifestó primeramente en un ser llamado Lucifer. El capítulo 28 de Ezequiel se vale de la arrogancia del rey de Tiro para comparar a Lucifer con este rey. Es patente que Ezequiel 28 no se refiere enteramente al rey de Tiro literal porque, en un momento dado, dice que el rey de Tiro estuvo en el huerto del Edén, y que también fue un querubín, cosas que evidentemente no aplican al rey de Tiro textual. Lucifer fue un ser creado por Dios, pero, esto no quiere decir que Dios haya creado el mal, ya que el Señor da a sus criaturas inteligentes la facultad de elegir.

"$_{13}$En Edén, en el huerto de Dios estuviste, de toda piedra preciosa era tu vestidura; de cornelina, topacio, jaspe, crisólito, berilo y ónice; de zafiro, carbunclo, esmeralda y oro; los primores de tus tambores y flautas estuvieron preparados para ti en el día de tu creación. $_{15}$ Perfecto eras en todos tus caminos **desde el día que fuiste creado** hasta que se halló en ti maldad." Ezequiel 28:13,15

La función que tenía este ser especial en el cielo es descrita por el profeta Ezequiel.

"Tú **querubín** grande, **protector**, yo te puse en el santo monte de Dios, allí estuviste; en medio de las piedras de fuego te paseabas." Ezequiel 28:14

Para saber que es un querubín protector debemos ir a Éxodo 25:19,20.

"$_{19}$Harás, pues, un querubín en un extremo, y un querubín en el otro extremo, de una pieza con el propiciatorio harás los querubines en sus dos extremos. $_{20}$ Y los querubines extenderán por encima las alas, **cubriendo** con sus alas el propiciatorio; sus rostros el uno enfrente del otro, mirando al propiciatorio los rostros de los querubines." Éxodo 25:19,20

Dios mandó a Moisés que construyera un tabernáculo, que era copia de algo que ya existía en el cielo, de acuerdo con Éxodo 25:40 y Hebreos 9:24. El arca del pacto se encontraba en la sección del santuario llamada lugar santísimo. La tapa del arca del pacto se llama propiciatorio (ver Éxodo 25:21) y esta es un símbolo del trono de Dios en los cielos, porque desde ahí se manifestaba la gloria y la voluntad de Dios, como podemos ver en Números 7:89 y Levítico 16:2. Dentro del arca lo único que había era las dos tablas de piedra con los diez mandamientos escritos con el dedo de Dios, como se puede notar en Deuteronomio 10:5 y 2 Crónicas 5:10. El santuario celestial (que es el santuario a donde llegó a ministrar Cristo como verdadero sacerdote luego de su ascensión, de acuerdo con Hebreos 8:1,2) tiene su propia arca del pacto y, por ende, dentro del arca está la eterna ley de Dios, como sucedió en el santuario terrenal, y es escoltada por querubines. Uno de esos querubines, en la antigüedad, fue Satanás. El apóstol Juan, quien tuvo el privilegio de ver en visión el santuario celestial, nos comenta lo siguiente:

*"Y el templo de Dios fue **abierto en el cielo, y el arca de su pacto** se veía en el templo. Y hubo relámpagos, voces, truenos, un terremoto y grande granizo." Apocalipsis 11:19*

El arca del pacto se llama así porque los diez mandamientos son el pacto de Dios con sus hijos, como se puede comprobar en Éxodo 34:27,28 y Deuteronomio 4:13. La ley de Dios se encuentra en el lugar más cercano del trono del Señor y así de cercano estuvo Lucifer de Dios.

A pesar de la posición tan digna que ocupaba Lucifer en el cielo, dicen Las Escrituras que se rebeló contra Dios.

*"A causa de la multitud de tus contrataciones fuiste lleno de iniquidad, y **pecaste**; por lo que yo te eché del monte de Dios, y te arrojé de entre las piedras del fuego, oh querubín protector." Ezequiel 28:16*

14

*"El que practica el pecado es del diablo; **porque el diablo peca desde el principio**. Para esto apareció el Hijo de Dios, para deshacer las obras del diablo."* 1 Juan 3:8

La definición bíblica de pecado la encontramos en 1 Juan 3:4.

*"Todo aquel que comete pecado, infringe también la ley; pues **el pecado es infracción de la ley**."* 1 Juan 3:4

Con esto podemos afirmar que Lucifer se rebeló contra la ley que se encontraba en el arca y por eso, dicen Ezequiel y Juan, cometió pecado. Todo el conflicto entre el bien y el mal tiene que ver con la ley ya que el propósito de la ley es proteger las relaciones entre las personas y entre las personas y Dios y, por eso, la esencia del pecado es el egoísmo mientras que la definición de la ley es el amor, como bien dice Pablo en Romanos 13:10.

El pecado de Satanás consistió en que quiso ser igual a Dios. Isaías 14 menciona lo siguiente:

"12!Cómo caíste del cielo, oh Lucero, hijo de la mañana¡ Cortado fuiste por tierra, tú que debilitabas a las naciones. 13 Tú que decías en tu corazón: (Yo) Subiré al cielo; en lo alto, junto a las estrellas de Dios, (yo) levantaré mi trono, y en el monte del testimonio (yo) me sentaré, a los lados del norte. 14 sobre las alturas de las nubes (yo) subiré, y (yo) seré semejante al Altísimo." Isaías 14:12-14, nota: paréntesis agregados con fines explicativos.

Ahora Isaías 14 hace el paralelismo entre la soberbia y la caída del rey de Babilonia y lo que sucedió con Satanás, pues, definitivamente los versículos 12-14 nos hablan de un ser que tuvo un origen celestial, y que fue cercano a Dios. Los paréntesis, en los versículos anteriores, son los pronombres tal cual están escritos en el texto hebreo, pero, que no están explícitos en la traducción, pues los pronombres en la traducción se encuentran implícitos en el verbo. Esto nos enseña que el problema de Satanás, definitivamente, era el "yo" o el egoísmo.

Sin embargo, Lucifer no cayó solo y esto lo podemos comprobar en Apocalipsis 12: 3,4,7-9.

*"₃También apareció otra señal en el cielo: he aquí un gran dragón escarlata, que tenía siete cabezas y diez cuernos, y en sus cabezas siete diademas; ₄ **y su cola arrastraba la tercera parte de las estrellas del cielo**, y las arrojó sobre la tierra. Y el dragón se paró frente a la mujer que estaba para dar a luz, a fin de devorar a su hijo tan pronto como naciese. ₇ Después hubo una gran batalla en el cielo: Miguel y sus ángeles luchaban contra el dragón, y luchaban el dragón y sus ángeles; ₈ pero no prevalecieron, ni se halló ya lugar para ellos en el cielo. ₉ y fue lanzado fuera el gran dragón, la serpiente antigua, que se llama diablo y Satanás, el cual engaña al mundo entero; fue arrojado a la tierra, **y sus ángeles fueron arrojados con él**." Apocalipsis 12:3,4,7-9*

La manera en que Lucifer engañó a los otros ángeles nos las describe Ezequiel 28:16 de la siguiente forma:

*"A causa de la multitud de tus **contrataciones** fuiste lleno de iniquidad, y pecaste; por lo que yo te eché del monte de Dios, y te arrojé de entre las piedras del fuego, oh querubín protector." Ezequiel 28:16*

La palabra "**contrataciones**" (*rakil*) se traduce, en otras partes de las Escrituras, con significados diferentes y más acordes con lo que sucedió en el cielo, por ejemplo, en Ezequiel 22:9 esta palabra se traduce como "calumniadores" mientras que en Levítico 19:16 como "chismeando". Estos otros significados concuerdan muy bien con lo que dice Apocalipsis 12:4 en donde menciona que Satanás, o el dragón, arrastró a la tercera parte de las estrellas del cielo que son ángeles (ver Apocalipsis 1:20) con la cola que simboliza la mentira, según Isaías 9:14,15. Recordemos que

Apocalipsis es un libro lleno de símbolos y que esa simbología se descifra con las mismas Escrituras.

"14Y Jehová cortará de Israel cabeza y cola, rama y caña en un mismo día. 15 El anciano y venerable de rostro es la cabeza; el profeta que enseña mentira, es la cola." Isaías 9:14,15

"Vosotros sois de vuestro padre el diablo, y los deseos de vuestro padre queréis hacer. Él ha sido homicida desde el principio, y no ha permanecido en la verdad, porque no hay verdad en él. Cuando habla mentira, de suyo habla; porque es mentiroso, y padre de mentira." Juan 8:44

En otras palabras, Lucifer mediante la mentira convenció a los ángeles que con él cayeron y el carácter de Dios, que se expresa en su ley (1 Juan 4:8), fue calumniado.

A pesar de eso, la influencia de Lucifer no solo afectaría a los ángeles que cayeron sino también afectaría a un mundo y una raza entera, pero, sería ahí cuando se manifestaría la justicia de Dios en Cristo y, por ese acontecimiento, Satanás y sus ángeles serían juzgados y reservados para condena eterna.

"y de juicio, por cuanto el príncipe de este mundo ha sido ya juzgado." Juan 16:11

"Todos los que te conocieron de entre los pueblos se maravillarán de ti, espanto serás, y para siempre dejarás de ser." Ezequiel 28:19

A parte de comprender como se originó el pecado en el universo, es importante entender la literalidad de los primeros capítulos del Génesis. Son muchos los creyentes que piensan que los primeros capítulos del Génesis son simbólicos y que históricamente no ocurrieron, sin embargo, la evidencia del Nuevo Testamento deja en claro que, en realidad, los primeros capítulos de las Escrituras, y por ende del Génesis, son hechos totalmente literales. Podríamos extender esta discusión al plano científico, lo cual sería super interesante, pero solo nos concentraremos en lo que dice el Nuevo Testamento, de esa porción del Antiguo Testamento, para no desviarnos del tema tan importante que, en estos momentos, estamos tratando.

Cristo, en Mateo 19:4-6, nos dice que, tal y como se ve en Génesis, al principio Dios creó un hombre y una mujer de los cuales descendemos todos, en otras palabras, no somos seres producto de la evolución, como incluso se predica desde algunos púlpitos. Por otro lado, en Marcos 2:27, el mismo Jesús confirma que el Señor al principio, en un día literal de 24 horas, instituyo el sábado por causa del hombre y, por lo tanto, la semana de la creación, tal y como dice Génesis 1, es una semana literal y no corresponde a una creación de miles, o millones de años, como algunos cristianos están afirmando en la actualidad. En Mateo 24:37-39 el mismo Jesús también nos habla de la literalidad del diluvio universal en la época de Noé, algo que también es negado por un grupo, cada vez más creciente, de cristianos. Por todo esto, podemos afirmar que, para Jesucristo los hechos relatados, en los primeros capítulos de Génesis, son hechos que en realidad ocurrieron en la historia, tal y como son descritos al principio de las Escrituras. Otros eventos de Génesis, confirmados por personajes del Nuevo Testamento como históricos, son: La trasposición de Enoc, en Hebreos 11:5, la historia de Caín y Abel, en 1 Juan 3:12 y la historia de Sodoma y Gomorra, en Lucas 17:28,29, solo por mencionar algunos. Si los escritores, y personajes de la Palabra de Dios, entendieron los primeros capítulos de Génesis como literales, y usted los ve como simbólicos, es lógico que a la postre su interpretación de las Sagradas Escrituras, en muchos aspectos, estará incorrecta. Cualquier tema de la Palabra de Dios tiene su origen en los primeros capítulos del Génesis y la historia de la redención, que es el tema central de las Escrituras, no es la excepción.

El plan de redención, que es la acción divina para rescatar al pecador, es algo que básicamente debería comprender todo cristiano. Para muchos, de los que se llaman cristianos, Jesús solo era un buen hombre que murió injustamente a manos de gente malvada que no quiso escucharlo, incluso, muchos desconocen de la existencia previa que tuvo el Salvador, antes de venir como hombre a este mundo, y no creen en que un día, este planeta, no será como lo es actualmente sino que se transformará en un mundo lleno de vida, perfección y dicha eterna, en donde la muerte dejará de existir y las penas serán cosas del pasado.

Aun cuando la gente dice que Cristo vino a morir por nuestros pecados se desconoce, en términos generales, en que consiste este concepto. ¿Por qué Jesús murió una muerte sustituta? ¿Por qué fue Jesús, y no otro, el que tuvo que morir por nuestras faltas? Trataremos de dar respuesta a estas y otras preguntas.

Dice Génesis 1:1 que: *"En el principio creó Dios los cielos y la tierra"* pero ¿quién es este Dios que creó los cielos y la tierra? Hablando de Cristo, dice Juan 1:1-3:

",En el principio era el Verbo, y el Verbo era con Dios, y el Verbo era Dios. 2 Éste era en el principio con Dios. 3 Todas las cosas por él fueran hechas, y sin él nada de lo que ha sido hecho, fue hecho."

Cristo es el creador de los cielos y la tierra, pero ¿cómo sabemos que el Verbo es Cristo? Lo sabemos porque Juan 1:14 dice:

"Y aquel Verbo fue hecho carne y habitó entre nosotros (y vimos su gloria, gloria como del unigénito del Padre), lleno de gracia y de verdad."

La creación, tanto terrenal como universal, se llevó a cabo a través de Cristo, lo que no quiere decir que la creación no sea parte de un plan elaborado por la Divinidad en pleno. Es a través de Cristo como se ejecutan los proyectos divinos de la creación. Hablando sobre esto, dice Colosenses 1:16:

*"Porque **en él** fueron creadas todas las cosas, las que hay en los cielos y las que hay en la tierra, visibles e invisibles; sean tronos, sean dominios,*

Dos verdades ocultas bajo el polvo de la indiferencia

*sean principados, sean potestades; todo fue creado **por medio de él** y para él."*

En el principio, todas las cosas en este mundo fueron hechas perfectas y la armonía reinaba en la tierra. Dios pudo haber evitado que el hombre cayera, simplemente, si no hubiera puesto la prueba que puso a Adán y Eva, pero, esta prueba tenía la finalidad de demostrar, ante todas las demás criaturas inteligentes del universo, que Dios le daba al hombre la oportunidad de servirle, solo si él quería hacerlo. La prueba era realmente sencilla, ya que Dios no le pidió al hombre una gran hazaña, sin embargo, el hombre decidió no someterse a la autoridad del Señor y esto causó que la armonía que había se destruyera. La prueba en cuestión fue la siguiente:

"15 Tomó, pues, Jehová Dios al hombre, y lo puso en el huerto de Edén, para que lo labrara y lo guardase. 16 Y mandó Jehová Dios al hombre diciendo: De todo árbol del huerto podrás comer; 17 mas del árbol de la ciencia del bien y del mal no comerás; porque el día que de él comieres, ciertamente morirás." Génesis 2:15-17

La única fuente de moralidad es Dios. Dios es el único que sabe qué es bueno y qué es malo y Dios expresa el ideal moral a sus criaturas mediante los diez mandamientos. El pecado fue lo que trastornó el mundo perfecto. La definición de pecado, como vimos, la encontramos en 1 Juan 3:4: *"Todo aquel que comete pecado, infringe también la ley; pues **el pecado es infracción a la ley**."*. Pero ¿desobedecieron Adán y Eva la orden de no comer el fruto del árbol o los diez mandamientos? En realidad, la orden de no comer del fruto prohibido incluía los diez mandamientos.

Dice Génesis 3:6, que la mujer **codició** tener la sabiduría que el árbol le podía proporcionar y cuando la mujer tomó del fruto se convirtió en **ladrona,** pues el fruto pertenecía a Dios exclusivamente. Nuestros primeros padres también fueron **homicidas,** pues, no solo se expusieron ellos mismos a la muerte sino a todos sus descendientes. El quinto mandamiento habla sobre la honra que se les debe a los padres, y Adán y Eva

20

deshonraron a su Padre celestial al desobedecerlo. Eva se convirtió en el **ídolo** de Adán y, por lo tanto, Adán desobedeció el primer y segundo mandamiento. Eva también **mintió** cuando le dijo a la serpiente que Dios había dicho que no podían tocar el fruto del árbol, pues el Señor eso no lo había mencionado. Si siguiéramos haciendo un análisis, mandamiento por mandamiento, nos daríamos cuenta que, nuestros primeros padres, violentaron toda la ley y eso fue lo que causó que el pecado entrara en el mundo.

Es interesante ver lo que le dice Satanás a Eva en los siguientes textos:

*"₄Entonces la serpiente dijo a la mujer: No moriréis; ₅ sino que sabe Dios que el día que comáis de él, serán abiertos vuestros ojos, y **seréis como Dios, sabiendo el bien y el mal.**" Génesis 3:4,5*

¿Qué quiere decir la frase: *"seréis como Dios, sabiendo el bien y el mal"*? Significa que el hombre mismo sería su propia fuente de moralidad, que el hombre no tendría que consultar la voluntad de Dios para saber qué es lo que está bueno o no, sin embargo, dice Jeremías 17:9: *"Engañoso es el corazón más que todas las cosas, y perverso; ¿quién lo conocerá?."*

Lo que vemos hasta aquí es un ataque directo contra la ley de Dios y la ley exige la muerte del pecador (ver Romanos 6:23), por tal motivo, dijo el Señor a Adán y Eva: *"el día que de él comieres, ciertamente morirás"*. Pero ¿por qué Dios no mató a Adán y Eva el día que pecaron? Cuando Adán y Eva pecaron Dios tuvo un gran dilema. La justicia y la misericordia de Dios tuvieron una gran prueba que debían superar. La justicia exigía la muerte, pero, si Dios hubiera dado muerte a nuestros primeros padres ¿cómo se hubiera visto el amor o la misericordia de Dios ante todos los demás seres inteligentes? ¿Le servirían los ángeles a Dios por amor o por miedo? Y si Dios no aplicaba la justicia, entonces, ¿desde ese momento reinarían la anarquía, la injusticia, el sufrimiento y la violencia por toda la eternidad? Si nos ponemos a pensar, Dios estaba siendo juzgado por la situación que provocó Satanás y todo el universo debió estar expectante por la decisión que Dios iba a tomar. El carácter de Dios, que se refleja en su santa ley, sería vindicado plenamente con el correr de los siglos.

En realidad, desde antes de la fundación del mundo, Dios tenía un plan de salvación en el cual, si algo pasaba, la justicia y la misericordia de Dios estarían conciliadas. Cristo, como Dios creador, sería el responsable de rescatar al pecador. El justo moriría por los injustos y, de esa forma, se podría garantizar de nuevo la vida eterna a la raza perdida. Sin embargo, el pecado se manifestaría mientras este plan se desarrollaba y, de esta manera, las nefastas consecuencias del pecado quedarían expuestas ante todo el universo. Definitivamente, lo que ha pasado en este mundo es una lección para todo el universo que evitará que el pecado vuelva a aparecer en otro lugar y momento.

*"18Sabiendo que fuisteis rescatados de vuestra vana manera de vivir, la cual recibisteis de vuestros padres, no con cosas corruptibles, como oro o plata, 19 sino con la sangre preciosa de Cristo, como de un cordero sin mancha y sin contaminación, 20 ya **destinado desde antes de la fundación del mundo**, pero manifestado, en los postreros tiempos por amor de vosotros."* 1 Pedro 1:18-20

*"Pero Cristo, habiendo ofrecido **una vez para siempre** un solo sacrificio por los pecados, se ha sentado a la diestra de Dios."* Hebreos 10:12

Adán y Eva no murieron el día que pecaron, pues, desde ese día se les dio la promesa de un redentor, como bien se puede apreciar en Génesis 3:15:

"Y pondré enemistad entre ti y la mujer, y entre tu simiente y la simiente tuya; ésta te herirá en la cabeza, y tú le herirás en el calcañar."

Cristo, la simiente que vencería a Satanás (ver Gálatas 3:16), sería enviado a este mundo a vivir la vida santa que el hombre no pudo vivir para ponerla en lugar nuestro y, de esta forma, se pagaría la deuda que dejó el pecado.

Aquel triste día, en que el hombre cayó, el Señor cubrió la desnudez que había dejado el pecado, en Adán y Eva, con pieles de animales inocentes.

"Y Jehová Dios hizo al hombre y a su mujer túnicas de pieles y los vistió." *Génesis 3:21*

Dios no solo hizo las vestiduras sino que también vistió a la humanidad, símbolo todo esto, de la justicia divina que cubriría a todos aquellos que aceptarán el sacrificio de Cristo en la cruz del calvario.

"En gran manera me gozaré en Jehová, mi alma se alegrará en mi Dios; porque me vistió con vestiduras de salvación, me rodeó de manto de justicia, como a novio me atavió y como a novia adornada con sus joyas." Isaías 61:10

La salvación solo podía venir de otro ser humano que fuera santo y que pusiera su vida en lugar de la nuestra. La muerte había entrado por un hombre y debía salir por medio de otro.

"12Por tanto, como el pecado entró en el mundo por un hombre, y por el pecado la muerte, así la muerte pasó a todos los hombres, por cuanto todos pecaron. 14 No obstante, reinó la muerte desde Adán hasta Moisés, aun en los que no pecaron a la manera de la transgresión de Adán, el cual es figura del que había de venir." Romanos 5:12,14

Siendo Dios, Cristo no era pariente nuestro (humanamente hablando) ya que no compartía nuestra misma naturaleza y, por lo tanto, se encarnó como humano, algo que se ilustra muy bien en las leyes sobre deudas del libro de Levítico (ver Levítico 25:47-49). Nosotros nos hicimos esclavos del pecado y Jesús de Nazaret, nuestro pariente cercano, nos redimió de la esclavitud, pagando la deuda que nosotros teníamos.

"₅Haya, pues, en vosotros este sentir que hubo también en Cristo Jesús, ₆ el cual, siendo en forma de Dios, no escatimó el ser igual a Dios como cosa a que aferrarse, ₇ sino que se despojó a sí mismo, tomando forma de siervo, hecho semejante a los hombres; ₈ y estando en la condición de hombre, se humilló a sí mismo, haciéndose obediente hasta la muerte, y muerte de cruz." Filipenses 2:5-8

El nombre "Hijo de Dios" nos habla de la humanidad de Cristo. Cristo, en su parte humana, es el Hijo de Dios, y de hecho el único Hijo de Dios, ya que todos los que aceptemos a Cristo, como Salvador, solo seremos hijos de Dios por medio de la adopción (pues, antes de eso éramos hijos de la ira, de acuerdo con Efesios 2:3) y, de esa manera, es que podemos ser herederos de las promesas (ver Gálatas 3:26-29). El ángel Gabriel le dijo a María que el hijo que ella tendría "sería" (verbo en futuro) llamado Hijo de Dios ¿por qué? Porque el único Hijo de Dios, humanamente hablando, había sido Adán, pero, este había caído, sin embargo, ahora vendría Cristo, como hombre, para vivir la vida santa que debió haber vivido Adán para ponerla a nuestro favor (ver Lucas 1:35, Hechos 13:32-33).

Toda la historia del Antiguo Testamento tiene que ver con la lucha entre el bien y el mal; tiene que ver con la forma en la que Dios va acomodando las circunstancias para que la promesa, de la venida del Mesías, se cumpliera y, también, tiene que ver con la forma en que Satanás procuraría boicotear ese plan para que no se llevara a cabo.

Podemos ver, en Génesis 1:26-28, que Dios le concede el dominio de este mundo a Adán, pero, cuando este peca el mundo cae bajo el dominio de Satanás y es por eso que Cristo, en Juan 12:31; Juan 14:30 y Juan 16:11, llama a Satanás: "príncipe de este mundo". De hecho, podemos ver también, en Lucas 4:5-6, como Satanás le ofrece los reinos de este mundo a Jesús porque a él le habían sido entregados, según las propias palabras de Satanás.

"₅Le llevó el diablo a un alto monte, y le mostró en un momento todos los reinos de la tierra. ₆ Y le dijo el diablo: A ti te daré toda esta potestad, y la gloria de ellos, porque a mí me ha sido entregada, y a quien quiero la doy. ₇ Si tú postrado me adorares, todos serán tuyos." Lucas 4:5-7

Cristo podría haber sido vencido por la tentación y haberlo perdido todo, y eso es prueba de su gran amor. No tenía sentido que Satanás tentara a Cristo sabiendo que era imposible que él cediera al pecado. Cristo debía estar en la misma posición del hombre pero, donde el hombre había fallado, él debía triunfar para recuperar el reino perdido.

Para evitar la venida del Mesías, en un principio, lo que hace Satanás es, mediante Caín (ver 1 Juan 3:12), matar a Abel para evitar que, por medio de él, viniera el Salvador a este mundo, sin embargo, Dios levanta a Set y a través de él sigue el linaje santo. Pronto Satanás se da cuenta de que Set, y todos los demás de este linaje no son enteramente perfectos, cómo debería ser el Mesías y, de todos modos, si elimina a uno, Dios siempre levanta a otro. Satanás comprende que lo que Dios pretende es levantar un linaje que conserve el conocimiento de Dios y que de ahí iba a venir el Mesías y, por lo tanto, es inútil estar dando muerte a la gente de ese linaje y, en su lugar, decide contaminar a los hijos de Dios y lo que pasa es que, para la época de Noé, el mundo está totalmente corrompido, a tal punto, que Dios debe eliminar la raza impía antes de que los pocos justos, que quedaban, se contaminaran y se fuera a perder el linaje por medio del cual vendría el Mesías.

El linaje santo continúa por medio de Sem, hijo de Noé, y de Sem va a venir Abraham. Dios llama a salir a Abram de Ur de los caldeos antes que él se contamine con la forma de vivir impía, en que se acostumbraba a vivir en ese lugar.

Precisamente, en el capítulo 22 de Génesis, Dios le muestra a Abraham, de una forma significativa, el plan de salvación; algo que Abraham de seguro sabía pero que mediante esa experiencia iba a comprender de una manera más profunda. La historia a la que me refiero es aquella en la que el Señor le ordena a Abraham que sacrifique a su hijo. Para esa época, Abraham era un anciano de más de cien años y el hijo de la promesa, Isaac, era un joven que nació de un milagro. El joven Isaac, tal y como lo indica el relato, era un joven obediente y sumiso que hacía la voluntad de su padre. Dios califica a Isaac, en Génesis 22:2, como el único hijo de Abraham, pero, este realmente no era el único hijo de Abraham.

"Y dijo: Toma ahora tu hijo, tu único, Isaac, a quien amas, y vete a tierra de Moriah, y ofrécelo allí en holocausto sobre uno de los montes que yo te diré." Génesis 22:2

La palabra hebrea que se traduce como *"único"*, en Génesis 22:2, es *Yachid* pero la palabra *Yachid* no tiene que ver con cantidad sino con la naturaleza o cualidad de las cosas y, en el caso de Isaac, él era el único hijo de Abraham en su naturaleza, ya que fue concebido por un milagro, porque recordemos que fue concebido por sus padres en plena vejez. Del mismo modo, siglos después, el nacimiento de Cristo sería obra de un milagro, pues, fue concebido por medio del Espíritu Santo. Hablando de esto, dice Mateo 1:18:

"El nacimiento de Jesucristo fue así: Estando desposada María su madre con José, antes que se juntasen, se halló que había concebido del Espíritu Santo."

Cristo, al igual que el caso de Isaac con Abraham, también era el hijo amado de Dios Padre.

"Y vino una voz de los cielos que decía: Tú eres mi Hijo amado; en ti tengo complacencia." Marcos 1:11

El monte, sobre el cual Dios le dijo a Abraham que sacrificará a Isaac, fue el monte Moriah, lo cual es muy significativo. Siglos después, sobre ese mismo monte, se construiría el templo en donde se seguirían realizando los sacrificios que simbolizaban al Mesías, tal y como podemos ver en 2 Crónicas 3:1.

"Comenzó Salomón a edificar la casa de Jehová en Jerusalén, en el monte Moriah, que había sido mostrado a David su padre, en el lugar que David había preparado en la era de Ornán jebuseo."

Otra cosa interesante es que el ofrecimiento de Isaac sería en holocausto. La palabra holocausto tiene que ver con el perdón de pecados, como se puede confirmar en Levítico 1:3,4.

"₃Si su ofrenda fuere holocausto vacuno, macho sin defecto lo ofrecerá; de su voluntad lo ofrecerá a la puerta del tabernáculo de reunión delante de Jehová. ₄ Y pondrá su mano sobre la cabeza del holocausto, y será aceptado para expiación suya."

Ahora bien, cuando se realizaba una ofrenda en sacrificio a Dios, según podemos ver en diferentes partes de la Biblia como en Génesis 4:26; Génesis 12:8 y 1 Reyes 18:24, se dice que se invocaba el nombre de Jehová, pero ¿qué significa esta frase? Según el contexto del Nuevo Testamento, cada vez que se hacía un sacrificio, en el Antiguo Testamento, se estaba ejerciendo fe en el mismo sacrificio de Jesucristo.

"Y en ningún otro hay salvación; porque no hay otro nombre bajo el cielo, dado a los hombres, en quien podamos ser salvos." Hechos 4:12

"₁₂Porque no hay diferencia entre judío y griego, pues el mismo que es Señor de todos, es rico para con todos los que le invocan; ₁₃ porque todo aquel que invocare el nombre del Señor, será salvo." Romanos 10:12,13

Según podemos confirmar, en Génesis 22:3,4, el viaje de Abraham al monte Moriah duró tres días y para Abraham, durante ese tiempo, Isaac fue hombre muerto, de modo que, cuando Dios libra de la muerte a Isaac era como si este hubiera resucitado, tal y como lo indica Hebreos 11:17-19.

*"₁₇Por la fe Abraham, cuando fue probado, ofreció a Isaac; y el que había recibido la promesa ofrecía a su unigénito, ₁₈ habiéndosele dicho: En Isaac te será llamada descendencia; ₁₉ pensando que Dios es poderoso para levantar aun entre los muertos, de donde, **en sentido figurado**, también le volvió a recibir."*

De la misma forma, la agonía y muerte de Cristo, y por ende la angustia del Padre, duraron tres días hasta que Cristo resucitó.

"Porque primeramente os he enseñado lo que asimismo recibí: Que Cristo murió por nuestros pecados, conforme a las Escrituras; y que fue sepultado, y que resucitó al tercer día, conforme a las Escrituras." 1 Corintios 15:3,4

Cuando Pablo dice, en 1 Corintios 15:4, que Cristo resucitó al tercer día conforme a las Escrituras, evidentemente, se refiere a Génesis 22 ya que no hay en otro lugar, en ninguna otra parte de las Escrituras, que nos refiera a la duración de la agonía y muerte de Cristo con tantas señales obvias.

En Génesis 22:6, vemos también que Abraham, el padre, fue el que puso la leña sobre su hijo mientras él cargaba el fuego y el cuchillo del sacrificio, algo que también tiene su paralelismo en Cristo.

*"₄Ciertamente llevó él nuestras enfermedades, y sufrió nuestros dolores; y nosotros le tuvimos por azotado, **por herido de Dios y abatido.** ₅ Mas el herido fue por nuestras rebeliones, molido por nuestros pecados; el castigo de nuestra paz fue sobre él, y por su llaga fuimos curados. ₆ Todos nosotros nos descarriamos como ovejas, cada cual se apartó por su camino; **mas Jehová cargó en él el pecado de todos nosotros.**"* Isaías 53:4-6

"Y él cargando su cruz, salió al lugar llamado de la Calavera, y en hebreo, Gólgota." Juan 19:17

"El que no escatimó ni a su propio Hijo, sino que lo entregó por todos nosotros, ¿cómo no nos dará también con él todas las cosas?." Romanos 8:32

En esta historia, Isaac evidentemente representa a Cristo hasta cuando se coloca sobre el altar del sacrificio, pero, después de eso nos representa a nosotros ya que en lugar de él fue sacrificado un carnero, que es un cordero macho. En el sacrificio diario, que se hacía en el santuario, se ofrecía precisamente un carnero en "olor grato" a Dios que, por supuesto, simbolizaba el sacrificio de Cristo. Sobre esto nos dice Efesios 5:2.

"Y andad en amor, como también Cristo nos amó, y se entregó así mismo por nosotros, ofrenda y sacrificio a Dios en olor fragante."

De acuerdo con la evidencia del Nuevo Testamento, a Abraham se le dio a conocer el evangelio y definitivamente, con la experiencia que vivió con su hijo Isaac, comprendió a cabalidad el plan de salvación. Este conocimiento fue heredado a sus hijos, pero, lamentablemente ellos perdieron el norte conforme pasó el tiempo y, por eso, no reconocieron al Redentor cuando se cumplió la promesa.

"Abraham vuestro padre se gozó de que había de ver mi día; y lo vio y se gozó." Juan 8:56

"Y la Escritura, previendo que Dios había de justificar por la fe a los gentiles, **dio de antemano la buena nueva a Abraham,** *diciendo: En ti serán benditas todas las familias de la tierra."* Gálatas 3:8

Como vimos antes, Dios le había dicho a Abram, cuando vivía en Ur de los caldeos, que debía salir de ahí para ir a Canaán, en donde su familia formaría una gran nación. Es de entender, entonces, que el Mesías prometido nacería en Canaán y por ende Satanás, en la época en que José estaba en Egipto, manda una hambruna que iba hacer que los descendientes de Abraham murieran de hambre y, de esta forma, no se cumpliera la promesa, sin embargo, Dios ya había mandado por adelantado a José a Egipto para que la simiente, por la cual vendría el Mesías, no desapareciera. La historia de José, si bien es cierto es una historia real, también ilustra muy bien la obra redentora de Cristo. Jacob, el padre, manda a su hijo amado, José, a buscar a los hermanos de este que se habían perdido. Cuando José encuentra a sus hermanos estos se deshacen de él por unas cuantas monedas de plata y, al final, cuando ellos piensan que ya se han deshecho de su hermano, José se convierte en el salvador de ellos.

El tiempo sigue corriendo y la familia de Israel crece en Egipto y llega el momento para que el pueblo regrese a su lugar de origen, Canaán, pero Satanás sabe que debe evitar que eso suceda ya que el Mesías, según lo estipulado en la época de Abraham, nacería ahí. Cuando uno lee, sin tener el trasfondo de estas cosas, no entiende por qué Faraón, si su nación se estaba cayendo a pedazos, no dejaba salir a los israelitas. Realmente quien gobernaba en Egipto era Satanás mediante Faraón, en otras palabras, Faraón estaba poseído por el mismo Lucifer. Prueba de que Satanás estaba gobernando en Egipto, mediante Faraón, son los siguientes textos:

*"Habla, y di: Así ha dicho Jehová el Señor: He aquí yo estoy contra ti, Faraón rey de Egipto, **el gran dragón** que yace en medio de sus ríos, el cual dijo: Mío es el Nilo, pues yo lo hice." Ezequiel 29:3*

*"Y prendió al **dragón**, la serpiente antigua, que es el diablo y Satanás, y lo ató por mil años." Apocalipsis 20:2*

Finalmente, los israelitas se establecen en Canaán y ahí Satanás, por medio de alianzas matrimoniales con los paganos, trata de que el pueblo pierda el conocimiento del Dios verdadero. Israel pierde sus valores y Satanás incita, una y otra vez, a las naciones vecinas para que ataquen al pueblo escogido y, después de unos siglos, el reino del norte, Israel, cae en mano de los asirios y esas tribus son expatriadas para nunca más volver, por último, el reino del sur, Judá, es llevado cautivo por los babilonios.

El pueblo judío, de donde vendría el Mesías a través de la línea de David, estuvo cautivo en Babilonia 70 años y después regresa a su heredad. Los planes de reconstruir Jerusalén son frustrados, una y otra vez, por diferentes reyes y enemigos del pueblo judío, pero, la voluntad de Dios se impone y se reconstruye el templo y la ciudad que, siglos más tarde, visitaría Cristo.

Satanás siempre estuvo en contra de Israel ya que, por medio de ese linaje, vendría el único que podía realmente vencerlo. Este odio se puede notar en diferentes partes de las Sagradas Escrituras. En la época de Ester, incluso, fecha de exterminio total hubo contra el pueblo de Dios, como vemos en Ester 3:13.

"Y fueron enviadas cartas por medio de correos a todas las provincias del rey, con la orden de destruir, matar y exterminar a todos los judíos, jóvenes y ancianos, niños y mujeres, en un mismo día, en el día trece del mes duodécimo, que es el mes de Adar, y apoderarse de sus bienes."

A pesar de todo, el cumplimiento de la venida del Mesías a este mundo fue una realidad, tal y como había sido profetizado. Las genealogías, en las Sagradas Escrituras, tienen como propósito demostrar la forma en que el plan de salvación se fue realizando en el transcurso del tiempo.

"Pero cuando vino el cumplimiento del tiempo, Dios envió a su Hijo, nacido de mujer y nacido bajo la ley." Gálatas 4:4

Sin embargo, Satanás no se iba a quedar de brazos cruzados y encontramos, en Apocalipsis 12:3,4, que Satanás intentaría matar al Mesías tan pronto como naciese para que su obra no se cumpliera. Este hecho lo podemos verificar, con todos sus detalles, en Mateo capítulo 2.

"3También apareció otra señal en el cielo: he aquí un gran dragón escarlata, que tenía siete cabezas y diez cuernos, en sus cabezas siete diademas; 4 y su cola arrastraba la tercera parte de las estrellas del cielo, y las

arrojó sobre la tierra. Y el dragón se paró frente a la mujer que estaba para dar a luz, a fin de devorar a su hijo tan pronto como naciese." Apocalipsis 12:3,4

Sin embargo, Jesús crecería y culminaría su obra y Satanás quedaría completamente derrotado, ya que el plan de salvación se llevaría según el calendario de Dios.

"Y ella dio a luz un hijo varón, que regirá con vara de hierro a todas las naciones; y su hijo fue arrebatado para Dios y para su trono." Apocalipsis 12:5

Claro está, después de la ascensión de Cristo al cielo, el objeto de la ira y los esfuerzos de Satanás fueron contra la Iglesia de Dios.

"Entonces el dragón se llenó de ira contra la mujer; y se fue a hacer guerra contra el resto de la descendencia de ella, los que guardan los mandamientos de Dios y tienen el testimonio de Jesucristo." Apocalipsis 12:17

A lo largo de la historia el Señor ha tenido un pueblo que lo ha representado en este mundo. El conocimiento de los hijos de Dios alumbra, con la luz que proviene de Dios, a todos los hombres para salvación. El pueblo de Dios, que se caracteriza por guardar los mandamientos de Dios y tener la fe de Jesús, no importa las dificultades que vaya a tener, al final va a salir victorioso.

"₁Vi un cielo nuevo y una tierra nueva; porque el primer cielo y la primera tierra pasaron, y el mar ya no existía más. ₂ Y yo Juan vi la santa ciudad, la nueva Jerusalén, descender del cielo, de Dios, dispuesta como una esposa ataviada para su marido. ₃ Y oí una gran voz del cielo que decía: He aquí el tabernáculo de Dios con los hombres, y él morará con ellos; y ellos serán su pueblo, y Dios mismo estará con ellos como su Dios. ₄ Enjugará Dios toda lágrima de los ojos de ellos; y ya no habrá muerte, ni habrá más llanto, ni clamor, ni dolor; porque las primeras cosas pasaron. ₅ Y el que

estaba sentado en el trono dijo: He aquí, yo hago nuevas todas las cosas. Y me dijo: Escribe; porque estas palabras son fieles y verdaderas. ₆ Y él me dijo: Hecho está. Yo soy el Alfa y la Omega, el principio y el fin. Al que tuviere sed, yo le daré gratuitamente de la fuente del agua de la vida. ₇ El que venciere heredará todas las cosas, y yo seré su Dios, y él será mi hijo." Apocalipsis 21:1-7

Fuera de Cristo no hay salvación. Desde el Génesis hasta el Apocalipsis, el tema central de la Palabra de Dios, es Cristo y su obra redentora en favor de los hombres.

"Y comenzando desde Moisés, y siguiendo por todos los profetas, les declaraba en las Escrituras lo que de él decían." Lucas 24:27

La importancia del Antiguo Testamento

Ya que los autores del Nuevo Testamento tenían como modelo los libros del Antiguo Testamento, es importante conocer bien el Antiguo Testamento antes de adelantar algún criterio en relación con cualquier tema del Nuevo Testamento. Para los cristianos, el Nuevo Testamento es muy familiar en tanto que el Antiguo Testamento es casi desconocido. Si alguien no comprende el Antiguo Testamento jamás podrá comprender el Nuevo Testamento y esto llevará, sin ninguna duda, a errores doctrinales garrafales. La predicación de Cristo, y posteriormente la de sus seguidores, giró en torno al Antiguo Testamento.

Los dos versículos que vienen a continuación son una referencia directa al Antiguo Testamento. Cuando se dieron estas recomendaciones el Nuevo Testamento ni siquiera era concebido en la mente de nadie.

"Escudriñad las Escrituras, porque a vosotros os parece que en ellas tenéis la vida eterna; y ellas son las que dan testimonio de mí." Juan 5:39.

"Toda la Escritura es inspirada por Dios, y útil para enseñar, para redargüir, para corregir, para instruir en justicia." 2 Timoteo. 3:16.

Uno de los aspectos que más debemos de estudiar en el Antiguo Testamento, y la verdad no es fácil, es la Ley. Dentro de los primeros cinco libros del Antiguo Testamento (Pentateuco) encontramos una serie de leyes que, a simple vista, se ven muy complicadas pero que son necesarias para comprender el cumplimiento de las profecías en el Nuevo Testamento. A pesar de lo complicado es importante, sobre todo, conocer el papel que juegan los diez mandamientos en el Plan de Salvación.

Se habla mucho de los diez mandamientos pero en realidad la mayoría de las personas los desconoce. Antes de profundizar más en el tema veamos los diez mandamientos. Si usted desea puede leer los diez mandamientos en Éxodo 20:1-17.

1. No tendrás dioses ajenos delante de mí.
2. No te harás imágenes de lo que está arriba en el cielo ni abajo en la tierra.
3. No tomarás el nombre de Dios en vano.
4. Acuérdate del día sábado para santificarlo.
5. Honra a padre y madre.
6. No matarás.
7. No adulterarás.
8. No robarás.
9. No mentirás.
10. No codiciarás.

Es muy común oír hablar a la gente de que en el Nuevo Pacto la salvación es solo por gracia y que la ley queda abolida, ya que no tiene ningún propósito después de la muerte de Cristo, sin embargo, cuando alguien les pregunta a esos mismos cristianos que definan que son exactamente el Antiguo y el Nuevo Pacto simplemente no tienen la respuesta, y son incapaces de hacerlo ya que su concepto viene de algo que escucharon pero que no se dedicaron a verificar a la luz de las Escrituras.

El Pacto Antiguo y el Nuevo Pacto

Todo contrato estipula obligaciones y derechos para las partes involucradas en determinados acuerdos, por ejemplo, si usted va a alquilar una casa, en el contrato que usted normalmente firmaría, como inquilino se compromete a pagar el alquiler y su derecho, si cumple con su obligación, es vivir en el inmueble, por otro lado, el dueño de la propiedad tiene el derecho a recibir el dinero del inquilino y la obligación de ceder la casa.

Los diez mandamientos son el contrato o pacto que Dios hizo con sus hijos y, en este caso, los hijos de Dios tienen la obligación de guardar los diez mandamientos y, si cumplen con esa obligación, tienen el derecho a la vida eterna. Dios por su lado se compromete a darnos vida eterna y Él tiene el derecho a recibir la alabanza, la honra y la gloria de sus hijos. Sin embargo, hay que tener presente que la obediencia a los diez mandamientos solo se logra mediante la influencia del Espíritu Santo (Romanos 7:12, Romanos 7:18-20, Romanos 8:3,4).

"Porque de tal manera amó Dios al mundo que ha dado a su Hijo unigénito, para que todo aquel que en él cree, no se pierda mas tenga vida eterna." Juan 3:16.

"₁₅Mira yo he puesto delante de ti hoy la vida y el bien, la muerte y el mal; ₁₆ porque yo te mando hoy que ames a Jehová tu Dios, que andes en sus caminos, y guardes sus mandamientos, sus estatutos y decretos, para que vivas y seas multiplicado, y Jehová tu Dios te bendiga en la tierra a la cual entras para tomar posesión de ella." Deuteronomio 30:15, 16.

"Grande es Jehová, y digno de suprema alabanza; Y su grandeza es inescrutable." Salmo 145:3

Todo contrato legal debe tener sus debidas garantías, y el contrato de Dios con sus hijos está garantizado con sangre. El Pacto Antiguo se garantizaba con sangre de animales, o sea, por la promesa que de eso se derivaba y servía a su vez para que los hijos de Dios expresaran su fe en el sacrificio futuro de Cristo. A través de los sacrificios el pecador expresaba que Cristo, el Cordero de Dios, vendría a morir por él y cancelaría su deuda. La sangre de los animales no limpiaba de pecado ya que esto era solo un símbolo de la sangre de Cristo. Solo la sangre de Cristo nos limpia de todo pecado. La muerte de Cristo cambió la manera en que se garantizaba el pacto, sin embargo, sus cláusulas siguieron siendo las mismas. Cuando se cambió la manera de garantizar el pacto se dio la variación de nombre, de Antiguo a Nuevo Pacto. Podemos decir que la ley ritual era la **garantía provisional** del pacto hasta que viniera Cristo y una vez que Cristo vino el pacto se garantizó definitivamente mediante la sangre que Cristo derramó en la cruz.

Ahora el pecador a través el bautismo, en este Nuevo Pacto, expresa públicamente su fe en la muerte y la resurrección del Salvador. La salvación siempre ha sido por fe y la única forma de demostrar la fe es por medio de las obras (Habacuc 2:4, Efesios 2:8). Las obras son solo el resultado de nuestra fe y no la forma de salvarnos; algo que perdió de vista Israel.

"3¿O no sabéis que todos los que hemos sido bautizados en Cristo Jesús, hemos sido bautizados en su muerte? 4 Porque somos sepultados juntamente con él para muerte por el bautismo, a fin de que como Cristo resucitó de los muertos por la gloria del Padre, así también nosotros andemos en vida nueva. 5 Porque si fuimos plantados juntamente con él en la semejanza de su muerte, así también lo seremos en la de su resurrección." Romanos 6:3-5

Es por medio del bautismo como entramos en Pacto con Dios y, de esta manera, llegamos a ser hijos de Dios.

"26Pues todos sois hijos de Dios por la fe en Cristo Jesús; 27 porque todos los que habéis sido bautizados en Cristo, de Cristo estáis revestidos." Gálatas 3:26,27

Técnicamente podemos decir que el Antiguo Pacto es:

Los diez mandamientos + sangre de animales= vida eterna
(ley ritual)

"*$_{27}$Y Jehová dijo a Moisés: Escribe tú estas palabras; porque conforme a estas palabras he hecho pacto contigo y con Israel. $_{28}$Y él estuvo allí con Jehová cuarenta días y cuarenta noches; no comió pan, ni bebió agua; y escribió en tablas las palabras del pacto, **los diez mandamientos.**" Éxodo 34:27,28.*

"*Y él os anunció su pacto, el cual os mandó poner por obra, **los diez mandamientos**, y los escribió en dos tablas de piedra." Deuteronomio 4:13*

"*Entonces Moisés tomó la sangre y roció sobre el pueblo y dijo: He aquí la **sangre del pacto** que Jehová ha hecho con vosotros sobre todas estas cosas." Éxodo 24: 8.*

"*$_{16}$Porque donde hay testamento es necesario que intervenga muerte del testador. $_{17}$ Porque el testamento **con la muerte se confirma**; pues no es válido entre tanto que el testador vive. $_{18}$ De donde **ni aun el primer pacto fue instituido sin sangre**. $_{19}$ Porque habiendo anunciado Moisés todos **los mandamientos de la ley** a todo el pueblo, tomó la **sangre de los becerros y de los machos cabríos**, con agua, lana escarlata e hisopo, y roció el mismo libro y también a todo el pueblo, $_{20}$ diciendo: Esta es la **sangre del pacto** que Dios os ha mandado." Hebreos 9:16-20.*

Por su lado, el Nuevo Pacto técnicamente hablando es:

Los diez mandamientos + sangre de Cristo = vida eterna

"*$_{15}$Así que, por eso es mediador de un **nuevo pacto**, para que interviniendo **muerte** para la remisión de las transgresiones que había bajo el primer pacto, los llamados reciban la **promesa de la herencia eterna**. $_{16}$ Porque donde hay testamento es necesario que intervenga muerte del* *testador. ₁₇ Porque el testamento con la muerte se confirma; pues no es válido entre tanto que el testador vive. ₁₈ De donde **ni aun el primer pacto fue instituido sin sangre.**" Hebreos 9:15-18.*

*"De igual manera, después que hubo cenado, tomó la copa, diciendo: Esta copa es el **nuevo pacto en mi sangre**, que por vosotros se derrama." Lucas 22:20.*

*"Por lo cual, este es el pacto que haré con la casa de Israel después de aquellos días, dice el Señor: **Pondré mis leyes en la mente de ellos**, y sobre su corazón las escribiré; y seré a ellos por Dios, y ellos me serán a mí por pueblo." Hebreos 8:10.*

*"₁₉Y les daré un corazón, y un espíritu nuevo pondré dentro de ellos; y quitaré el corazón de piedra de en medio de su carne, y les daré un corazón de carne, ₂₀ para que anden en mis **ordenanzas, y guarden mis decretos y los cumplan** y me sean por pueblo, y yo sea a ellos por Dios." Ezequiel 11:19,20.*

La muerte de Cristo, al garantizar plenamente el Pacto de Dios con sus hijos, hace que la obra del Espíritu de Dios sea mucho más abundante a partir de ese momento. La Ley de Dios ya no estaría en tablas de piedra sino en el corazón mismo de sus hijos a través del Espíritu Santo, como siempre fue el plan de Dios incluso para el pueblo de Israel, según vemos en Proverbios 7:2,3:

"₂Guarda mis mandamientos y vivirás, y mi ley como las niñas de tus ojos. ₃ Lígalos a tus dedos; escríbelos en la tabla de tu corazón."

En otras palabras, la ley no sería un mero formalismo sino un estilo de vida que distinguiría a los hijos de Dios. Con Cristo se ratificó plenamente el contrato o pacto de Dios con sus hijos. A través de él obtenemos el derecho de la vida eterna. Los diez mandamientos, tal y como los escribió Dios mismo, se mantienen, no cambian.

"*7Efectivamente, **si ese primer pacto hubiera sido perfecto, no habría lugar para un segundo pacto.** 8 Pero Dios, reprochándoles sus defectos, dijo:" Vienen días-dice el Señor-, en que haré un **nuevo pacto** con la casa de Israel y con la casa de Judá. 9 No será un pacto como el que hice con sus antepasados el día en que los tomé de la mano y los saqué de Egipto, ya que ellos no permanecieron fieles a mi pacto, y yo los abandoné-dice el Señor-. 10 Este es el pacto que después de aquel tiempo haré con la casa de Israel-dice el Señor-: **Pondré mis leyes en su mente y las escribiré en su corazón.** Yo seré su Dios y ellos serán mi pueblo. 11 Ya no tendrá nadie que enseñar a su prójimo, ni dirá nadie a su hermano: "! Conoce al Señor!", porque todos, desde el más pequeño hasta el más grande, **me conocerán.** 12 **Yo les perdonaré sus iniquidades** y nunca más me acordaré de sus pecados".13 Al llamar **"nuevo" a** ese pacto, **ha declarado obsoleto al anterior**; y lo que se vuelve obsoleto y envejece ya está por desaparecer." Hebreos 8:7-13,* Nueva Versión Internacional.

Es importante tener en cuenta que cuando se habla de Israel realmente se está hablando de los hijos de Dios no importa su origen. La salvación fue, es y será para cualquiera que la acepte. Si el Nuevo Pacto fuera solo para los judíos entonces las demás personas estarían excluidas pues bien claro dice Hebreos que el Nuevo Pacto sería con Israel. Ya que el Nuevo Pacto es para todos, judíos y no judíos, entonces para todos serán las mismas leyes; incluyendo el sábado.

"*6No que la palabra de Dios haya fallado; **porque no todos los que descienden de Israel son Israelitas,** 7 **ni por ser descendientes de Abraham, son todos hijos**; sino: En Isaac te será llamada descendencia. 8 Esto es: no los que son hijos según la carne son los hijos de Dios, sino los que son hijos según la promesa son contados como descendientes." Romanos 9:6-8.*

Un pensamiento muy sabio dice lo siguiente: *"El sábado es parte de los diez mandamientos. Si aplicas el sábado solo para los judíos entonces debes aplicar los otros nueve mandamientos solo para los judíos, de lo contrario eres selectivo con las órdenes de Dios."* Recordemos que los diez mandamientos son, como su palabra lo dice, mandamientos y no sugerencias.

Al hablar del sábado debemos hablar del sello del Pacto. Todo contrato formal siempre ha tenido un sello y el Pacto de Dios no es la excepción. En la época antigua, cuando un importante soberano entraba en pacto con otro gobernante de menor rango, el soberano principal sellaba el contrato con un sello justo en el centro del contrato o pacto. Es por eso que los contratos, hechos en tablas de arcilla, se escribían por los dos lados y en los dos lados se escribía exactamente lo mismo pero en uno de los lados, precisamente en el centro, se ponía el sello del gobernante principal y por su puesto lo que se escribía ahí lo tapaba el sello y esa era la razón por la que se escribía lo mismo por las dos caras. Los sellos de la antigüedad básicamente tenían la siguiente información del gobernante principal: Nombre, función y territorio. El Pacto de Dios, los diez mandamientos, tiene un sello y ese sello se encuentra precisamente en el centro del Pacto. Es interesante saber que si se cuentan las palabras del Pacto, que están antes y después del cuarto mandamiento en el idioma original hebreo, nos daremos cuenta que el mandamiento de guardar el sábado está precisamente en el centro de los diez mandamientos. Este Pacto, al igual que los pactos de la antigüedad, tiene la información de nuestro gran Soberano. El sello nos dice que su nombre es Jehová, que su función es Creador y su dominio son los cielos, los mares y la tierra y de ahí que con toda propiedad se puede decir que él sábado es la marca o sello de los hijos de Dios. Si el sábado es la marca de Dios entonces vale la pena preguntarnos y meditar: ¿Cuál es la marca de la bestia? Para saber cuál es el verdadero día de reposo recordemos que lo genuino siempre viene de primero y la falsificación después.

"16Guardarán, pues, el día de reposo los hijos de Israel, celebrándolo por sus generaciones por pacto perpetuo. 17 Señal es para siempre entre mí y

los hijos de Israel; porque en seis días hizo Jehová los cielos y la tierra y en el séptimo día cesó y reposo." Éxodo 31:16,17

Debemos tener presente que el Espíritu Santo es quien realmente nos sella ya que él es el que implanta la verdad en nuestra vida para que la obedezcamos.

"En él también vosotros, habiendo oído la palabra de verdad, el evangelio de vuestra salvación, y habiendo creído en él, fuisteis sellados con el Espíritu Santo de la promesa" Efesios 1:13

Muchos son los que interpretan que el Espíritu Santo es el sello de los hijos de Dios, pero eso equivaldría a decir que el Espíritu Santo es un objeto y no una persona. Una traducción más clara de Efesios 1:13 es la siguiente.

"Y también vosotros, cuando oísteis el mensaje de la verdad, la buena noticia de vuestra salvación, y creísteis en Cristo, fuisteis unidos a él y sellados como propiedad de Dios por medio del Espíritu Santo que él había prometido" Efesios 1:13 Dios habla hoy versión española

Definitivamente el sello de Dios solo aplica a los que están dispuestos a hacer la voluntad de Dios, lo cual equivale a tener un carácter semejante al Señor. El carácter renovado vendría siendo la parte más imperceptible del sello mientras que la obediencia al mandamiento del sábado es la característica notoria del mismo.

"Pero el fundamento de Dios está firme, teniendo este sello: Conoce el Señor a los que son suyos; y: Apártese de iniquidad todo aquel que invoca el nombre de Cristo" 2 Timoteo 2:19

"Aquí está la paciencia de los santos, los que guardan los mandamientos de Dios y la fe de Jesús" Apocalipsis 14:12

Justificación por la fe

La función de los diez mandamientos no es salvarnos, ya que eso solo se logra en Cristo Jesús. Los diez mandamientos, como anteriormente se dijo, son solo un espejo que nos indica qué es lo que debemos corregir en nuestra vida y, de esa forma, tenemos un diagnóstico de nuestro estado espiritual.

"₂₃Porque si alguno es oidor de la palabra pero no hacedor de ella, éste es semejante al hombre que considera en un espejo su rostro natural. ₂₄ Porque él se considera a sí mismo, y se va, y luego olvida cómo era. ₂₅ Mas el que mira atentamente a la ley, de la libertad, y persevera en ella, no siendo oidor olvidadizo, sino hacedor de la obra, éste será bienaventurado en lo que hace." Santiago 1:23-25

Por eso dice Pablo que la ley fue dada a los pecadores, ya que cuando nos vemos en ella nos damos cuenta de todas nuestras imperfecciones y eso nos motiva, si somos de corazón sincero, a buscar la solución que solo se encuentra en Cristo. Dicho de otra manera, la ley simplemente nos condena si la transgredimos.

"₈Sabemos que la ley es buena, si se usa de ella conforme al propósito que tiene. ₉ Hay que recordar que ninguna ley se da para quienes hacen lo bueno. La ley se da para castigar a los rebeldes y desobedientes, a los malvados y pecadores, a los que no respetan a Dios ni a la religión, a los que matan a su padre o a su madre, a todos los asesinos, ₁₀ a los que cometen inmoralidades sexuales, a los homosexuales, a los traficantes de esclavos, a los mentirosos y a los que juran en falso; es decir, a los que hacen las cosas que van en contra de la sana enseñanza. ₁₁ Y esta sana enseñanza es la que se encuentra en el glorioso mensaje de salvación que el Dios bendito me ha encargado." 1 Timoteo 1:8-11 La Santa Biblia, Versión Popular, segunda edición.

42

"Porque el propósito de la ley es el Mesías para justicia a todo el que cree." Romanos 10:4, La Biblia Textual. Nota: La palabra "propósito" viene del griego "telos" y se puede traducir también como meta, objetivo o fin.

Esto mismo vuelve a decir Pablo en Romanos 5:20, pero con otras palabras y en el marco de la entrega de la ley a Moisés en el Sinaí.

"La ley de Dios fue entregada para que toda la gente se diera cuenta de la magnitud de su pecado. Pero, mientras más pecaba la gente, más abundaba la gracia maravillosa de Dios." Romanos 5:20, Biblia Nueva traducción viviente.

Como pecadores no podemos por nuestros propios medios guardar la ley, sin embargo, eso es viable mediante el Espíritu Santo:

*"Mas vosotros no vivís según la carne, **sino según el Espíritu**, si es que el Espíritu de Dios mora en vosotros. Y si alguno no tiene el Espíritu de Cristo, no es de él." Romanos 8:9.*

*"Ahora, pues, ninguna condenación hay para los que están en Cristo Jesús, los que no andan conforme a la carne sino **conforme al Espíritu**." Romanos 8:1.*

"Porque Dios es el que en vosotros produce así el querer como el hacer, por su buena voluntad." Filipenses 2:13

Eso es básicamente lo que conocemos como gracia. Nuestra naturaleza pecaminosa es contraria a la ley, ya que la ley es santa (Romanos 7:12). Cuando el Espíritu Santo vive en nosotros nos capacita a vivir una vida pura que nos garantiza la victoria sobre el pecado, y de ahí la urgencia de nacer de nuevo.

"Porque sabemos que la ley es espiritual; mas yo soy carnal, vendido al pecado." Romanos 7:14.

Para que la gracia de Dios opere en nuestra vida debe haber fe. Por eso se dice que somos salvos por medio de la fe. Es por medio de la fe que Dios llega a nuestras vidas y nos cubre con su gracia divina. En todo esto también opera Dios pues la fe no es algo que está en nosotros, sino que proviene del Señor.

*"Porque por **gracia** sois salvos **por medio de la fe**; y esto no de vosotros, pues es don de Dios." Efesios 2:8.*

"Pero sin fe es imposible agradar a Dios; porque es necesario que el que se acerca a Dios crea que le hay, y que es galardonador de los que le buscan." Hebreos 11: 6.

Seremos salvos por la fe, pero juzgados por las obras. La fe en Dios se manifiesta en obras de justicia. Una fe sin obras está muerta (Santiago 2:17). Por eso Santiago 2:24 dice:

*"Vosotros veis, pues, que el hombre es justificado por las **obras**, y no solamente por la fe."*

Muchos siglos antes que Santiago el sabio Salomón dijo:

*"13El fin de todo el discurso oído es este: **Teme** a Dios, y **guarda sus mandamientos**; porque esto es el todo del hombre. 14 Porque Dios traerá **toda obra** a juicio, juntamente con toda cosa encubierta, sea buena o sea mala." Eclesiastés 12:13,14*

No hay un antes y un después en lo que a salvación se refiere. Tanto en el Antiguo como en el Nuevo Testamento los hombres acceden a la gracia de Dios por medio de la fe y a través de sus obras glorifican al Creador.

*"He aquí que aquel cuya alma no es recta, se enorgullece; **mas el justo por su fe vivirá**." Habacub 2:4*

A pesar de todo nadie, por más consagrado que sea, se merece la salvación, ya que en este mundo ninguno alcanzará la perfección plena.

"Ciertamente no hay hombre justo en la tierra, que haga el bien y nunca peque." Eclesiastés 7:20

Sobre esto mismo, dice 1 Juan 1:8.

"Si decimos que no tenemos pecado, nos engañamos a nosotros mismos, y la verdad no está en nosotros."

Sin embargo, este último texto parece contradecirse en 1 Juan 3:8,9 que dice:

*"₈El que **practica el pecado** es del diablo; porque el diablo peca desde el principio. Para esto apareció el Hijo de Dios, para deshacer las obras del diablo, ₉ Todo aquel que es nacido de Dios, **no practica el pecado** porque la simiente de Dios permanece en él; y no puede pecar, porque es nacido de Dios."*

Notemos que Juan utiliza la frase *"practica el pecado"* y esta frase es muy importante ya que "practicar" es realizar de forma habitual o continuada una determinada acción y a lo que aquí sin ninguna duda se refiere el apóstol Juan es a ese pecado acariciado que se practica una y otra vez de una forma planificada y muy distinto a ese error involuntario y sin planificación alguna que yo pudiera cometer como ser imperfecto que soy y por eso es que las intenciones también son trascendentales.

Más adelante, en esa misma epístola, Juan hace la diferencia entre pecado de muerte y pecado no de muerte y, claro está, ese pecado de muerte es el pecado repetitivo y desafiante que nos va haciendo insensibles a la influencia del Espíritu Santo y que puede terminar siendo el pecado imperdonable que es la blasfemia contra el Espíritu, ya que el Espíritu Santo es el único que nos convence de pecado.

*"$_{16}$Si alguno viere a su hermano cometer pecado que no sea de muerte, pedirá y Dios le dará vida; esto es para los que cometen pecado que no sea de muerte. Hay pecado de muerte por el cual yo no digo que se pida. $_{17}$ Toda injusticia es pecado; pero hay pecado no de muerte. $_{18}$ Sabemos que todo aquel que ha nacido de Dios, **no practica el pecado**, pues Aquel que fue engendrado por Dios le guarda, y el maligno no le toca." 1 Juan 5:16-18*

*"$_{26}$Porque si pecáremos **voluntariamente** después de haber recibido el conocimiento de la verdad, ya no queda más sacrificio por los pecados, $_{27}$ sino una horrenda expectación de juicio, y hervor de fuego que ha de devorar a los adversarios. $_{28}$ El que viola la ley de Moisés, por el testimonio de dos o tres testigos muere irremisiblemente. $_{29}$ ¿Cuánto mayor castigo pensáis que merecerá el que pisoteare al Hijo de Dios, y tuviere por inmunda la sangre del pacto en la cual fue santificado, e hiciere afrenta al Espíritu de gracia? Hebreos 10:26-29*

"Por tanto os digo: Todo pecado y blasfemia será perdonado a los hombres; mas la blasfemia contra el Espíritu no les será perdonada." Mateo 12:31

"$_{7}$Pero yo os digo la verdad: Os conviene que yo me vaya; porque si no me fuera, el Consolador no vendría a vosotros; mas si me fuere, os lo enviaré. $_{8}$ Y cuando él venga, convencerá al mundo de pecado, de justicia y de juicio." Juan 16:7,8

"$_{4}$Porque es imposible que los que una vez fueron iluminados y gustaron del don celestial, y fueron hechos partícipes del Espíritu Santo, $_{5}$ y asimismo gustaron de la buena palabra de Dios y los poderes del siglo venidero, $_{6}$ y recayeron, sean otra vez renovados para arrepentimiento, crucificando de nuevo para sí mismos al Hijo de Dios y exponiéndole a vituperio." Hebreos 6:4-6

En esta vida vivimos en un proceso de santificación, en vías a la perfección, que nunca se termina. Como seres imperfectos estamos propensos a fallar **involuntariamente**, pero dice Proverbios 24:16:

"Porque siete veces cae el justo y vuelve a levantarse; mas los impíos caen en el mal."

La santificación es una lucha continua que preocupa a los verdaderos seguidores de Dios que se esfuerzan, por medio del Espíritu Santo, a ser mejores cada día.

"Mas la senda de los justos es como la luz de la aurora, que va en aumento hasta que el día es perfecto." Proverbios 4:18

"12No que lo haya alcanzado ya, ni que ya sea perfecto; sino que prosigo por ver si logro asir aquello para lo cual fui también asido por Cristo. 13 Hermanos, yo mismo no pretendo haberlo alcanzado; pero una cosa hago: olvidando ciertamente lo que queda atrás, y extendiéndome a lo que está adelante, 14 prosigo a la meta, al premio del supremo llamamiento de Dios en Cristo Jesús." Filipenses 3:12-14.

La vida santa que Cristo vivió como hombre es colocada en nuestras vidas como manto de justicia y cubre todo aquello que nos hace falta para alcanzar la perfección que solo lograremos tener cabalmente en nuestra glorificación y, de esta manera, es que somos dignos delante de Dios.

"No podemos decir "estoy libre de pecado" hasta que este cuerpo vil sea cambiado y se forme como su cuerpo glorioso, pero si buscamos constantemente seguir a Jesús tenemos la bendita esperanza de estar de pie delante del trono sin mancha, ni arruga, ni cosa parecida; completos en Cristo, envueltos en su perfección." Signs of the times, marzo 23 de 1888

"Estoy completo en aquel que produce la justicia eterna. Él me presenta a Dios con la vestimenta inmaculada en la cual no hay hebra que fue entretejida por instrumento humano alguno. Todo es de Cristo y toda la

gloria, el honor y la majestad han de darse al Cordero de Dios que quita los pecados del mundo." Mensajes selectos, tomo 1, página 463

Esta es la razón por la que Pablo en Filipenses 3:15 y en aparente contradicción con lo que acabamos de leer en Filipenses 3:12 (como podría pensarse cuando no se tiene toda la evidencia a mano) también afirma:

"Así que, todos los que somos perfectos, esto mismo sintamos..." Filipenses 3:15

Y en su oportunidad Balaam por inspiración divina declaró de Israel:

"No ha notado iniquidad en Jacob, ni ha visto perversidad en Israel. Jehová su Dios está con él, y júbilo de rey en él." Números 23:21

Muy apropiada es la siguiente visión que tuvo Zacarías para ilustrar la justificación de los hijos de Dios:

"₁Me mostró al sumo sacerdote Josué, el cual estaba delante del ángel de Jehová, y Satanás estaba a su mano derecha para acusarle. ₂ Y dijo Jehová a Satanás: Jehová te reprenda, oh Satanás; Jehová que ha escogido a Jerusalén te reprenda. ¿No es éste un tizón arrebatado del incendio? ₃ Y Josué estaba vestido de vestiduras viles, y estaba delante del ángel. ₄ Y habló el ángel, y mandó a los que estaban delante de él, diciendo: Quitadle esas vestiduras viles. Y a él le dijo: Mira que he quitado de ti tu pecado, y te he hecho vestir ropas de gala." Zacarías 3:1-4

Sobre esto mismo declaran los siguientes textos:

"En gran manera me gozaré en Jehová, mi alma se gozará en mi Dios; porque me vistió de salvación, me rodeó con manto de justicia, como a novio me atavió, y como a novia ataviada con sus joyas." Isaías 61:10

"Y ser hallados en él, no teniendo mi propia justicia, que es por la ley, sino la que es por la fe de Cristo, la justicia que es de Dios por la fe." Filipenses 3:9

"Porque todos los que habéis sido bautizados en Cristo, de Cristo estáis revestidos." Gálatas 3:27

El Señor nos perdona y justifica si con corazón sincero le buscamos para cambiar nuestra naturaleza pecaminosa.

"Las iniquidades prevalecen contra mí; mas nuestras rebeliones tú las perdonarás." Salmo 65:3

"Yo soy el que borro tus rebeliones por amor de mí mismo, y no me acordaré de tus pecados." Isaías 43:25

Lo que se verá al final de los tiempos es un lago de fuego ardiendo con muchas personas que merecen estar ahí pero también se verá un grupo mucho más pequeño de personas que estará en la gloria de Dios, aunque no se lo merezcan. Lo primero se llama justicia y lo segundo se llama gracia

Todo termina convergiendo en el **amor**. El fruto del Espíritu Santo es **amor** (Gálatas 5:22), el carácter de Dios es **amor** (1 Juan 4:8) y el **amor** es el cumplimiento de la ley (Romanos 13:10). Por eso los diez mandamientos se resumen en dos desde el Pentateuco: "Amarás a Dios sobre todas las cosas" (Deuteronomio 6:4,5) y "Amarás a tu prójimo como a ti mismo" (Levítico 19:18) y por eso también las tablas de la ley eran dos. Este mismo resumen de la ley lo menciona Cristo en Marcos 12:28-31. Si amamos a Dios estaremos cumpliendo los primeros cuatro mandamientos y si amamos al prójimo estaremos guardando los restantes seis mandamientos.

En Gálatas 5:22,23, uno es el fruto del Espíritu Santo y todo lo que viene después es el resultado del amor. Pablo dice que el **fruto** (en singular) del Espíritu es el **amor**. Cuando tenemos amor obtenemos gozo, paz, paciencia, benignidad, bondad, etc. Las escrituras antiguas carecían o eran pobres en signos de puntuación y a la hora de una traducción los signos de puntuación deben ser puestos de la mejor manera ya que, de otra forma, podrían influir en la idea original del autor. En este caso, debido a que el fruto del Espíritu es uno, quizás debería colocarse un signo de "dos puntos" después de la palabra amor para que se entienda mejor el texto. De esta forma el texto diría de la siguiente manera:

"Mas el fruto del Espíritu es amor: gozo, paz, paciencia..."

En resumen, podemos decir que cuando nos entregamos a Dios, por medio de la **fe**, nuestra naturaleza cambia a través de la **gracia** de Dios que nos capacita, mediante el **Espíritu Santo,** a vivir una vida nueva. Si vivimos bajo la influencia del Espíritu no daremos más que el fruto del Espíritu Santo que es **amor** y, de esta forma, **sin esforzarnos**, debido a nuestra naturaleza reformada, estaremos cumpliendo la ley de Dios que es **amor** y todo aquello que nos haga falta para llegar a la perfección plena la cubre la vida perfecta que Cristo vino a vivir por nosotros y eso nos hace aceptos delante del Padre.

*"3Porque lo que era imposible para la ley, por cuanto era débil por la carne, Dios, enviando a su Hijo en semejanza de carne de pecado y a causa del pecado, condenó al pecado en la carne; 4 **para que la justicia de la ley se cumpliese en nosotros** que no andamos conforme a la carne, sino conforme al **Espíritu**." Romanos 8:3,4.*

Adelantándonos a una duda que surgirá en los temas proféticos de esta obra y que tiene que ver con la última generación de creyentes que tendrá que vivir sin mediación por un breve tiempo, considero que las siguientes preguntas retóricas relacionadas con la justificación por la fe serán de gran ayuda a la hora de abordar el tema del cierre de la gracia.

1.- ¿Estar sin un mediador significa estar sin la justicia de Cristo?

2.- ¿Cuán perfectos fueron al momento de morir los que resucitarán cuando Cristo vuelva?

3.- ¿Qué es lo que realmente hace perfectos a las generaciones de santos de todas las edades?

4.- ¿La última generación de creyentes será más perfecta que los que resuciten cuando Cristo regrese?

La Ley Ritual

La Ley Ritual tenía un final establecido ya que no era perfecta. Era temporal porque solo era simbólica. Anunciaba esta ley el futuro ministerio intercesor de Cristo. La persona que ofrecía un animal en sacrificio expresaba su fe en que un día Cristo, el verdadero cordero del sacrificio, moriría por sus pecados. Cuando el símbolo se encontrara con la realidad esa ley quedaría obsoleta. Jamás el símbolo es superior a la realidad.

*"13Y a vosotros, estando muertos en pecados y en la incircuncisión de vuestra carne, os dio vida juntamente con él, perdonándoos todos los pecados, 14 **anulando el acta de los decretos** que había contra nosotros, que nos era contraria, **quitándola de en medio y clavándola en la cruz,** 15 y despojando a los principados y a las potestades, los exhibió públicamente, triunfando sobre ellos en la cruz. 16 Por tanto nadie os juzgue en comida o en bebida, o en cuanto a días de fiesta, luna nueva o días de reposo, 17 **todo lo cual es sombra de lo que ha de venir;** pero el cuerpo es de Cristo." Colosenses 2:13-17.*

La ley ritual no solo era simbólica sino también profética ya que anunciaba, entre otras cosas, la venida y muerte de Cristo Jesús. Era lo que podríamos decir una especie de profecía dramatizada.

Cuando Cristo muere no solo hay cambio de sacerdocio sino que también esta ley queda abrogada pues él no solo asume el sacerdocio sino también las funciones que la ley ritual prefiguraba.

"₁₂Porque cambiado el sacerdocio, necesariamente es que haya cambio de ley; ₁₃ y aquel de quien se dice esto, es de otra tribu, de la cual nadie sirvió al altar. ₁₄ Porque manifiesto es que nuestro Señor vino de la tribu de Judá, de la cual nada habló Moisés tocante al sacerdocio. ₁₈ Queda pues abrogado el mandamiento anterior a causa de su debilidad e ineficacia ₁₉ (pues nada perfeccionó la ley), y de la introducción de una mejor esperanza, por la cual nos acercamos a Dios." Hebreos 7:12-14,18,19

"₁Porque la ley, teniendo la sombra de los bienes venideros, no la imagen misma de las cosas, nunca puede, por los mismos sacrificios que se ofrecen continuamente cada año, hacer perfectos a los que se acercan. ₂ De otra manera cesarían de ofrecerse, pues los que tributan este culto, limpios una vez, no tendrían ya más conciencia de pecado. ₃ Pero en estos sacrificios cada año se hace memoria de los pecados; ₄ porque la sangre de los toros y de los machos cabríos no puede quitar los pecados. ₅ Por lo cual entrando en el mundo dice: Sacrificio y ofrenda no quisiste; mas me preparaste cuerpo. ₆ Holocaustos y expiaciones por el pecado no te agradaron. ₇ Entonces dije: He aquí vengo, oh Dios, para hacer tu voluntad, como en el libro del rollo está escrito de mí. ₈ Diciendo primero: Sacrificio y ofrenda y holocaustos y expiaciones por el pecado no quisiste, ni te agradaron (las cuales cosas se ofrecen según la ley), ₉ y diciendo luego: He aquí que vengo, oh Dios, para hacer tu voluntad; quita lo primero para establecer esto último." Hebreos 10:1-9

El decálogo: La inmutable ley de Dios

Debido a que los diez mandamientos son un reflejo del carácter de Dios no pueden cambiar pues Dios no cambia ni muda. Él es el mismo por la eternidad (ver Malaquías 3:6). Los siguientes textos son más que claros:

"Y la tierra se contaminó bajo sus moradores; porque traspasaron las leyes, falsearon el derecho, quebrantaron el pacto sempiterno." Isaías 24:5.

*"17No penséis que he venido para abrogar la ley o los profetas; no he venido para abrogar, sino para cumplir. 18 Porque de cierto os digo que hasta que pasen el cielo y la tierra, **ni una jota ni una tilde pasará de la ley**, hasta que todo se haya cumplido."* Mateo 5:17,18.

*"151Cercano estás tú, oh Jehová, y todos tus mandamientos son verdad. 152 Hace mucho ya que he entendido tus testimonios, que **para siempre los has establecido.**"* Salmo 119:151,152.

El texto que a continuación viene es bastante revelador. Los diez mandamientos siempre han existido. Lo que hizo Dios en el Sinaí fue confirmar esas leyes por escrito, pero en realidad siempre han existido.

*"Mas ellos, **cual Adán, traspasaron el pacto**; allí prevaricaron contra mí."* Oseas 6:7.

Cuando dice: *"mas ellos"* se refiere a Israel, dicho de otro modo, el mismo pacto que quebraron Adán y Eva fue el mismo pacto que quebraron los israelitas. Con esto podemos afirmar que Adán y Eva conocían los diez mandamientos. Si Adán y Eva, al igual que Satanás, pecaron era porque ya existía una ley que definía que era bueno y que era malo, que era pecado y que no era pecado. **El pecado es la transgresión de la ley de Dios.** La ley de Dios es el *pacto* del Todopoderoso con sus hijos en todo el universo. Antes de la promulgación de la ley en el Sinaí ya existía pecado en el mundo porque la ley siempre ha existido. Al establecer Dios, en el monte Sinaí, la teocracia pone por escrito lo que siempre ha sido el fundamento de su reino, las leyes del pacto.

*"Todo aquel que comete pecado, infringe también la ley, pues el **pecado es infracción de la ley.**"* 1 Juan 3:4.

*"Pues la ley produce ira; pero **donde no hay ley, tampoco hay transgresión.**"* Romanos. 4:15.

"Antes de promulgarse la ley, ya existía pecado en el mundo. Es cierto que el pecado no se toma en cuenta cuando no hay ley." Romanos 5:13 Nueva Versión Internacional

De hecho, el primer pecado de Satanás fue la "Codicia" que es el décimo mandamiento. Adán y Eva, por su parte, transgredieron no uno sino todos los mandamientos del decálogo al desobedecer el mandato de Dios, y solo para dar un ejemplo, veamos que en Génesis 3:6 Eva "codició" (décimo mandamiento también) el árbol de la ciencia del bien y del mal, del cual tenían prohibido comer.

Si hubo pecado en Satanás, y hubo pecado en Adán y Eva, entonces la ley de Dios, o el pacto, ya existía y rige para todos los seres celestiales también, ya que sin ley no hay pecado; solamente que el concepto de Antiguo y Nuevo Pacto se da solo a nivel terrenal debido al tema de la redención explicado al principio, pero el pacto siempre ha sido el mismo.

Con respecto a la necesidad de las leyes, comenta el famoso filósofo y médico inglés del siglo 17, John Locke:

"Donde no hay ley no hay libertad. Pues la libertad ha de ser estar libre de restricciones y la violencia de otros, lo cual no puede existir si no hay ley; y no es, como se dice, "una libertad para que todo hombre haga lo que quiera". Pues, ¿quién pudiera estar libre al estar dominado por los caprichos de los demás?." John Locke

Por eso Santiago dice, con respecto a los diez mandamientos:

"Así hablad, y así haced, como los que habéis de ser juzgados por la ley de libertad." Santiago 2:12

El derecho y la justicia es algo inherente a Dios y, por lo tanto, las leyes del pacto nunca dejarán de ser, ni serán modificadas; pensar lo contrario es desconocer el carácter de Dios.

"La justicia y el derecho son el fundamento de tu trono, y tus heraldos, el amor y la verdad." Salmo 89:14 Nueva Versión Internacional.

Comienzos de la Ley Ritual

Veamos el siguiente texto.

*"17Esto, pues digo: El pacto previamente ratificado por Dios para con Cristo, la **ley que vino cuatrocientos treinta años después** (ver Éxodo. 12:40,41, Génesis. 15:13,14), no lo abroga para invalidar la promesa. 18 Porque si la herencia de Dios es por la ley, ya no es por la promesa; pero Dios la concedió a Abraham mediante la promesa. 19 Entonces, ¿para qué sirve la ley? Fue **añadida** a causa de las transgresiones, **hasta que viniese la simiente** a quien fue hecha la promesa; y fue ordenada por medio de ángeles en mano de un mediador." Gálatas 3:17-19. Nota: Paréntesis agregados con fines explicativos.*

El anterior texto dice que la ley, en este caso la ritual, fue **"añadida"** a causa de las transgresiones. Esta ley no existía; vino después del pecado. Solo se añade a algo que previamente existe y, en este caso, la ley ritual fue añadida a los diez mandamientos que como sabemos existían incluso antes del pecado en este mundo, formando así lo que conocemos como Antiguo Pacto. Y sigue diciendo el texto que la ley (ritual) fue "añadida" hasta que viniese **la simiente** que, como vemos en Gálatas 3:16, es Cristo. Dicho de otro modo, esa ley fue añadida para simbolizar la promesa de la venida de Cristo y su ministerio en favor de los pecadores y una vez que se cumpliera la promesa, que la ley ritual anunciaba, simplemente ya no tendría sentido y quedaba nula.

Observemos en el siguiente texto que Abraham se guiaba por una serie de normas que, sin duda, a parte de los diez mandamientos incluía una ley ritual pues él realizaba sacrificios. La ley ritual en la época Abraham, claro está, no era tan elaborada como la ampliación de esta ley que Dios hizo en tiempos de Moisés.

"Por cuanto oyó Abraham mi voz, y guardó mi precepto, mis manda-mientos, mis estatutos y mis leyes." Génesis 26:5

Más asombroso es ver como desde el puro inicio de la humanidad ya se sabía exactamente qué es lo que se tenía que sacrificar, de acuerdo con la ley ritual. Notemos que el sacrifico de Abel incluía animales limpios (en este caso ovejas), que eran primogénitos y la grosura de ellos tal y como Dios, miles de años después, se lo volvió a recalcar a los israelitas.

*"Y Abel trajo también de los **primogénitos** de sus **ovejas**, y de su **grosura**. Y miró Jehová con agrado a Abel y a su ofrenda."* Génesis 4:4 Reina Valera 1909

*"Mas el **primogénito** de vaca, y el primogénito de oveja, y el primogé-nito de cabra, no redimirás; santificados son: la sangre de ellos rociarás sobre el altar, y quemarás la **grosura** de ellos, ofrenda encendida en olor suave a Jehová."* Números 18:17 Reina Valera 1909

El no hacer la ofrenda conforme a lo que Dios había estipulado fue lo que causó que la ofrenda de Caín no fuera aceptada.

La ley ritual fue dada, en una forma más detallada, después que los Is-raelitas salieron de Egipto, o sea, cuatrocientos treinta años después de que Dios le hiciera la promesa a Abram que vemos en Génesis 15:13.

Antes de Moisés, como dije, ya se hacían sacrificios. La Ley Ritual fue aplicada desde que apareció el pecado, sin embargo, para la época de Moi-sés, dicha ley fue ampliamente perfeccionada y reglamentada por Dios. Desde que se da la primera promesa hecha por Dios (ver Génesis 3:15), después de que el hombre pecara, comienza a ponerse en marcha el plan de salvación para la raza humana. Dicho plan ya se había ideado desde an-tes de la fundación del mundo (ver 1 Pedro 1:18-20). El inocente moriría por el culpable. La paga del pecado es muerte y esa muerte debía pagarla alguien libre de pecado y defecto, como el cordero sin mancha de los sacrificios. Nuestra raza había entrado en esclavitud de pecado y solo Cristo, nuestro pariente redentor, nos podía sacar de esclavitud ya que como creador se responsabilizó por sus criaturas (Juan 1:1,3). Al pagar Cristo nuestra deuda nos da la oportunidad de acceder al perdón si nosotros lo pedimos. El no obliga a nadie, a nosotros nos toca acudir o no a su llamado.

Los sábados de la Ley Ritual

Existían muchos sábados rituales que pertenecían a las fiestas judías. Estos sábados, a diferencia del sábado del Pacto, se celebraban una vez al año cada uno. Estos sábados eran en total siete y los podemos encontrar en los siguientes textos:

- La fiesta de los panes sin levadura, que tenía dos sábados: Levítico 23:4-8.
- La fiesta de las semanas, que tenía un sábado: Levítico 23:15-22.
- La fiesta de las trompetas, que tenía un sábado: Levítico 23:23,25.
- La fiesta del día de expiación, que tenía un sábado: Levítico 23:26-32.
- La fiesta de las cabañas, que tenía dos sábados: Levítico 23:33-44.

La palabra hebrea que se traduce como reposo en Génesis 2:2, en Nehemías 4:11 se traduce como cesar y, para poner las cosas en un contexto moderno, podemos decir que los sábados rituales eran días feriados en los que la gente cesaba lo que hacía normalmente para conmemorar la fiesta que correspondiera. Estos días de reposo podían caer cualquier día de la semana y se observaban casi como si fueran el sábado semanal o séptimo día de la semana. Si uno de estos sábados o días festivos caía en el sábado semanal se consideraba ese día como doblemente bendecido ya que no solo se observaba el sábado del pacto, sino que también el de alguna de las fiestas. Eso fue lo que sucedió el sábado cuando Cristo descansó en la tumba ya que esa semana el sábado semanal coincidió con el sábado de la fiesta de los panes sin levadura.

*"Entonces los judíos, por cuanto era la preparación de la pascua, a fin de que los cuerpos no quedasen en la cruz en el día de reposo (**pues aquel día de reposo era de gran solemnidad**), rogaron a Pilato que se les quebrase las piernas, y fuesen quitados de allí." Juan 19:31*

Pablo, hablando de estos días de reposo dijo:

*"16Por tanto nadie os juzgue en comida o en bebida, o en cuanto a días de fiesta, luna nueva o **días de reposo,** 17 todo lo cual **es sombra de lo que ha de venir**; pero el cuerpo es de Cristo." Colosenses 2:16,17.*

Pablo escribió la cita anterior pensando en el siguiente texto que encontramos en 1 Crónicas 23:27-32.

"27Así que conforme a las postreras palabras de David, se hizo la cuenta de los hijos de Leví de veinte años arriba. 28 Y estaban bajo las órdenes de los hijos de Aarón para ministrar en la casa de Jehová, en los atrios, en las cámaras, y en la purificación de toda cosa santificada, y en la demás obra del ministerio de la casa de Dios. 29 Así mismo para los panes de la proposición, para la flor de harina para el sacrificio, para las hojuelas sin levadura, para lo preparado en sartén, para lo tostado, y para toda medida y cuenta; 30 y para asistir cada mañana todos los días a dar gracias y tributar alabanzas a Jehová, y así mismo por la tarde; 31 y para ofrecer todos los holocaustos a Jehová los días de reposo, lunas nuevas y fiestas solemnes, según su número y de acuerdo con su rito, continuamente delante de Jehová; 32 y para que tuviesen la guarda del tabernáculo de reunión, y la guarda del santuario, bajo las órdenes de los hijos de Aarón sus hermanos en el ministerio de la casa de Jehová."

Es fácil notar, viendo el contexto de la cita previa, que Pablo en Colosenses se estaba refiriendo a toda la ley ceremonial y que incluía, como es lógico, los siete sábados rituales de las fiestas. Al pertenecer estos sábados o días de reposo a la ley ritual tenían, por así decirlo, fecha de caducidad.

*"1Porque la **ley, teniendo la sombra de los bienes venideros**, no la imagen misma de las cosas, nunca puede, por **los mismos sacrificios** que se ofrecen continuamente cada año, hacer perfectos a los que se acercan. 2 De otra manera cesarían de ofrecerse, pues los que tributan este culto, limpios una vez, no tendrían ya más conciencia de pecado. 3 Pero en estos sacrificios cada año se hace memoria de los pecados; 4 porque la sangre de los toros y de los machos cabríos no puede quitar los pecados. 5 Por lo cual entrando en el mundo dice: Sacrificio y ofrenda no quisiste; mas me preparaste cuerpo. 6 Holocaustos y expiaciones por el pecado no te agradaron. 7 Entonces dije: He aquí vengo, oh Dios, para hacer tu voluntad, como en el libro del rollo está escrito de mí. 8 Diciendo primero: Sacrificio y ofrenda y holocaustos y expiaciones por el pecado no quisiste, ni te agradaron (**las cuales cosas se ofrecen según la ley**), 9 y diciendo luego: He aquí que vengo, oh Dios, para hacer tu voluntad; **quita lo primero para establecer esto último.**"* Hebreos 10:1-9

El sábado de los diez mandamientos fue instituido antes de que entrara el pecado al mundo como conmemoración de la creación, tal y como se puede apreciar en Génesis 2:1,2 y Éxodo 20:8-11 y, por lo tanto, no puede ser "sombra de los bienes venideros" o, dicho de otra forma, no puede ser símbolo del ministerio intercesor de Cristo ya que ese ministerio se comenzó a anunciar una vez que entró el pecado. En cambio, los siete sábados de las fiestas ceremoniales sí que eran sombra de los bienes venideros ya que cada una de esas fiestas anunciaban un aspecto de la obra mediadora de Cristo en favor de los pecadores. Las fiestas solemnes son perpetuas en tanto que Cristo asume el cumplimiento de esas celebraciones (1 Corintios 5:7, Hebreos 7:12-19).

A los días de reposo de la ley ritual se refiere Isaías 1:13. La ley ritual llegó a ser algo sin sentido. Los israelitas llegaron a pensar que la salvación se obtenía guardando la ley ritual en forma legalista (o sea por obras) y Dios ya estaba cansado de todo eso. Sin embargo, muy distinto es el llamado del Señor a santificar el día de reposo semanal, o de los diez mandamientos, que vemos en Isaías 58:13,14.

El sábado del decálogo o sábado semanal

A diferencia de los sábados rituales el sábado del decálogo es para siempre.

*"Guardarán, pues, el día de reposo los hijos de Israel, celebrándolo por sus generaciones por **pacto perpetuo.**" Éxodo. 31:16*

*"22Porque **como los cielos nuevos y la tierra nueva** que yo hago permanecerán delante de mí, dice Jehová, así permanecerá vuestra descendencia y vuestro nombre. 23 Y de mes en mes y de día de reposo en día de reposo, **vendrán todos a adorar** delante de mí, dijo Jehová." Isaías 66:22,23.*

Debido a que la Ley de Dios es universal, ya que como vimos hasta los ángeles se someten a ella, podemos inferir que el sábado semanal no es solo para judíos sino para toda la humanidad. El sábado fue establecido desde el principio de la creación, como notamos en Génesis 2:1-3. Adán y Eva no tenían nacionalidad alguna; ellos representan a toda la humanidad.

En el siguiente texto vemos como Dios hace un llamado especial a la gente que no era judía para que abrace el pacto de Dios y guarde el día de reposo.

*"6Y a los hijos de los **extranjeros** que sigan a Jehová para servirle, y que amen el nombre de Jehová para ser sus siervos; a todos los que **guarden el día de reposo** para no profanarlo **y abracen mi pacto**, 7 yo los llevaré a mi santo monte y los recrearé en mi casa de oración...." Isaías 56:6,7.*

Jesús y el sábado

Entre los principales problemas que encontró Jesús durante su ministerio destaca el hecho de que para esa época, e incluso mucho antes, los líderes religiosos habían anexado leyes inventadas por ellos mismos a los mandamientos establecidos por Dios. Esto hacía que algo que debería ser placentero y viable de cumplir se convirtiera en algo tedioso y hasta imposible de observar. Todo eso desvirtuaba el carácter sagrado de la ley. Debido a esto Jesús declaró:

"₁Entonces habló Jesús a la gente y a sus discípulos, diciendo: ₂ En la cátedra de Moisés se sientan los escribas y los fariseos. ₃ Así, que todo lo que os digan que guardéis, guardadlo y hacedlo; mas no hagáis conforme a sus obras, porque dicen, y no hacen. ₄ Porque atan cargas pesadas y difíciles de llevar, y las ponen sobre los hombros de los hombres; pero ellos ni con un dedo quieren moverlas." Mateo 23:1-4.

Ya anteriormente el mismo Dios había declarado, a través de Isaías y Jeremías, eso mismo que Jesús denunciaría durante su ministerio:

*"¿Cómo decís: Nosotros somos sabios, y la ley de Jehová está con nosotros? Ciertamente **la ha cambiado la pluma mentirosa de los escribas.**" Jeremías 8:8.*

*"Dice, pues, el Señor: Porque este pueblo se acerca a mí con su boca, y con sus labios me honra, pero su corazón está lejos de mí, y **su temor de mí no es más que un mandamiento de hombres que les ha sido enseñado.**" Isaías 29:13.*

Entre varias cosas se había establecido, por parte de los dirigentes judíos, que en un día de reposo solo se podía caminar una cantidad determinada de pasos. Una vez agotada esa cantidad de pasos la persona tenía que permanecer en el mismo lugar hasta que pasara el sábado. ¿Quién iba a disfrutar del día de reposo si había que hacer inventario de los pasos ese día? Bien se puede decir que los judíos no estaban guardando el sábado, sino todo lo contrario, lo estaban quebrantando con sus propios reglamentos y no solo el sábado sino los demás mandamientos.

"Les decía: también: Bien invalidáis el mandamiento de Dios para guardar vuestra tradición." Marcos 7:9

Jesús nunca habló de abolir el sábado. La disputa de Jesús con los dirigentes no era si se abolía o no el sábado, sino en qué forma había de guardarse. Cuando Juan 5:18 dice que Jesús "quebrantaba el sábado" en realidad equivale a decir que Jesús **quebrantó el sábado de acuerdo con la tradición de los ancianos.** Decir que Jesús no guardó el mandamiento del sábado, usando como argumento este texto, equivaldría a decir que Jesús pecó y eso es una blasfemia ya que Jesús mismo estuvo sujeto a la ley y de ahí que su sacrificio fue perfecto (1 Juan 3:4, Hebreos 4:15). Lo que hizo Jesús ese día fue sanar a un hombre paralítico. El versículo está dado desde la perspectiva de los dirigentes judíos. Según la **tradición judía,** Jesús quebrantó el sábado.

*"Por eso **los judíos** aún más procuraban matarle, porque no sólo quebrantaba el día de reposo, sino que también decía que Dios era su propio Padre, haciéndose igual a Dios." Juan 5:18.*

Si la ley de Dios es amor entonces, ayudar a otros en sus problemas el día sábado, tal y como Jesús lo hizo en ciertas ocasiones, está permitido y no quebrantamos el día de reposo por eso. Veamos los siguientes textos.

"₁Aconteció un día de reposo, que habiendo entrado para comer en casa de un gobernante, que era fariseo, éstos le acechaban. ₂ Y he aquí estaba delante de él un hombre hidrópico. ₃ Entonces Jesús habló a los intérpretes de la ley y a los fariseos diciendo: ¿Es lícito sanar en el día de reposo? ₄ Mas ellos callaron. Y él, tomándole, le sanó, y le despidió. ₅ Y dirigiéndose a ellos, dijo: ¿Quién de vosotros, si un asno o su buey cae en algún pozo, no le sacará inmediatamente aunque sea día de reposo? ₆ Y no le podían replicar estas cosas." Lucas 14:1-6

"₉Pasando de allí, vino a una sinagoga de ellos. ₁₀ Y he aquí había allí uno que tenía seca una mano; y preguntaron a Jesús, para poder acusarle:

*¿Es lícito sanar en el día de reposo? ₁₁ Él les dijo: ¿Qué hombre habrá de vosotros, que tenga una oveja, y si esta cayere en un hoyo en el día de reposo no le eche mano, y la levante? ₁₂ Pues ¿cuánto más vale un hombre que una oveja? Por consiguiente, **es lícito hacer el bien en los días de reposo.**" Mateo 12:9-12.*

La Iglesia Católica Romana no tiene ningún problema para decir que fueron ellos los que realizaron el cambio del sábado al domingo como día de adoración. Más bien son las iglesias protestantes las que tratan de justificar el cambio que hizo la Iglesia Católica. Esto es sorprendente debido a que los protestantes alardean de no tener más autoridad doctrinal que lo que dicen las Sagradas Escrituras. En los pasajes en que los protestantes ven a Jesús quebrantando el sábado, la Iglesia Católica Romana afirma categóricamente:

"El Evangelio relata numerosos incidentes en que Jesús fue acusado de quebrantar la ley del sábado. Pero Jesús nunca falta a la santidad de ese día (cf Mc 1,21; Jn 9,16), sino que con autoridad da la interpretación auténtica de esta ley. "El sábado ha sido instituido para el hombre y no el hombre para el sábado" (Mc 2, 27). Con compasión Cristo proclama que "es lícito en sábado hacer el bien en vez del mal, salvar una vida en vez de destruirla" (Mc 3,4). El sábado es el día del Señor de las misericordias y del honor de Dios (cf Mt 12,5, Jn 7, 23)." "El Hijo del hombre es Señor del sábado" (Mc 2, 28). Catecismo de la Iglesia Católica numeral 2173.

Si Jesús hubiese querido profanar o abolir el sábado no leeríamos en Lucas 4: 16 lo siguiente:

*"Vino a Nazaret, donde se había criado; y en el día de reposo entró en la sinagoga, **conforme a su costumbre**, y se levantó a leer."*

De hecho, los seguidores de Jesús nunca escucharon a Jesús decir nada contrario al sábado, ya que lo siguieron guardando aún después de su muerte.

*"₅₀Había un varón llamado José, de Arimatea, ciudad de Judea, el cual era miembro del concilio, varón bueno y justo. ₅₁ Este, que también esperaba el reino de Dios, y no había consentido en el acuerdo ni en los hechos de ellos, ₅₂ fue a Pilato, y pidió el cuerpo de Jesús. ₅₃ Y quitándolo, lo envolvió en una sábana, y lo puso en un sepulcro abierto en una peña, en el cual aún no se había puesto a nadie. ₅₄ Era día de la preparación, y estaba para comenzar el día de reposo. ₅₅ Y las mujeres que habían venido con él desde Galilea, siguieron también, y vieron el sepulcro, y como fue puesto su cuerpo. ₅₆ Y vueltas prepararon especias aromáticas y ungüentos; y **descansaron el día de reposo, conforme al mandamiento.**" Lucas 23:50-56.*

Ver también: Hechos 13:13-14, Hechos 13:42, Hechos 16:13, Hechos 17:1-3, Hechos 18:4.

El domingo en el Nuevo Testamento

El domingo, llamado primer día de la semana en la Palabra de Dios, aparece solo en ocho ocasiones en el Nuevo Testamento. Cada una de estas veces corresponde a un versículo en particular y tienen, cada uno de estos versículos, la característica de no decir que el día de reposo se cambió del sábado al domingo, tal y como afirman la gran mayoría de cristianos en la actualidad. Los versículos que mencionan el primer día de la semana son los siguientes:

Mateo 28:1, Marcos 16:2, Marcos 16:9, Lucas 24:1, Juan 20:1, Juan 20:19, Hechos 20:7 y 1 Corintios 16:2.

De la anterior lista cabe destacar dos versículos utilizados para demostrar, según algunos, que la costumbre de la iglesia primitiva era reunirse, o guardar el primer día de la semana en vez del séptimo día o sábado. El primero de ellos es Hechos 20:7 y dice de la siguiente manera:

*"El **primer día de la semana, reunidos los discípulos para partir el pan**, Pablo les enseñaba, habiendo de salir al día siguiente; y alargó el discurso hasta la media noche."*

Según creen algunos, este versículo indica que era la costumbre de Pablo, y de la iglesia primitiva en general, reunirse los domingos para celebrar la Santa Cena, o Eucaristía como algunos dicen, en conmemoración de la resurrección de Cristo.

Para empezar, diremos que lo que se conmemora en el rito de la Cena del Señor no es la resurrección de Cristo, cosa que impuso el catolicismo, sino su muerte y que, por lo tanto, el rito de la Cena del Señor se puede hacer cualquier día.

*"Así, pues, todas las veces que comiereis este pan, y bebiereis esta copa, **la muerte del Señor anunciáis** hasta que él venga."* 1 Corintios 11:26

El término "partir el pan" es una frase hebrea que significa comer en grupo y no necesariamente aplica al rito de la Cena del Señor como podemos confirmar en el siguiente texto:

"Y perseveraban unánimes cada día en el templo, y partiendo el pan en las casas, comían juntos con alegría y sencillez de corazón." Hechos 2:46

Es de destacar que Pablo realizó esta reunión el primer día de la semana pues ese día, a la mañana siguiente, debía irse para otra ciudad y no porque fuera la costumbre de los hermanos reunirse ese día. Si somos estudiosos de la Palabra de Dios de seguro hemos notado que, en la antigüedad, los días no empezaban a la media noche, tal y como lo hacemos en la actualidad. Los días iban de puesta de sol a puesta de sol, tal y como lo dispuso Dios desde la creación (Ver Génesis cap. 1). Esa es la razón por la cual el sábado se guarda desde la puesta del sol del viernes hasta la puesta del sol del sábado. Por consiguiente, el domingo (día en que se reunieron los hermanos de Troas con Pablo después de haber guardado el sábado) empezaría el sábado a la puesta de sol. Es claro que la reunión que registra Hechos capítulo 20 fue en lo que hoy es sábado por la noche. En otras palabras, Pablo realizaría su viaje el domingo de día y no el lunes como la gente interpreta. Con esto también confirmamos que para Pablo el primer día de la semana era un día sin trascendencia religiosa ya que ese día lo utilizaba para desplazarse de un lugar a otro, sin observarlo como Día del Señor.

Lo que sucedió aquel día fue que Pablo, debido a su pronta partida de Troas, se reunió con los hermanos el domingo de noche (sábado de noche en el calendario actual) para cenar y despedirse con un largo discurso que duró toda la noche como vemos en Hechos 20:11.

El otro texto utilizado para decir que la costumbre de la iglesia primitiva era reunirse el primer día de la semana es 1 Corintios 16:2:

"Cada primer día de la semana cada uno de vosotros ponga a parte algo, según haya prosperado, guardándolo, para que cuando yo llegue no se recojan entonces ofrendas."

Aquí no se menciona que los hermanos se reunían el primer día de la semana y mucho menos se está diciendo que el día de reposo fue cambiado. Pablo tampoco está diciendo que se aparte la ofrenda en el templo, o lugar de reunión de los hermanos de Corinto. Simplemente se está diciendo que la ofrenda cada quien la aparte de a poco, el primer día de la semana, pero no nos dice dónde. Parece ser que la costumbre, en el imperio romano, era que la gente hiciera la planificación de la semana el domingo. De hecho, la versión de las Sagradas Escrituras, Reina Valera 1909, traduce este texto con la idea que realmente encierra su forma original.

*"Cada primer día de la semana cada uno de vosotros **aparte en su casa** guardando lo que por la voluntad de Dios pudiere para que cuando yo llegare no se hagan entonces las colectas." 1 Corintios 16:2, Versión de la Escrituras Reina Valera 1909.*

Un tercer texto que también podemos incluir, y que la verdad se explica así mismo, es Juan 20:19:

*"Cuando llegó la noche de aquel mismo día, **el primero de la semana**, estando las puertas cerradas en el lugar donde los discípulos **estaban reunidos por miedo de los judíos**, vino Jesús, y puesto en medio, les dijo: Paz a vosotros."*

Evidentemente los discípulos estaban reunidos el primer día de la semana, pero no porque guardaban ese día sino por **miedo de los judíos**. El texto es claro y no nos habla de cambio alguno en el día de reposo.

El cristianismo y el sábado

Hoy, al igual que en la época de Jesús, los cristianos hacen más caso a los mandamientos de hombres que a lo que la palabra de Dios dice. La Iglesia Católica, sin problema alguno, declara que fueron ellos los que hicieron el cambio del sábado al domingo.

*"La santa Madre Iglesia considera que es su deber celebrar la obra de la salvación de su divino Esposo con un sagrado recuerdo, en días determinados a través del año. Cada semana, en el día que **llamó** "del Señor", conmemora su resurrección, que una vez al año celebra también, junto con su santa pasión, en la máxima solemnidad de la Pascua."* Catecismo de la Iglesia Católica numeral 1163.

"Siendo que el sábado y no el domingo se especifica en la Biblia, ¿no es curioso que los que no son católicos, quienes profesan tomar su religión directamente de la Biblia y no de la iglesia, observen el domingo en vez del sábado? Sí, claro que es inconsciente; pero este cambio se hizo unos 15 siglos antes que naciera el Protestantismo, y para ese tiempo la costumbre se observaba ya universalmente. Ellos (los protestantes) han continuado la costumbre aún cuando descansa sobre la autoridad de la Iglesia Católica y no sobre un texto explícito de la Biblia. Dicha observancia permanece como

*un recordatorio de la **iglesia madre** de donde se separaron las sectas no católicas. Es como un niño que se fuga de su casa pero aún lleva, en el bolsillo, una foto de su **madre** o una trenza de su cabello."* John A O'Brien, The Faith of Millions (Londres: W.H. Allen, 1958, first cheap edition), pp 543, 544.

*"El domingo es nuestra **marca** de autoridad.... La iglesia está por encima de la Biblia y este cambio de la observancia del sábado es una prueba de tal hecho."* The Catholic Record, Septiembre 1 de 1923. Publicado en Londres y Ontario, Canada.

*"La Iglesia Católica más de mil años antes que existiera un Protestante, cambió el día de Sábado al Domingo en virtud de su misión divina. Cuando el mundo protestante nació descubrió que el Sábado Cristiano (Domingo) estaba demasiado arraigado como para tratar de desarraigarlo; por lo tanto el Protestantismo se vio obligado a aceptar este arreglo por más de 300 años y así reconoció el derecho que tenía la iglesia para cambiar el día. Así es que hasta el día de hoy el Sábado Cristiano (Domingo) se reconoce **como el hijo de la Iglesia Católica**, y esto sin una sola palabra de protesta por parte del mundo protestante."* The Catholic Mirror, septiembre 23, 1893. Este artículo es el último en la serie semanal de editoriales titulado, "El sábado Cristiano." La revista The Catholic Mirror fue el órgano oficial del Cardenal Jaime Gibbons de Baltimore.

"Usted puede leer la Biblia desde Génesis hasta Apocalipsis y no hallará ni una sola línea que autorice la santificación del Domingo. Las Escrituras exigen la observancia religiosa del Sábado, un día que nosotros (los católicos) nunca santificamos." Cardenal Jaime Gibbsons, The Faith of Our Fathers, p, 111.

El decreto que imponía el domingo como día de reposo universal fue dado el 7 de marzo del año 321 por Constantino I el Grande; varios años después de "convertirse al cristianismo".

*"En el venerable **día del sol** (domingo), que los magistrados y gentes residentes en las ciudades descansen y que todos los talleres estén cerrados. En el campo, sin embargo, que las personas que estén ocupadas en la agricultura puedan libre y legalmente continuar sus quehaceres porque suele acontecer que otro día no sea apto para la plantación de viñas o de semillas; no sea que por descuidar el momento propicio para tales operaciones la liberalidad del cielo se pierda." Código Justinianeo 3,12.2*

Constantino I el Grande siguió siendo, como vemos, adorador del dios sol de los paganos. Durante este tiempo la Iglesia Romana accede a una abundancia que nunca había experimentado. Los dirigentes, que antes fueron perseguidos, adquieren puestos que en vez de religiosos son políticos y el término de Sumo Pontífice, exclusivo del emperador, lo comienzan a heredar los máximos dirigentes de la Iglesia. El emperador Constantino I había unificado el imperio y trataba de hacer lo mismo con las diferentes fuentes del cristianismo y de hecho es él quien convoca, y no la iglesia, el primer concilio eclesiástico en Nicea en el año 325. A partir de ese momento comienzan a meterse, de a poco, más elementos del paganismo a la iglesia tales como la Navidad. La celebración dominical se comienza solo a intensificar dentro del cristianismo en esa época ya que, de acuerdo con el registro literario antiguo, parece que antes de esa época, debido a una serie de factores, la iglesia ya venía adoptando el domingo como día de adoración.

Hacia el año 135 de nuestra era, la iglesia de Jerusalén deja de ejercer su liderazgo en el mundo cristiano y esa fue una gran pérdida ya que era la única iglesia con la autoridad suficiente para liderar el mundo cristiano. De acuerdo con los historiadores, más de un millón de judíos fueron ejecutados en Palestina entre las dos guerras del año 70 y el 135. Vespasiano abolió el Sanedrín y el Sumo Sacerdocio. Adriano por el año 135 abolió el judaísmo y en particular la observancia del sábado. Incluso los judíos fueron objeto de duros impuestos introducidos por Vespasiano e incrementados por Domiciano y Adriano. Se cree que debido a esto los cristianos comenzaron a diferenciarse de los judíos; sobre todo la Iglesia Romana. La iglesia de Roma era la iglesia que reunía todas las condiciones sociales, políticas y religiosas para abandonar el sábado y sustituirlo por el domingo debido a la cercanía con la capital del imperio. La iglesia romana, a diferencia de las orientales, estaba compuesta principalmente por personas de origen gentil, como vemos en Romanos 11:13:

"Porque a vosotros hablo, gentiles. Por cuanto yo soy apóstol de los gentiles, honro mi ministerio."

En el siglo XVI los teólogos católicos comentaron frecuentemente el origen eclesiástico del domingo para demostrar el poder que tenía la Iglesia Católica Romana para introducir leyes y ceremonias. Muestra de eso es la siguiente cita:

"Complace a la Iglesia de Dios, que la celebración religiosa del Sabbath se debe transferir al Día del Señor: el Domingo." Concilio de Trento. Catecismo doctrinal año 1566.

Y unos años antes de eso Martín Lutero, en la Confesión de Ausburgo, en el año 1530, declara:

"Ellos (los católicos) alegan que el sábado ha sido cambiado por el domingo, aparentemente en contra del decálogo. No hay un ejemplo al que se refieran más a menudo que al cambio del día de reposo y dicen: "Grande es el poder de la Iglesia, puesto que ha anulado uno de los mandamientos."

La Iglesia Católica excusa ese cambio, en el Catecismo de la Iglesia Católica, de la siguiente manera:

"El día del Señor, el día de la Resurrección, el día de los cristianos, es nuestro día. Por eso es llamado día del Señor: porque es en este día cuando el Señor subió victorioso junto al Padre. Si los paganos lo llaman día del sol, también lo hacemos con gusto; porque hoy ha aparecido el sol de justicia

cuyos rayos traen la salvación." (San Jerónimo, In die Domnica Paschae ho-milía). Catecismo de la Iglesia Católica, numeral 1166

"Nos reunimos todos el día del sol porque es el primer día (después del sábado judío, pero también el primer día), en que Dios, sacando la materia de las tinieblas, creó al mundo; ese mismo día, Jesucristo nuestro Salvador resucitó de entre los muertos." (San Justino, Apología, 167). Catecismo de la Iglesia Católica, numeral 2174

Sin embargo, la resurrección de Cristo siempre tuvo su celebración en la ceremonia del bautismo y no en un día específico de la semana.

Muchas personas dicen que se puede guardar cualquier día, que a Dios se le debe adorar todos los días. Eso es cierto, sin embargo, Dios estableció un día específico para conmemorar su poder creador.

Adán y Eva tenían todos los árboles del huerto a su disposición excepto uno. Ese árbol era un árbol como todos con la única diferencia que ese árbol simbolizaba la obediencia. A simple vista parece exagerado que to-dos los males del mundo sean el resultado de comer un simple fruto. Dios no juega con el pecado. Dios reclama obediencia de los que dicen ser sus hijos. La semana tiene varios días pero uno de ellos es símbolo o marca de la obediencia de los que son hijos de Dios.

"De manera que cualquiera que quebrante uno de estos mandamientos muy pequeños, y así enseñe a los hombres, muy pequeño será llamado en el reino de los cielos; mas cualquiera que los haga y los enseñe, éste será llamado grande en el reino de los cielos." Mateo 5: 19

"₁₆Guardarán, pues, el día de reposo los hijos de Israel, celebrándolo por sus generaciones por pacto perpetuo. ₁₇ Señal es entre mí y los hijos de Is-rael; porque en seis días hizo Jehová los cielos y la tierra, y en el séptimo día cesó y reposó." Éxodo 31:16,17.

Siempre el sábado ha sido el mandamiento más pisoteado. Ya desde épocas tan lejanas, como las del profeta Jeremías (ver Jeremías 17:21-23) o Nehemías (ver Nehemías 13:15-21), el mismo pueblo judío cargaba con ese problema. El camino a la salvación es angosto y difícil mientras el de la perdición amplio y fácil de transitar. La Iglesia Romana prefirió transitar, al parecer, por el camino ancho con tal de no ser confundida con los judíos. Prefirieron cambiar el mandamiento de Dios con tal de no ser perseguidos. Prefirieron el camino ancho antes que el angosto.

Por el camino de la perdición siempre ha marchado la mayoría de la humanidad. Si vemos la historia de la Palabra de Dios nos daremos cuenta de lo reducido que fue el número de las personas que se mantuvieron leales al Señor en medio de las adversidades. Hoy más que nunca ser un observador del sábado es un reto. Debido a lo difícil de la economía son muchos los que se ven obligados a trabajar ese día. Los que no lo hacen se ven tentados con una serie de distracciones mundanales ya que el menú de diversión, ese día, es mejor que en cualquier otro día. No hay otro mandamiento que ofrezca mayor reto que este. Lamentablemente al hombre le gusta hacer religiones a su medida y son pocos los que someten su voluntad a Dios. Si los líderes religiosos instaran a sus miembros a guardar el sábado verían grandemente reducido el número de sus miembros. Esta es una de las razones por la cual muchos líderes religiosos desechan esta gran verdad. Desgraciadamente las iglesias se adaptan al mundo. Religiones fáciles, tan fáciles como el Camino Ancho, abundan por doquier.

Solo a través de las pruebas es que crecemos. Las pruebas son difíciles, pero por medio de ellas es que se manifiesta el poder de Dios. Las pruebas al final dejan al descubierto quien realmente es hijo de Dios y quien no.

"No os ha sobrevenido ninguna tentación que no sea humana; pero fiel es Dios, que no os dejará ser tentados más de lo que podéis resistir, sino que dará también juntamente con la tentación la salida, para que podáis soportar." 1 Corintios 10:13.

Dios ha establecido una serie de leyes justas y lógicas. El no pediría cosas que fueran imposibles para los hombres. La Palabra de Dios declara en Deuteronomio 30:11-14:

"11Porque este mandamiento que yo te ordeno hoy no es demasiado difícil para ti, ni está lejos. 12 No está en el cielo para que digas: ¿Quién subirá al cielo y nos lo traerá y nos lo hará oír para que lo cumplamos? 13 Ni está al otro lado del mar, para que digas: ¿Quién pasará por nosotros el mar, para que nos lo traiga y nos lo haga oír, a fin de que lo cumplamos? 14 Porque muy cerca de ti está la palabra, en tu boca y en tu corazón para que la cumplas."

Y esto de que está *"en tu corazón"* no es otra cosa que el trabajo que hace el Espíritu Santo en nuestras vidas para poder obtener la victoria sobre nuestra naturaleza pecaminosa. Dios no solo ha dado leyes justas y lógicas, sino que también ha mandado su Espíritu para poder asegurar la victoria sobre el pecado.

El santuario único

Comúnmente se acusa a la gente que guarda el sábado de ser personas que viven bajo la ley de Moisés, y esto solo demuestra un desconocimiento total de varios aspectos básicos del estudio de la Palabra de Dios.

Anteriormente vimos que la ley ritual, o de Moisés como también se le conoce, es diferente a la ley moral o los diez mandamientos.

En la actualidad la ley ritual no puede ser celebrada, en toda la extensión de la palabra, ni siquiera por los judíos debido a una sencilla razón: Los servicios de la ley ritual debían celebrarse solo en el lugar que Dios escogiera para poner ahí su nombre, y ese lugar fue el templo de Jerusalén. Dicho lugar al principio, en la época anterior al templo, lo marcaba la ubicación temporal del santuario o tabernáculo. Al respecto nos habla Moisés en Deuteronomio 12:4-8,11-14.

"*₄No haréis así a Jehová vuestro Dios, ₅ sino que en el lugar que Jehová vuestro Dios escogiere de entre todas vuestras tribus, para poner allí su nombre para su habitación, ése buscaréis y allí iréis. ₆ Y allí llevaréis vuestros holocaustos, vuestros sacrificios, vuestros diezmos, y la ofrenda elevada de vuestras manos, vuestros votos, vuestras ofrendas voluntarias, y las primicias de vuestras vacas y de vuestras ovejas; ₇ y comeréis ahí delante de Jehová vuestro Dios, y os alegraréis, vosotros y vuestras familias, en toda obra de vuestras manos en la cual Jehová tu Dios te hubiere bendecido. ₈ No haréis como todo lo que hacemos nosotros aquí ahora, cada uno lo que bien le parece. ₁₁ Y al lugar que Jehová vuestro Dios escogiere para poner en él su nombre, allí llevaréis todas las cosas que yo os mando: vuestros holocaustos, vuestros sacrificios, vuestros diezmos, las ofrendas elevadas de vuestras manos, y todo lo escogido de los votos que hubiereis prometido a Jehová. ₁₂ Y os alegraréis delante de Jehová vuestro Dios, vosotros, vuestros hijos, vuestras hijas, vuestros siervos y vuestras siervas, y el levita que habite en vuestras poblaciones; por cuanto no tiene parte ni heredad con vosotros. ₁₃ Cuídate de no ofrecer tus holocaustos en cualquier lugar que vieres; ₁₄ sino en el lugar que Jehová escogiere, en una de tus tribus, allí ofrecerás tus holocaustos, y allí harás todo lo que yo te mando.*"

En lo que se refiere a las fiestas solemnes Deuteronomio 16:5,6, y 16, dice:

"*₅No podrás sacrificar la pascua en cualquiera de las ciudades que Jehová tu Dios te da; ₆ sino en el lugar que Jehová tu Dios escogiere para que habite allí su nombre, sacrificarás la pascua por la tarde a la puesta del sol, a la hora que saliste de Egipto. ₁₆ Tres veces al año aparecerá todo varón tuyo delante de Jehová tu Dios en el lugar que él escogiere: en la fiesta solemne de los panes sin levadura, y en la fiesta solemne de las semanas, y en la fiesta solemne de los tabernáculos. Y ninguno se presentará delante de Jehová con las manos vacías.*"

Antes de tener el pueblo un lugar específico de adoración, el tabernáculo estuvo en varios lugares. Algunos de esos lugares, por ejemplo, fueron Silo (ver Josué 19:51 y Salmo 78:60) y Nob (ver 1 Samuel 21). Como se mencionó, solo donde estaba el tabernáculo, y por ende el arca del pacto, se realizaban los sacrificios, sin embargo, en la época del sacerdote Elí el arca del pacto y el tabernáculo fueron separados y esto hizo que por un tiempo los sacrificios se realizaran en las ciudades de los sacerdotes y de los levitas (propiamente en los lugares altos de las localidades) adonde el pueblo iba para instruirse (ver 1 Reyes 3:2), sin embargo, esto fue la excepción a la regla debido a las circunstancias. El arca fue capturada por los filisteos al final de la vida de Elí y estuvo entre los filisteos siete meses hasta que ellos la devolvieron, pues los castigos del Señor comenzaron a caer sobre ellos. Cuando el arca regresó a territorio israelita primero estuvo en Bet-semes, pero inmediatamente fue llevada a Quiriat-jearim y permaneció en casa de Abinadab veinte años. David trató de llevar el arca de Quiriat-jearim a Jerusalén, sin embargo, en su primer intento fracasó y por eso el arca fue dejada en casa de Obed-edom tres meses. Finalmente, David terminó de trasladar el arca a Jerusalén y la dejó en una tienda exclusiva para contenerla. Al cabo de varios años, el arca fue trasladada al templo que se construyó en la época de Salomón (de esta forma fue reemplazado el tabernáculo por el templo) y a partir de ese momento los sacrificios se realizarían exclusivamente en el templo de Jerusalén.

El día esperado, cuando Dios finalmente indicaría un lugar de adoración definitivo se narra en 1 Crónicas 21. Dios castiga por medio de su ángel a Israel por el censo que mandó hacer David. Justo en el lugar en donde David mira al ángel, que está entre el cielo y la tierra con la espada desenvainada, establece Dios el punto preciso de adoración. El ángel se encuentra en un campo que pertenece a un hombre llamado Ornán o Arauna y esa parte de Jerusalén fue la que Dios escogió para que se construyera el templo. Los siguientes versículos son bastante explicativos:

"*18Y el ángel de Jehová ordenó a Gad que dijese a David que subiese y construyese un altar a Jehová en la era de Ornán jebuseo. 26 Y edificó allí David un altar a Jehová, en el que ofreció holocaustos y ofrendas de paz, e invocó a Jehová, quien le respondió por fuego desde los cielos en el altar del holocausto. 22 1 Y dijo David: Aquí estará la casa de Jehová Dios, y aquí el altar del holocausto para Israel.*" 1 Crónicas 21:18,26, 22: 1.

"*Porque David dijo: Jehová Dios de Israel ha dado paz a su pueblo Israel, y él habitará en Jerusalén para siempre.*" 1 Crónicas 23:25.

"*Comenzó Salomón a edificar la casa de Jehová en Jerusalén, en el monte Moriah, que había sido* **mostrado a David su padre**, *en el lugar que David había preparado en la era de Ornán.*" 2 Crónicas 3:1.

Si el pueblo judío en la actualidad quisiese aplicar la ley de Moisés debidamente tendría que hacerlo en el lugar donde estuvo el templo que fue destruido en el año 70 de nuestra era. En la actualidad, en ese sitio está la Mezquita del Domo Dorado que es un centro de gran importancia para los musulmanes.

Si los judíos no pueden celebrar la ley de Moisés plenamente porque no tienen el templo para poder hacerlo (además de otros inconvenientes que no vienen al caso), entonces, no se puede acusar a algunos cristianos de estar observando la ley de Moisés por estar guardando el sábado de los diez mandamientos. El sábado fue establecido por Dios desde la misma fundación del mundo y no en la época de Moisés. El sábado de los diez mandamientos, al no ser parte de la ley ritual, no está circunscrito a un lugar específico como es el caso de los sábados rituales de las fiestas judías (Hechos 16:11-13, Hechos 17:1-3, Hechos 18:1-4). Los sábados de la ley ritual debían celebrarse, en todo su esplendor, únicamente en el templo de Jerusalén. Los hijos de Dios, desde Adán hasta nuestros días, han guardado el sábado semanal en cualquier lugar donde vivan y, por eso, Éxodo 20: 8 dice: "**Acuérdate** del día de reposo". Lo que celebra el sábado es el poder Creador de nuestro Dios.

El conocimiento de Dios

*"₁₉Por tanto, id, y haced discípulos a todas las naciones, bautizándolos en el nombre del Padre, y del Hijo, y del Espíritu Santo; ₂₀ enseñándoles que **guarden todas las cosas que os he mandado**; y he aquí yo estoy con vosotros todos los días, hasta el fin del mundo. Amén." Mateo 28:19, 20.*

El conocimiento de Dios es salvación para los hombres ya que es vida eterna.

"Y esta es la vida eterna: que te conozcan a ti, el único Dios verdadero y a Jesucristo, a quien has enviado." Juan 17:3

Conocemos a Dios mediante sus mandamientos ya que, como anteriormente vimos, la ley al igual que Dios es **amor**. La ley es un reflejo del carácter de Dios y a través de sus mandamientos le conocemos y lo damos a conocer a otros por medio del testimonio.

"Y en esto sabemos que nosotros le conocemos, si guardamos sus mandamientos." 1 Juan 2:3 (Ver caso de los hijos de Elí (1 Samuel 2:12) y de Israel (Oseas 4:6 y Oseas 6:6)).

Los diez mandamientos son parte importante del Evangelio. A través de ellos es que el hombre conoce verdaderamente a Dios.

*"₁₀Este es el pacto que después de aquel tiempo haré con la casa de Israel-dice el Señor-: **Pondré mis leyes en su mente y las escribiré en su corazón**. Yo seré su Dios y ellos serán mi pueblo. ₁₁ **Ya no tendrá nadie que enseñar a su prójimo, ni dirá nadie a su hermano: "! Conoce al Señor!", porque todos, desde el más pequeño hasta el más grande, me conocerán**. ₁₂ Yo les perdonaré sus iniquidades y nunca más me acordaré de sus pecados". ₁₃ Al llamar "nuevo" a ese pacto, ha declarado obsoleto al anterior; y lo que se vuelve obsoleto y envejece ya está por desaparecer." Hebreos 8:10-13* Nueva Versión Internacional.

La predicación del evangelio y la ley de Dios

El temor a Dios no es miedo si no respeto y ese respeto está ligado con guardar los mandamientos. Apocalipsis 14:6-11 detalla cuál es realmente el evangelio eterno que debe ser predicado a todo el mundo. Temer a Dios es la primera parte de ese evangelio, de acuerdo con Apocalipsis 14:6,7.

*"6 Vi volar por en medio del cielo a otro ángel, que tenía el **evangelio eterno** para predicarlo a los moradores de la tierra, a toda nación, tribu, lengua y pueblo, diciendo a gran voz: 7 **Temed a Dios** y dadle gloria, porque la hora de su juicio ha llegado; y adorad a aquel que hizo el cielo y la tierra, el mar y las fuentes de las aguas."*

Temer a Dios involucra guardar sus mandamientos.

"El principio de la sabiduría es el temor de Jehová; los insensatos desprecian la sabiduría y la enseñanza." Proverbios 1:7.

*"El principio de la sabiduría es el temor de Jehová; **buen entendimiento tienen todos los que practican sus mandamientos**; su loor permanece para siempre." Salmo 111:10.*

*"¡Quién diera que tuviesen tal corazón, que me **temiesen y guardasen todos los días todos mis mandamientos**, para que a ellos y a sus hijos les fuese bien para siempre!." Deuteronomio 5:29.*

*"1 Estos, pues, son los mandamientos, estatutos y decretos que Jehová vuestro Dios mandó que os enseñase, para que los pongáis por obra en la tierra a la cual pasáis vosotros para tomarla; 2 **para que temas a Jehová tu Dios guardando todos sus estatutos y sus mandamientos que yo te mando**, tú, tu hijo, y el hijo de tu hijo, todos los días de tu vida, para que tus días sean prolongados." Deuteronomio 6:1, 2.*

*"12 Ahora, pues, Israel, ¿qué pide Jehová tu Dios de ti, sino que **temas a Jehová tu Dios**, que andes en todos sus caminos, y que lo ames, y sirvas a*

Jehová tu Dios con todo tu corazón y con toda tu alma; ₁₃ **que guardes los mandamientos de Jehová** *y sus estatutos, que yo te prescribo hoy, para que tengas prosperidad?" Deuteronomio 10:12, 13.*

Si nos consideramos cristianos y estamos negando la vigencia de los diez mandamientos, ¿qué clase de evangelio estamos llevando? No hay más que un evangelio, como dice Pablo en Gálatas 1:6,7. El mensaje para este tiempo es el que se encuentra en Apocalipsis 14:6-11, e incluye guardar la Sempiterna Ley de Dios.

Capítulo II: Pablo

Pablo y su entorno

D e todos los escritores del Nuevo Testamento Pablo era el más versado. Pablo era un fariseo experto en asuntos de la ley. Si no estamos familiarizados con el Antiguo Testamento simplemente no entenderemos muchas de las cosas que escribió Pablo, sobre todo los temas relacionados con la ley. Debido a esto Pedro, hablando de Pablo, dice lo siguiente:

"15Y tened entendido que la paciencia de nuestro Señor es para salvación; como también nuestro amado hermano Pablo, según la sabiduría que le ha sido dada, os ha escrito, 16 casi en todas sus epístolas, hablando en ellas de estas cosas; entre las cuales hay algunas difíciles de entender, las cuales los indoctos e inconstantes tuercen, como también las otras Escrituras, para su propia perdición." 2 Pedro 3:15, 16.

Pablo vivió en una época muy confusa puesto que los judíos, acostumbrados a la tradición de los ancianos y a la ley ritual, no concebían en su totalidad como dejar de lado esas cosas tan arraigadas en su cultura. Por eso vemos, por ejemplo, a Pedro y Bernabé en problemas con Pablo por la manera en que actuaban a la hora de estar rodeados en Antioquía por gentiles y judíos.

"11Pero cuando Pedro vino a Antioquía, le resistí cara a cara, porque era de condenar. 12 Pues antes que viniesen algunos de parte de Jacobo, comía con los gentiles; pero después que vinieron, se retraía y se apartaba, porque tenía miedo de los de la circuncisión. 13 Y en su simulación participaban también los otros judíos, de tal manera que aun Bernabé fue también arrastrado por la hipocresía de ellos. 14 Pero cuando vi que no andaban rectamente conforme a la verdad del evangelio, dije a Pedro delante de todos: Si tú, siendo judío, vives como los gentiles y no como judío, ¿por qué obligas a los gentiles a judaizar? 15 Nosotros, judíos de nacimiento, y no pecadores de entre los gentiles, 16 sabiendo que el hombre no es justificado por las obras de la ley, sino por la fe de Jesucristo, nosotros también hemos

creído en Jesucristo, para ser justificados por la fe de Cristo y no por las obras de la ley, por cuanto por las obras de la ley nadie será justificado."
Gálatas 2:11-16

Los judíos y la contaminación ritual

Algo que obsesionaba a los judíos de la época de los apóstoles era la contaminación ritual. Vemos por ejemplo en Marcos 10 que, de acuerdo con la **tradición de los ancianos,** si los judíos no se lavaban las manos una determinada cantidad de veces los alimentos se consideraban contaminados, ritualmente hablando. Una carne aunque de res, que es una carne limpia y apta para el consumo de acuerdo con Levítico 11, se convertía impura si no se consumía conforme a la tradición de los dirigentes religiosos.

"₆Respondiendo él, les dijo: Hipócritas, bien profetizó de vosotros Isaías, como está escrito: Este pueblo de labios me honra, Mas su corazón está lejos de mí. ₇ Pues en vano me honran, Enseñando como doctrinas mandamientos de hombres. ₈ Porque dejando el mandamiento de Dios, os aferráis a la tradición de los hombres: los lavamientos de los jarros y de los vasos de beber; y hacéis otras muchas cosas semejantes. ₉ Les decía también: Bien invalidáis el mandamiento de Dios para guardar vuestra tradición." Marcos 7:6-9

Muchos consideran que Cristo en Marcos 7:1-19 está autorizando el consumo de cualquier tipo de carne. El texto no está hablando exclusivamente de carnes. Aquí se está hablando de alimentos en general ya que cualquier cosa (vegetal o animal) que no fuera tratada conforme a la tradición judía podía considerarse contaminada o impura desde el punto de vista ritual. Si Pedro, por ejemplo, hubiese entendido que Jesús invalidaba la orden de no comer carnes inmundas no habría rechazado el mandamiento de comer esas carnes en Hechos 10:9-16.

La contaminación ritual como obstáculo en la evangelización

El capítulo 10 de Hechos, sobre todo los versículos 9-16, es utilizado por muchos para autorizar el consumo de cualquier tipo de carne inmunda. Cuando utilizamos una pequeña porción de un texto y lo aislamos del contexto en que fue escrito cometemos un gran error. Hechos 10 **no está hablando de comida** sino de la discriminación que había de parte de los judíos hacia los gentiles. Lea bien el texto de principio a fin y bastará para entender el significado de la visión de Pedro.

Otra cosa que podía contaminar a un judío, de acuerdo con su tradición, era juntarse o acercarse a un gentil y por eso Pedro, después de entender el significado de la visión, exclama lo siguiente:

*"Y les dijo: Vosotros sabéis cuán abominable es para un varón judío juntarse o acercarse a un extranjero; pero a mí me ha mostrado Dios que a ningún hombre llame **común o inmundo;"** Hechos 10:28*

De nuevo podemos decir que el capítulo 10 de Hechos no está autorizando el consumo de carnes inmundas. Lo que el Señor hizo fue ilustrar lo que los judíos pensaban de los gentiles para que Pedro y los demás judíos, que habían aceptado a Cristo, cumplieran el mandato de predicar el mensaje a todo el mundo. Pedro exclama categóricamente en Hechos 10:34,35

"34Entonces Pedro, abriendo la boca, dijo: En verdad comprendo que Dios no hace acepción de personas, 35 sino que en toda nación se agrada del que le teme y hace justicia."

Pablo y los judíos conversos

Muchos de los judíos que se convirtieron al cristianismo traían un sin número de confusiones a los recién convertidos gentiles. Los gentiles eran muy vulnerables ya que recién estaban conociendo al Dios verdadero.

Pablo sufrió de parte de los judíos no conversos persecución, pero los que más lo atormentaron fueron los judíos conversos que creaban confusión entre los gentiles a lo largo de toda Asia y Europa. Veamos los siguientes textos:

*"11Mirad con cuán grandes letras os escribo de mi propia mano. 12 Todos los que quieren agradar en la carne, **éstos os obligan a que os circuncidéis**, solamente para no padecer persecución a causa de la cruz de Cristo. 13 Porque ni aun los mismos que se circuncidan guardan la ley; pero quieren que vosotros os circuncidéis, para gloriarse en vuestra carne."* Gálatas 6:11-13

*"18Porque por ahí **andan muchos, de los cuales os dije muchas veces, y aun ahora lo digo llorando, que son enemigos de la cruz de Cristo**; 19 el fin de los cuales será perdición, cuyo dios es el vientre, y cuya gloria es su vergüenza; que sólo piensan en lo terrenal."* Filipenses 3:18,19

*"20Pues si habéis muerto con Cristo en cuanto a los rudimentos del mundo, ¿por qué, como si vivieseis en el mundo, os sometéis a preceptos 21 tales como: No manejes, ni gustes, ni aun toques 22 (en **conformidad a mandamientos y doctrinas de hombres**), cosas que todas se destruyen con el uso? 23 Tales cosas tienen a la verdad cierta reputación de sabiduría en culto voluntario, en humildad y en duro trato del cuerpo; pero no tienen valor alguno contra los apetitos de la carne."* Colosenses 2:20-23

*"10Porque hay aún muchos contumaces, habladores de vanidades y engañadores, **mayormente los de la circuncisión**, 11 a los cuales es preciso tapar la boca; que trastornan casas enteras, enseñando por ganancia deshonesta lo que no conviene. 12 Uno de ellos, su propio profeta, dijo: Los cretenses, siempre mentirosos, malas bestias, glotones ociosos. 13 Este testimonio es verdadero; por tanto, repréndelos duramente, para que sean sanos en la fe, 14 **no atendiendo a fábulas judaicas, ni a mandamientos de hombres** que se apartan de la verdad."* Tito 1:10-14

*"Pero **evita las cuestiones necias, y genealogías, y contenciones, y discusiones acerca de la ley**; porque son vanas y sin provecho."* Tito 3:9

*"10 Yo confío respecto de vosotros en el Señor, que no pensaréis de otro modo; mas el que os perturba llevará la sentencia, quienquiera que sea. 11 Y yo, hermanos, si aún predico la **circuncisión**, ¿por qué padezco persecución todavía? En tal caso se ha quitado el tropiezo de la cruz. 12 ¡Ojalá se mutilasen los que os perturban!."* Gálatas 5:10-12

Las distancias eran enormes entre iglesia e iglesia y los medios de transporte no eran como los nuestros. Pablo manejaba estos problemas a través de cartas que muchas veces no eran entendidas por todos. En el caso de los gentiles las cartas no eran entendidas por la inexperiencia y desconocimiento de la historia hebrea, y en el caso de los judíos por su celo a las tradiciones de los ancianos y su fanatismo por la ley ritual, ya que más que por fe la salvación para los judíos se lograba por medio de las obras.

*"15 Y tened entendido que la paciencia de nuestro Señor es para salvación; como también nuestro amado hermano Pablo, según la sabiduría que le ha sido dada, os ha escrito, 16 casi en todas sus epístolas, hablando en ellas de estas cosas; entre las cuales hay **algunas difíciles de entender, las cuales los indoctos e inconstantes tuercen**, como también las otras Escrituras, para su propia perdición."* 2 Pedro 3:15,16

"8 Ciertamente, en otro tiempo, no conociendo a Dios, servíais a los que por naturaleza no son dioses; 9 mas ahora, conociendo a Dios, o más bien, siendo conocidos por Dios; ¿cómo es que os volvéis de nuevo a los débiles y pobres rudimentos, a los cuales os queréis volver a esclavizar? 10 Guardáis los días, los meses, los tiempos y los años. 11 Me temo de vosotros, que haya trabajado en vano con vosotros." Gálatas 4:8-11

Con respecto a Pablo, algunos pasajes parecieran indicar que el apóstol siguió guardando ceremonias rituales, sin embargo, un estudio detallado nos ayudará a comprender que el asunto no es como parece.

En diferentes partes de las cartas de Pablo encontramos que él había solicitado a las diferentes iglesias una recolecta para ayudar a los hermanos de mucha necesidad en Jerusalén. Estas ofrendas iban a ser llevadas por Pablo y sus colaboradores al final de lo que fue el último viaje misionero de Pablo.

"Porque Macedonia y Acaya tuvieron a bien hacer una ofrenda para los pobres que hay entre los santos que están en Jerusalén." Romanos 15:26

"16Pero gracias a Dios que puso en el corazón de Tito la misma solicitud por vosotros. 17 Pues a la verdad recibió la exhortación; pero estando también muy solícito, por su propia voluntad partió para ir a vosotros. 18 Y enviamos juntamente con él al hermano cuya alabanza en el evangelio se oye por todas las iglesias; 19 y no sólo esto, sino que también fue designado por las iglesias como compañero de nuestra peregrinación para llevar este donativo, que es administrado por nosotros para gloria del Señor mismo, y para demostrar vuestra buena voluntad; 20 evitando que nadie nos censure en cuanto a esta ofrenda abundante que administramos, 21 procurando hacer las cosas honradamente, no sólo delante del Señor sino también delante de los hombres." 2 Corintios 8:16-21

"1En cuanto a la ofrenda para los santos, haced vosotros también de la manera que ordené en las iglesias de Galacia. 2 Cada primer día de la semana cada uno de vosotros ponga aparte algo, según haya prosperado, guardándolo, para que cuando yo llegue no se recojan las ofrendas." 1 Corintios 16:1,2

La evidencia muestra que la intención de Pablo era llegar con las ofrendas para la fiesta de la pascua, sin embargo, al ser advertido en Grecia de ciertas asechanzas de los judíos tuvo que devolverse a Macedonia, de donde hacía tres meses había venido, y eso hizo que se retrasara el viaje y tuvo que conformarse con la esperanza de llegar a Jerusalén para la fiesta de Pentecostés. Pablo quería llegar a Jerusalén precisamente en una de las fiestas rituales pues estas reunían a personas de muchos lugares y eran una buena oportunidad para llevar el evangelio a una diversidad de personas reunidas en un mismo lugar. Más que observar una fiesta, lo que Pablo pretendía era predicar el evangelio.

"Me he hecho a los judíos como judío, para ganar a los judíos; a los que están sujetos a la ley (aunque yo no esté sujeto a la ley) como sujeto a la ley, para ganar a los que están sujetos a la ley." 1 Corintios 9:20

*"19 Y llegó a Éfeso, y los dejó allí, y **entrando en la sinagoga, discutía con los judíos,** 20 los cuales le rogaban que se quedase con ellos por más tiempo; más no accedió, 21 sino que se despidió de ellos, diciendo: Es necesario que en todo caso yo **guarde en Jerusalén la fiesta que viene**, pero otra vez volveré a vosotros, si Dios quiere, Y zarpó de Éfeso." Hechos 18:19-21*

"2 Y después de recorrer aquellas regiones, y de exhortarles con abundancia de palabra, llegó a Grecia. 3 Después de haber estado allí tres meses, y siéndole puestas asechanzas por los judíos para cuando se embarcase para Siria, tomó la decisión de volver por Macedonia. 4 Y le acompañaron hasta Asia, Sópater de Berea, Aristarco y Segundo de Tesalónica, Gayo de Derbe, y Timoteo; y de Asia, Tíquico y Trófimo. 5 Estos, habiéndose adelantado, nos esperaron en Troas. 6 Y nosotros, pasados los días de los panes sin levadura, navegamos a Filipos, y en cinco días nos reunimos con ellos en Troas, donde nos quedamos siete días." Hechos 20:2-6

"Porque Pablo se había propuesto pasar de largo a Éfeso, para no detenerse en Asia, pues se apresuraba por estar el día de Pentecostés, si le fuera posible, en Jerusalén." Hechos 20:16

"22 Ahora, he aquí, ligado yo en espíritu, voy a Jerusalén, sin saber lo que allá me ha de acontecer; 23 salvo que el Espíritu Santo por todas las ciudades me da testimonio, diciendo que me esperan prisiones y tribulaciones. 24 Pero de ninguna cosa hago caso, ni estimo preciosa mi vida para mí mismo, con tal que acabe mi carrera con gozo, y el ministerio que recibí del

*Señor Jesús, **para dar testimonio del evangelio de la gracia de Dios.***" Hechos 20:22-24*

Llegado Pablo a Jerusalén entregó las ofrendas que llevaba, como se puede ver en la declaración que tiempo después dio él en la comparecencia que hizo ante Félix cuando ya se encontraba encarcelado.

"Pero pasados algunos años, vine a hacer limosnas a mi nación y presentar ofrendas." Hechos 24:17

En Jerusalén Pablo fue informado de que muchos de los judíos, con los cuales había tenido problemas en las sinagogas de los países paganos, habían estado difundiendo el rumor en la ciudad de que él hacía apostatar a los judíos de aquellas latitudes diciéndoles que no se debían circuncidar ni guardar las costumbres propias del judaísmo, entonces, a los hermanos le pareció bien recomendar a Pablo que para evitar problemas hiciese algunos ritos en el templo con ciertos hermanos que todavía se aferraban a algunas tradiciones, y que ya tenían planeado cumplir ciertos votos en el templo. Con esto, según ellos, harían pensar a los judíos que las cosas que se decían de Pablo no eran ciertas.

"17Cuando llegamos a Jerusalén, los hermanos nos recibieron con gozo. 18 Y al día siguiente Pablo entró con nosotros a ver a Jacobo, y se hallaban reunidos todos los ancianos; 19 a los cuales después de haberlos saludado, les contó una por una todas las cosas que Dios había hecho entre los gentiles por su ministerio. 20 Cuando ellos lo oyeron, glorificaron a Dios, y le dijeron: Ya ves, hermano, cuantos millares de judíos hay que han creído; y todos son celosos por la ley. 21 Pero se les ha informado en cuanto a ti, que enseñas a todos los judíos que están entre los gentiles a apostatar de Moisés, diciéndoles que no circunciden a sus hijos, ni observen las costumbres. 22 ¿Qué hay, pues? La multitud se reunirá de cierto, porque oirán que has venido. 23 Haz, pues, esto que te decimos: Hay entre nosotros cuatro hombres que tienen obligación de cumplir voto. 24 Tómalos contigo, purifícate con ellos, y paga sus gastos para que se rasuren la cabeza; y todos

comprenderán que no hay nada de los que se les informó acerca de ti, sino que tú también andas ordenadamente, guardando la ley." Hechos 21:17-24

Al final, esta recomendación lo único que hizo fue complicarle la vida a Pablo ya que fue detenido y encarcelado mucho tiempo como se puede comprobar en el libro de Hechos, sin embargo, queda claro que para Pablo las tradiciones y formas rituales no era necesario observarlas. Despojarse de las cuestiones propias de la tradición y los rituales ceremoniales fue algo difícil de asimilar tanto para los judíos cristianos del exilio como para los propios hermanos de la iglesia de Jerusalén.

Animales limpios e inmundos

"Y dijo Dios: He aquí que os he dado toda planta que da semilla, que está sobre toda la tierra, y todo árbol en que hay fruto y que da semilla; os serán para comer." Génesis 1:29

No podemos afirmar bíblicamente que el hombre, después del Edén y antes del diluvio, comiera carne. Por razones obvias, ya que la vegetación había desaparecido, la carne fue muy importante en la dieta de los hombres después del diluvio. Noé conoció qué animales eran inmundos y cuáles no (ver Génesis 7:2,8,9) y llama la atención que de los animales limpios entraron más parejas en el arca que de los animales inmundos y esto se debió a que los sacrificios se hacían con ciertos tipos de animales limpios (muy pocos tipos por cierto) y por el otro lado los animales limpios servirían de alimento para Noé y su familia. Como vemos, mucho antes de Moisés se conocía que animales se podían consumir y cuáles no. Debido a esto podemos decir que la lista que aparece en Levítico 11 no pertenece a la ley de Moisés, y que no era exclusiva para los israelitas.

Un vistazo a los animales ahí detallados como inmundos nos indica que la lista no fue hecha arbitrariamente. Hoy sabemos que hay animales, como el cerdo, que son altamente perjudiciales para el consumo humano.

Dentro de esta lista de animales inmundos encontramos también animales carroñeros de tipo: acuático, terrestre y volador. Dios fue el que nos formó y Él como creador sabe que es apto o no para nuestro consumo; qué nos contamina y qué no. Las cosas espirituales se disciernen mejor en un cuerpo sano. Por medio de nuestros cuerpos y de lo que comemos también damos gloria y alabanza a Dios.

"Porque habéis sido comprados por precio; glorificad, pues, a Dios en vuestro cuerpo y en vuestro espíritu, los cuales son de Dios." 1 Corintios 6:20

De hecho, en Levítico 11:44,45 encontramos la razón por la cual no se deberían consumir las carnes inmundas.

"44Porque yo soy Jehová vuestro Dios; vosotros por tanto os santificaréis, y seréis santos, porque yo soy santo; así que no contaminéis vuestras personas con ningún animal que se arrastre sobre la tierra. 45 Porque yo soy Jehová, que os hago subir de la tierra de Egipto para ser vuestro Dios: seréis, pues, santos, porque yo soy santo."

Nuestro cuerpo es templo del Espíritu Santo y por eso lo debemos conservar puro.

"16¿No sabéis que sois templo de Dios, y que el Espíritu de Dios mora en vosotros? 17 Si alguno destruyere el templo de Dios, Dios le destruirá a él; porque el templo de Dios, el cual sois vosotros, santo es." 1 Corintios 3:16,17

Dios no es el que nos destruirá por comer cosas impuras, sino que nuestros propios actos nos llevarán a eso. No podemos pretender una vida saludable si nos alimentamos incorrectamente.

"No os engañéis; Dios no puede ser burlado: pues todo lo que el hombre sembrare, eso también segará." Gálatas 6:7

Textos difíciles sobre la alimentación

De lo que hay en la carnicería comed sin preguntar

"De todo lo que se vende en la carnicería, comed, sin preguntar nada por motivos de conciencia;" 1 Corintios 10:25

Cuando existe un versículo que parece contradecir el resto de la Biblia debemos leer con atención el contexto en el que se dijeron las cosas.

Corinto era un puerto pagano en el cual se sacrificaban animales a los dioses. Mucha de esa carne se vendía en las carnicerías de la ciudad y los hermanos de Corinto tenían la duda de si era conveniente comer esa carne o no. El problema no era si la carne era inmunda de acuerdo con la lista de Levítico 11, el problema era que mucha de la carne que consumían los hermanos había sido sacrificada a los ídolos y eso generaba todo tipo de dudas. Como veremos luego, Pablo aconseja comer de esa carne ya que los **"ídolos nada son"**, sin embargo, advierte que se tuviera cuidado de no comer o comprar esa carne en el propio lugar de los sacrificios debido al testimonio que se podría estar dando si veían a los hermanos adquiriendo la carne en esos lugares. Si alguien los veía ahí podría pensar que ellos mismos estarían participando de los sacrificios a los ídolos. Cuando Pablo dice: *"de **todo** lo que hay en la carnicería"*; hay que tener cuidado ya que ese *"todo"* tiene un límite. Es como el *"**todo** lo puedo en Cristo que me fortalece"* de Filipenses 4:13. El *"**todo**"* de Filipenses 4:13 implica **solo** lo bueno y *"**todo**"* aquello que les es digno hacer a los hijos de Dios.

1 Corintios 10:25 no está hablando en ningún momento de animales inmundos sino de animales ofrecidos a los ídolos. Los problemas que manejaba Pablo en ese momento eran el testimonio y los problemas de conciencia de los hermanos de Corinto por el consumo de carnes previamente sacrificadas a los ídolos y este tema viene siendo tratado desde el capítulo 8.

"₁En cuanto a lo sacrificado a los ídolos, sabemos que todos tenemos conocimiento. El conocimiento envanece, pero el amor edifica. ₂ Y si alguno se imagina que sabe algo, aún no sabe nada como debe saberlo. ₃ Pero si alguno ama a Dios, es conocido por él. ₄ Acerca, pues, de las viandas que se sacrifican a los ídolos, sabemos **que un ídolo nada es en el mundo**, *y que no hay más que un Dios. ₅ Pues aunque haya algunos que se llamen dioses, sea en el cielo, o en la tierra (como hay muchos dioses y muchos señores), ₆ para nosotros, sin embargo, sólo hay un Dios, el Padre, del cual proceden todas las cosas, y nosotros somos para él; y un Señor, Jesucristo, por medio del cual son todas las cosas, y nosotros por medio de él. ₇* **Pero no en todos hay este conocimiento; porque algunos, habituados hasta aquí a los ídolos, comen como sacrificado a ídolos, y su conciencia, siendo débil, se contamina.** *₈ Si bien la vianda no nos hace más aceptos ante Dios; pues ni porque comamos, seremos más, ni porque no comamos, seremos menos. ₉ Pero mirad que esta libertad vuestra no venga a ser tropezadero para los débiles. ₁₀* **Porque si alguno te ve a ti, que tienes conocimiento, sentado a la mesa en un lugar de ídolos, la conciencia de aquel que es débil, ¿no será estimulada a comer de lo sacrificado a los ídolos?** *₁₁ Y por el conocimiento tuyo, se perderá el hermano débil por quien Cristo murió. ₁₂ De esta manera, pues, pecando contra los hermanos e hiriendo su débil conciencia, contra Cristo pecáis. ₁₃ Por lo cual, si la comida le es a mi hermano ocasión de caer, no comeré carne jamás, para no poner tropiezo a mi hermano." 1 Corintios capítulo 8*

Posteriormente, en el capítulo 10, a los hermanos Pablo les recomendó que de lo que hubiera en la carnicería mejor ni preguntaran su procedencia (si la carne fue o no sacrificada a los ídolos) para que no tuvieran problemas de consciencia o no se sintieran mal.

"₂₃Todo me es lícito, pero no todo conviene; todo me es lícito, pero no todo edifica. ₂₄ Ninguno busque su propio bien, sino el del otro. ₂₅ De todo lo que se vende en la carnicería, comed, sin preguntar nada **por motivos de conciencia;** *₂₆ porque del Señor es la tierra y su plenitud. ₂₇ Si algún*

*incrédulo os invita, y queréis ir, de todo lo que se os ponga delante **comed, sin preguntar nada** por motivos de conciencia. ₂₈ Mas si alguien os dijere: **Esto fue sacrificado a los ídolos**; no lo comáis, por causa de aquel que lo declaró, y por motivos de conciencia; porque del Señor es la tierra y su plenitud." 1 Corintios 10:23-28*

Para terminar, no hace sentido que los hermanos cuando fueran invitados a comer a alguna casa no preguntaran si la carne que les servían era inmunda o no, por motivos de conciencia, pues con solo probarla o incluso verla se darían cuenta la clase de carne que les estarían sirviendo.

Nada es inmundo en sí mismo

"₁₃Así que, ya no nos juzguemos más los unos a los otros, sino más bien decidid no poner tropiezo u ocasión de caer al hermano. ₁₄ Yo sé, y confío en el Señor Jesús, que nada es inmundo en sí mismo; mas para el que piensa que algo es inmundo, para él lo es. ₁₅ Pero si por causa de la comida tu hermano es contristado, ya no andas conforme al amor. No hagas que por la comida tuya se pierda aquel por quien Cristo murió." Romanos 14:13-15

La iglesia romana era mayoritariamente gentil pero como cualquier otra iglesia de la época no estaría totalmente libre de judíos que insistieran en guardar la tradición de los ancianos, quienes habían inventado más leyes de las que Dios había dado.

"¿Cómo decís: Nosotros somos sabios, y la ley de Jehová está con nosotros? Ciertamente la ha cambiado en mentira la pluma mentirosa de los escribas." Jeremías 8:8

"Dice, pues, el Señor: Porque este pueblo se acerca a mí con su boca, y con sus labios me honra, pero su corazón está lejos de mí, y su temor de mí no es más que un mandamiento de hombres que les ha sido enseñado;" Isaías 29:13

Recordemos que cualquier cosa, hasta un vegetal, podía considerarse contaminado o impuro sino se trataba o consumía conforme a la tradición de los ancianos. Romanos 14 no menciona nada acerca de las carnes inmundas, de acuerdo con la clasificación de Levítico 11. En ninguna parte del Nuevo Testamento se menciona que se haya permitido, después de la muerte de Cristo, comer las carnes inmundas señaladas en Levítico 11.

El comer carne sacrificada a los ídolos, o el no lavarse las manos cierta cantidad de veces, desde el punto tradicional de los ancianos contaminaba los alimentos, aunque estos fueran limpios conforme a Levítico 11. Lo que sucedía en Corinto sucedía en Roma y en el resto de las regiones recién evangelizadas.

Notemos que en el siguiente texto Pablo dice "Todas las **cosas** a la verdad son limpias" y no "*Todas las carnes a la verdad son limpias*" ya que el término inmundo se podía aplicar hasta para una fruta.

"*₂₀No destruyas la obra de Dios por causa de la comida. **Todas las cosas** a la verdad son limpias; pero es malo que el hombre haga tropezar a otros con lo que come. ₂₁ Bueno es no comer carne, ni beber vino, **ni nada** en que tu hermano tropiece, o se ofenda, o se debilite. ₂₂ ¿Tienes tú fe? Tenla para contigo delante de Dios. Bienaventurado el que no se condena a sí mismo en lo que aprueba. ₂₃ Pero **el que duda sobre lo que come**, es condenado, porque no lo hace con fe; y todo lo que no proviene de fe, es pecado.*" Romanos 14:20-23

El reino de Dios, como dice Pablo en Romanos 14:17, "*no es comida ni bebida sino justicia, paz y gozo en el Espíritu Santo*". La salvación no es por obras. Los judíos creían que la salvación se lograba guardando una serie de preceptos inventados por la tradición. La salvación es por gracia.

Dios en su gran amor nos dio una guía de alimentación. Si usted la guarda se verá beneficiado y si no tendrá sus consecuencias. Debemos glorificar a Dios en todo, incluso con lo que comemos, porque recordemos que nuestro cuerpo es templo del Espíritu Santo.

"Si, pues, coméis o bebéis, o hacéis otra cosa, hacedlo todo para la gloria de Dios." 1 Corintios 10:31

Mentirosos que mandarán abstenerse de alimentos

"₁Pero el Espíritu dice claramente que en los postreros tiempos algunos apostatarán de la fe, escuchando a espíritus engañadores y a doctrinas de demonios; ₂ por la hipocresía de mentirosos que, teniendo cauterizada la conciencia, ₃ prohibirán casarse, y mandarán abstenerse de alimentos que Dios creó para que con acción de gracias participasen de ellos los creyentes y los que han conocido la verdad. ₄ Porque todo lo que Dios creó es bueno, y nada es de desecharse, si se toma con acción de gracias; ₅ porque por la palabra de Dios y por la oración es santificado. ₆ Si esto enseñas a los hermanos, serás buen ministro de Jesucristo, nutrido con las palabras de la fe y de la buena doctrina que has seguido. ₇ Desecha las fábulas profanas y de viejas. Ejercítate para la piedad;" 1 Timoteo 4:1-7

Para entender este pasaje debemos resaltar el hecho de que Pablo pensaba que estaba viviendo en los **postreros tiempos.** Él incluso pensaba que iba a estar vivo en la segunda venida de Cristo, como vemos en 1 Tesalonicenses 4:16,17.

*"₁₆Porque el Señor mismo con voz de mando, con voz de arcángel, y con trompeta de Dios, descenderá del cielo; y los muertos en Cristo resucitarán primero. ₁₇ Luego **nosotros los que vivimos, los que hayamos quedado, seremos arrebatados** juntamente con ellos en las nubes para recibir al Señor en el aire, y así estaremos siempre con el Señor."*

Simplemente Pablo estaba hablando de su época y de los problemas que ya estaban viviendo las iglesias y por eso en 1 Timoteo 4:7 Pablo tilda esas cosas de fábulas" (ver también Tito 1:10-14). Dice 1 Timoteo 4:3 que estos falsos maestros "**mandarán abstenerse de alimentos que Dios**

creó". Los únicos alimentos que Dios creó para nosotros son los vegetales, frutas, semillas, legumbres (Ver Génesis 1:29) y por otro lado la lista de animales limpios de Levítico 11. Ahora, ¿quiénes son los que mandarán a abstenerse de estos alimentos? Pues los mismos judíos que se convirtieron al cristianismo y que luego quisieron imponer la tradición judaica que hacía impuras todas esas cosas que Dios nos dio para comer, sino se guardaban ciertas reglas inventada por los dirigentes judíos.

El concilio de Jerusalén

Este concilio se llevó a cabo por los problemas que tuvo Pablo con los judíos que se empeñaban en introducir las costumbres y leyes judías, principalmente la circuncisión, en las iglesias gentiles. El problema principal aquí era la circuncisión, como vemos en los siguientes textos.

"₁Entonces algunos que venían de Judea enseñaban a los hermanos: Si no os circuncidáis conforme al rito de Moisés, no podéis ser salvos. ₂ Como Pablo y Bernabé tuviesen una discusión y contienda no pequeña con ellos, se dispuso que subiesen Pablo y Bernabé a Jerusalén, y algunos otros de ellos, a los apóstoles y a los ancianos, para tratar esta cuestión." Hechos 15:1,2

"₄Y llegados a Jerusalén, fueron recibidos por la iglesia y los apóstoles y los ancianos, y refirieron todas las cosas que Dios había hecho con ellos. ₅ Pero algunos de la secta de los fariseos, que habían creído, se levantaron diciendo: Es necesario circuncidarlos, y mandarles que guarden la ley de Moisés. ₆ Y se reunieron los apóstoles y los ancianos para conocer de este asunto." Hechos 15:4-6

Estos falsos maestros decían que si no había circuncisión simplemente no había salvación y ante esto el concilio de Jerusalén determina concerniente a los gentiles, lo siguiente:

*"28Porque ha parecido bien al Espíritu Santo, y a nosotros, no imponeros ninguna carga más que estas cosas necesarias: 29 **que os abstengáis de lo sacrificado a ídolos, de sangre, de ahogado** y de fornicación; de las cuales cosas si os guardareis, bien haréis. Pasadlo bien." Hechos 15:28,29*

En ningún momento se les indicó a los gentiles que comieran carnes inmundas. Solo se les pidió que la carne que comieran no fuera sacrificada a los ídolos (esto quizás con el fin de no dar una mala impresión a los no creyentes) y que no comieran carne de animal ahogado (esto porque la sangre no se debe consumir pues es símbolo de vida y la vida es de Dios). Todas las demás tradiciones concernientes al lavado de manos y cualquier otro tipo de rito simplemente no debían cumplirse.

Ahora bien, ¿está diciendo Hechos 15:28,29 que ya no se deben guardar los diez mandamientos también? Claro que no ya que si fuera así, pues, matar, robar, mentir, ect no sería malo. Algunos se atreven a pensar que ya no hay ley y que lo único que debemos hacer es abstenernos de lo sacrificado a ídolos, de sangre, de ahogado y de fornicación. Esta forma de pensar es una abierta invitación a entrar por la puerta ancha. Suena ilógico pero es más común de lo que parece.

"Amado, yo deseo que tú seas prosperado en todas las cosas, y que tengas salud, así como prospera tu alma." 3 Juan 2

Capítulo III: Cuestionamientos sobre la ley y el sábado

C asi todas las dudas y cuestionamientos que se plantea la gente, referente a la ley y el sábado, se resuelven entendiendo el tema del Antiguo y Nuevo Pacto. En las consultas que se expondrán a continuación se podrá notar, mientras se desarrollan las respuestas a cada una de las inquietudes, que el tema del Antiguo y Nuevo Pacto es muy recurrente. La idea es que el lector cada vez que tenga que repasar alguno de los cuestionamientos que se plantean no tenga que devolverse para sacar los puntos que necesita del asunto del Antiguo y Nuevo Pacto. De seguro, estas preguntas serán de gran ayuda para terminar de afianzar los conceptos que hasta ahora vimos.

1.- ¿Por qué se guarda un solo tipo de sábado? El año séptimo y también el año del jubileo eran sábados (Levítico 25:1-22). ¿Por qué guardan uno y dejan de guardar los otros sábados?

En Levítico 25 no se habla de días de reposo sino de años sabáticos y años de jubileo. En los años de jubileo la tierra volvía a sus dueños originales con el fin de recordarles a los israelitas que ellos eran forasteros en esta vida. Por otro lado, la gente que era esclava por diversas circunstancias, en el año del jubileo volvía a sus familias.

"La tierra no se venderá a perpetuidad, porque la tierra mía es; pues vosotros forasteros y extranjeros sois para conmigo." Levítico 25:23

"El año cincuenta será para ustedes un año santo, un año en que proclamarán una amnistía para todos los habitantes del país. Será para ustedes el Jubileo. Los que habían tenido que empeñar su propiedad, la recobrarán. Los esclavos regresarán a su familia." Levítico 25:10 La Biblia Latinoamericana

Tanto en los años sabáticos, que se observaban cada siete años, como en los años de jubileo, que se celebraban cada cincuenta años, la tierra descansaba de las tareas normales de la agricultura, pero, no así los hombres ya que estos seguían haciendo las labores de recolección de lo que la tierra generaba por sí misma, sin la intervención de ellos.

"*3Durante seis años sembrarás tus campos, podarás tus viñas y cosecharás tus productos; 4 pero llegado el séptimo año la tierra gozará de un año de reposo en honor al Señor. No sembrarás tus campos ni podarás tus viñas; 5 No segarás lo que haya brotado por sí mismo ni vendimiarás las uvas de tus viñas no cultivadas. La tierra gozará de un año completo de reposo. 6 Sin embargo, de todo lo que la tierra produzca durante ese año sabático podrás comer no sólo tú, sino también tu siervo y tu sierva, el jornalero y el residente transitorio entre ustedes. 7 También podrán alimentarse tu ganado y los animales que haya en tu país. Todo lo que la tierra produzca ese año será sólo para el consumo diario. 8 Siete veces contarás siete años sabáticos, de modo que los siete años sabáticos sumen cuarenta y nueve años, 9 y el día diez del mes séptimo, es decir, el día del Perdón, harás resonar la trompeta por todo el país. 10 El año cincuenta será declarado santo, y se proclamará la liberación de todos sus habitantes. Será para ustedes un jubileo, y cada uno volverá a su heredad familiar y a su propio clan. 11 El año cincuenta será para ustedes un jubileo; ese año no sembrarán ni cosecharán lo que haya brotado por sí mismo, ni tampoco vendimiarán las viñas no cultivadas. 12 Ese año es jubileo y será santo para ustedes. Comerán solamente lo que los campos produzcan por sí mismos. 13 En el año del jubileo cada uno volverá a su heredad familiar. 14 Si entre ustedes se realizan transacciones de compraventa, no se exploten los unos a los otros. 15 Tú comprarás de tu prójimo a un precio proporcional al número de años que falten para el próximo jubileo, y él te venderá a precio proporcional al número de años que quede por cosechar. 16 si aún faltan muchos años para el jubileo, aumentarás el precio en la misma proporción; pero, si faltan pocos, rebajarás el precio proporcionalmente, porque lo que se está vendiendo es sólo el número de cosechas. 17 No se explotarán los unos a los otros, sino que temerán a su Dios. Yo soy el Señor su Dios." Levítico 25:3-17 Nueva versión internacional*

Algunas de esas leyes, aunque muy útiles, solo podían servir en sociedades con condiciones de vida muy diferentes a las sociedades actuales.

2.- ¿Por qué algunos basan tanto su religión en el sábado cuando sabemos que el Señor enseñó que la ley y los profetas se basan todos en el amor y no en guardar la ley? Mateo 22:34 al 40 con Romanos 13:8-10

La definición de amor en la Biblia la encontramos precisamente en Romanos 13:10 en donde dice que: *"el cumplimiento de la ley es el amor"* y por eso el apóstol Juan declara lo siguiente:

*"₃Y en esto sabemos que le conocemos, si **guardamos sus mandamientos**. ₄ El que dice: Yo le conozco, y no guarda sus mandamientos, el tal es mentiroso, y la verdad no está en él."* 1 Juan 2:3,4

Como pudimos claramente ver, guardar la ley no es cosa del pasado. Debemos guardar la ley por medio de la ayuda del Espíritu Santo que transforma nuestra naturaleza pecaminosa. Pretender estar en armonía con la ley, sin la intervención del Espíritu Santo, se llama legalismo y eso si es un problema ya que la ley no salva. Solo el Espíritu puede transformar nuestras vidas, no la ley.

"₇Por cuanto los designios de carne son enemistad contra Dios, porque no se sujetan a la ley de Dios, ni tampoco pueden; ₈ y los que viven según la carne no pueden agradar a Dios. ₉ Mas vosotros no vivís según la carne, sino según el Espíritu, si es que el Espíritu de Dios mora en vosotros. Y si alguno no tiene el Espíritu de Cristo, no es de él." Romanos 8:7-9

El resumen de la ley que hace Cristo, en Mateo 22:34-40, está de hecho basado en el Pentateuco. Jesús está ahí citando Deuteronomio 6:5 y Levítico 19:18 y tal resumen era muy bien conocido en el judaísmo, aunque claro no puesto en práctica. Si alguien ama a Dios guardará los primeros cuatro mandamientos (incluyendo el sábado que es el cuarto mandamiento), y si alguien ama a su prójimo guardará los restantes seis mandamientos. Los primeros cuatro mandamientos se enfocan en nuestra relación con Dios y los seis restantes en nuestra relación con nuestros semejantes. El resumen de la ley es el amor.

3.- ¿Cómo es que encienden fuego en el séptimo día, ya que en la ley Levítica esto estaba prohibido? Éxodo 35:3. Haciendo así se quebranta la ley del sábado.

En la antigüedad, encender fuego implicaba una gran cantidad no solo de esfuerzo sino también de tiempo y, por lo tanto, el Señor lo prohibió hacer en sábado. Este mandamiento estaba ligado al mandamiento de no cocinar durante las horas del sábado, que vemos en Éxodo 16:23. Toda la alimentación del sábado se debe preparar el viernes para no dedicar las horas santas del sábado a actividades que no tengan nada que ver con asuntos de alabanza y estudio de la Palabra. Por su puesto, este mandamiento, dadas las circunstancias modernas, era de carácter transitorio en algunas cosas. Ciertas actividades, como encender una lámpara o calentar un alimento, en estos tiempos no implican ningún tipo de esfuerzo y tiempo como para considerarlo una distracción en sábado.

4.- ¿Cuándo y dónde mandó el Señor Jesús, o alguno de sus apóstoles, u otro escritor de la Biblia, a que guardase algún gentil los diez mandamientos? Solo bastarán el capítulo y el versículo.

Podemos ver, solo por citar un ejemplo, a Jesús confrontando a la mujer samaritana con el séptimo mandamiento que dice: *"no adulterarás"*, en Juan capítulo 4 y algo de destacar es que cuando Jesús le dice al paralítico de Betesta: "no peques más" (Juan 5:14), en realidad le estaba diciendo que guardara la ley ya que el pecado es la "infracción de la ley", como se lee en 1 Juan 3:4.

Tenemos también numerosos versículos que pertenecen a cartas que fueron dirigidas a iglesias, predominantemente gentiles, en donde se hace referencia, directa o indirectamente, a la mayoría de los diez mandamientos.

- ❖ No tendrás dioses ajenos delante de mí (1 Corintios 8:5,6).
- ❖ No te harás imagen ni ninguna semejanza (1Corintios 6:9-10, 1 Corintios 10:7,14).
- ❖ Honra a tu padre y a tu madre (Efesios 6:2,3).
- ❖ No cometerás adulterio (1 Corintios 6:9-10, Romanos 13:9).
- ❖ No robarás (Romanos 13:9, 1 Corintios 6:10).
- ❖ No mentirás (Apocalipsis 21:27, 22:15).
- ❖ No codiciarás (Romanos 7:7, 1 Corintios 10:6).

5.- ¿Pueden darnos una escritura donde se manda a los gentiles a observar el sábado según la ley? Simplemente el capítulo y el versículo.

"₆Y a los extranjeros que se acerquen a mí, para servirme y amarme, para ser mis siervos, si respetan el día de reposo y no lo profanan y se mantienen firmes en mi pacto, ₇ yo los traeré a mi monte sagrado y los haré felices en mi casa de oración. Yo aceptaré en mi altar sus holocaustos y sacrificios, porque mi casa será declarada casa de oración por todos los pueblos." Isaías 56:6,7 La Santa Biblia, Versión Popular, segunda edición.

La pregunta más bien sería: ¿Hay alguna parte de las Sagradas Escrituras en la que se exima a alguna persona de origen gentil, que se quisiera acercar al Señor, de guardar el sábado? La respuesta es que no hay ninguna cita que indique tal cosa.

6.- Si se guardaba el sábado antes de darse la ley a Moisés, entonces ¿por qué no practican la circuncisión, siendo este uno de los mandamientos claros de la ley?

Tenemos claro que los diez mandamientos fueron otorgados al hombre antes del pecado. El pecado, según 1 Juan 3:4, es infracción de la ley. Cuando Adán y Eva desobedecen el mandato de no comer del fruto prohibido, atentaron directamente contra la ley. Podemos observar en Génesis 3:6, que Eva codició alcanzar la sabiduría de Dios y, entonces, cedió a la tentación y pecó. La codicia es el décimo mandamiento de la ley de Dios, pero, si nos ponemos a analizar ellos también desobedecieron el resto de los mandamientos del decálogo.

Ahora bien, luego de que el hombre peca se dan una serie de leyes que estaban relacionadas con el derramamiento de sangre, incluyendo los sábados rituales, y que eran símbolo de eventos relacionados con el ministerio intercesor de Cristo. Estas leyes servían para dos cosas: 1.- Permitían al pecador expresar fe en las cosas que todavía no habían sucedido y 2.- Eran profecías que anunciaban los acontecimientos que se cumplirían en Cristo Jesús. Tengamos presente que la circuncisión incluye derramamiento de sangre y que se dio después del Edén y, por lo tanto, al igual que todas las leyes ceremoniales tenía su fecha de expiración, por así decirlo.

"18Fue llamado alguno siendo circunciso? Quédese circunciso. ¿Fue llamado alguno siendo incircunciso? No se circuncide. 19 La circuncisión nada es, y la incircuncisión nada es sino el guardar los mandamientos." 1 Corintios 7:18,19

A la circuncisión que apela Pablo, en el texto anterior, era la circuncisión que se ratificaría con la muerte de Cristo en la cruz del calvario. Quitar esa porción de carne, en el rito de la circuncisión, era símbolo de eliminar la tendencia pecaminosa de nuestra carne por medio de la victoria de Cristo en la cruz del calvario.

"En él también fuisteis circuncidados con circuncisión no hecha de mano, al echar de vosotros el cuerpo pecaminoso carnal, en la circuncisión de Cristo." Colosenses 2:11

La cruz nos garantizó la fuente infinita del Espíritu Santo, que es quien elimina nuestras tendencias carnales.

"Porque nosotros somos la circuncisión, los que en espíritu servimos a Dios y nos gloriamos en Cristo Jesús, no teniendo confianza en la carne." Filipenses 3:3

"28Pues no es judío el que lo es exteriormente, ni es la circuncisión la que se hace en la carne, 29 sino que es judío el que lo es en lo interior, y la circuncisión es la del corazón, en espíritu, no en letra, la alabanza del cual no viene de los hombres, sino de Dios." Romanos 2:28,29

"Y circuncidará Jehová tu Dios tu corazón, y el corazón de tu descendencia, para que ames a Jehová tu Dios con todo tu corazón y con toda tu alma, a fin de que vivas." Deuteronomio 30:6

Los diez mandamientos son el reflejo del carácter de Dios. El carácter de Dios es amor y el resumen de la ley también y, por eso, la ley es tan eterna como Dios. Los mandamientos del Señor no tienen principio ni tienen fin y, puesto que esto es así, el sábado de los diez mandamientos trasciende incluso este mundo de pecado ya que, en la tierra nueva, se seguirá guardando el sábado, como bien menciona Isaías 66:22-23:

"22Porque como los cielos nuevos y la tierra nueva que yo hago permanecerán delante de mí, dice Jehová, así permanecerá vuestra descendencia y vuestro nombre. 23 Y de mes en mes, y de sábado en sábado, vendrá toda carne a adorar delante de mí, dijo Jehová."

7.- ¿Por qué será que en los mandamientos dados a nuestros primeros padres en el Edén, y en los que fueron dados a los patriarcas: Noé, Abraham y otros, no se hace referencia a un deber de guardar el sábado? ¿Por qué no se menciona la palabra sábado hasta haber pasado más de dos mil años desde la creación del hombre? ¿No se debía hacer referencia, antes del capítulo 16 del Éxodo al deber de guardar el sábado?

Estas apreciaciones son solo excusas para no guardar el sábado, ya que si nos fijamos bien en Génesis no aparecen en forma explícita la mayoría de los mandamientos del decálogo. Antes del Éxodo, existía una tradición mayormente oral que se transmitía de padres a hijos, de generación en generación. Cuando Dios saca a Israel de Egipto comienza a cumplir la promesa que le hizo a Abraham de hacer de él una gran nación y ya que Israel iba a ser una nación formal, como toda nación, debía tener un código escrito por el cual se guiarían los líderes de esa nación. Los diez mandamientos, podríamos decir, eran la Constitución Política del pueblo de Israel. A los diez mandamientos se les conoce con el nombre del pacto, como se puede apreciar en Deuteronomio 4:13. Ese pacto es la esencia de la moralidad y fluye de Dios porque solo Él puede decidir qué es lo bueno y qué es lo malo y, por lo tanto, tiene sentido que el apóstol Juan diga, en 1 juan 3:4, que el pecado es la infracción de la ley.

Según Oseas 6:7, el mismo pacto de los israelitas, o sea los diez mandamientos, era el mismo pacto que tuvieron Adán y Eva, lo que quiere decir que el pacto no vino a la luz en el Sinaí y que no era exclusivo de los israelitas. Podemos notar que cuando Adán y Eva pecan fue porque en el mandato de no comer del fruto prohibido estaban incluidos todos los diez mandamientos. Adán y Eva le robaron a Dios, pues el árbol le pertenecía exclusivamente al Señor y también asesinaron, pues nos expusieron a todos a la muerte, etc, etc.

Hablando propiamente del sábado, podemos hacer las siguientes preguntas: ¿Necesitaba Dios descansar luego de terminar la creación de este mundo? ¿Se fatiga Dios y necesita descansar para reponer sus fuerzas? Las respuestas las encontramos en Isaías 40:28, que dice:

¿No has sabido, no has oído que el Dios eterno es Jehová, el cual creó los confines de la tierra? No desfallece, ni se fatiga con cansancio, y su entendimiento no hay quien lo alcance."

El Señor no se pudo haber fatigado por el acto creador que realizó en este mundo, y creo que ninguno de nosotros se hubiera fatigado por eso si tuviéramos el poder creador de Dios, ya que Él mandó y existió (ver

Salmo 33:9). Si esto es así, entonces ¿para quién estableció un día de reposo el Señor? La respuesta la da Jesús en Marcos 2:27.

"También les dijo: El día de reposo fue hecho por causa del hombre..."

Notemos bien que Jesús no dice que el día de reposo fue hecho por causa de los judíos, o de los israelitas, sino por causa del hombre. Nosotros, toda la humanidad, necesitamos descanso y no Dios, por lo tanto, ese mandato fue para todos los hombres, pero, ese descanso no es solo un descanso de nuestra labor física sino también de una renovación de nuestra vida espiritual, ya que es un día enteramente dedicado a las cosas del Señor. El mandamiento del sábado, de hecho, nos devuelve a la creación de este mundo y nos insta a apreciar la obra que el Señor hizo. Si la humanidad guardara el sábado no habría ateos en el mundo, pues el cuarto mandamiento dice:

*"8Acuérdate del día de reposo para santificarlo. 9 Seis días trabajarás, y harás toda tu obra, 10 más el séptimo día es reposo para Jehová tu Dios; no hagas en él obra alguna, tú, ni tu hijo, ni tu hija, ni tu siervo, ni tu criada, ni tu bestia, ni tu extranjero que está dentro de tus puertas. 11 **Porque en seis días hizo Jehová los cielos y la tierra, el mar, y todas las cosas que en ellos hay, y reposó en el séptimo día, por tanto, Jehová bendijo el día de reposo y lo santificó.**" Éxodo 20:8-11*

Santificar significa apartar algo con un fin sagrado y, cómo podemos apreciar aquí, el sábado fue apartado desde la misma creación y, por eso, al principio del mandamiento del sábado dice: *"acuérdate del día de reposo"*, pues era algo que ya se venía haciendo desde la fundación del mundo.

8.- ¿Dónde en las Escrituras leemos que se haya dado mandamiento alguno, de guardar el séptimo día antes de ser redimido el pueblo de Israel de la esclavitud de Egipto? Habrá que citar capítulo y versículo en

cada caso sin hacer referencia a Génesis 2:1 al 3, pues allí no hay mandamiento.

*"También les dijo: El día de reposo fue hecho por causa del hombre, y
no el hombre por causa del día de reposo." Marcos 2:27*

9.- Si fue como se alega, que el mandamiento fue dado a Adán en el
día de la creación, ¿cómo fue que se equivocó de fecha? Fue creado Adán
en el sexto día; el séptimo día al cual se hace referencia en el Génesis fue
el segundo de su existencia. Si Adán tuvo que trabajar seis días y luego
descansar en el séptimo, ya estaría equivocado cinco días en su cálculo.
El sábado suyo no sería el séptimo día porque habría trabajado solo un
día. ¿El sábado de Adán fue un sábado del segundo día?

El primer sábado obviamente Adán no podría haber descansado de
nada, pero, sí tuvo que ser un día de comunión con su creador y de disfrute
de la creación. El sábado no es solo reposo físico sino también reposo y
calma espiritual (ver Isaías 58:13,14). Para que algo sea santo lo debe santificar la misma presencia del Señor, y tal fue el caso del sábado. Dios no
necesitaba descansar pues Dios no se cansa ni se fatiga, como vemos en
Isaías 40:28. Dios decidió descansar ese día para santificarlo con su presencia y de ahí en adelante el hombre lo descansaría pues el mismo Señor
lo había santificado, o apartado, con su presencia y ejemplo. El sábado fue
hecho por causa del hombre, como bien lo dijo Jesús en Marcos 2:27, y
cuando dice "hombre" se refiere no solo a Adán sino a toda la humanidad,
pues él nos representa a todos.

Lógicamente, cuando se habla del séptimo día se refiere al séptimo día
desde que Dios inició la creación y no desde el séptimo día en que Adán
fue creado. El mandamiento del sábado está ligado al poder creador de
Dios y no a la acción humana, como se puede apreciar en Éxodo 20:8-11.

*"8Acuérdate del día de reposo para santificarlo. 9 Seis días trabajarás, y
harás toda tu obra, 10 más el séptimo día es reposo para Jehová tu Dios; no*

*hagas en él obra alguna, tú, ni tu hijo, ni tu hija, ni tu siervo, ni tu criada, ni tu bestia, ni tu extranjero que está dentro de tus puertas. 11 **Porque en seis días hizo Jehová los cielos y la tierra, el mar, y todas las cosas que en ellos hay, y reposó en el séptimo día, por tanto, Jehová bendijo el día de reposo y lo santificó.***"

10.- ¿Han leído Nehemías 9:12 al 14 donde dice claramente que el sábado fue dado al pueblo de Israel en el Monte Sinaí? Al ver que el sábado fue dado solamente a Israel, ¿por qué obligar a los cristianos a guardarlo?

Es cierto que el mandamiento del sábado fue dado a los israelitas en el monte Sinaí, pero, también es cierto que, como dice Nehemías 9:13, Dios también le dio otra serie de mandamientos al pueblo. Si Dios dijo en el Sinaí: "No matarás" entonces, siguiendo la lógica de la consulta, el mandamiento "No matarás" es un mandamiento solo para los israelitas y todos los demás no lo tendrían por prohibición. El problema con estos argumentos es que la gente quiere ignorar el cuarto mandamiento, y en su ceguera se valen de cualquier excusa.

Los diez mandamientos son el pacto de Dios con sus hijos (ver Deuteronomio 4:13), no importa su origen. A este mismo pacto estaban sujetos Adán y Eva, y por eso dice Oseas 6:7:

"Mas ellos, cual Adán, traspasaron el pacto; allí prevaricaron contra mí."

Cuando Adán y Eva desobedecen el mandato de no comer del fruto prohibido traspasaron el pacto, ya que en ese mandato se encerraban todos los diez mandamientos. El pecado es infracción de la ley, como dice 1 Juan 3:4, y sin ley no puede haber pecado, según dice Romanos 4:15. Cuando Adán y Eva desobedecieron nos expusieron a la muerte y, por lo tanto, quebrantaron el sexto mandamiento. Eva, dice Génesis 3:6, codició obtener la sabiduría de Dios y quebrantó el décimo mandamiento y así

113

sucesivamente se quebrantaron todos y cada uno de los preceptos del decálogo.

Dios dio a los israelitas los diez mandamientos por escrito porque esa ley era la que daba origen a una nación formal, con un código justo, que sería la guía del reino en lo sucesivo.

Por otro lado, el mismo Jesús fue claro, en Marcos 2:27, cuando dijo que el sábado fue hecho para el "hombre". Notemos que Jesús no dijo que era solo para los israelitas, o los judíos. Esa declaración nos lleva hasta el mismo inicio de la creación. Esa es la razón por la cual Éxodo 20:8-11 nos dice que en el sábado lo que se conmemora es el poder creador de Dios.

"8Acuérdate del día de reposo para santificarlo. 9 Seis días trabajarás, y harás toda tu obra, 10 más el séptimo día es reposo para Jehová tu Dios; no hagas en él obra alguna, tú, ni tu hijo, ni tu hija, ni tu siervo, ni tu criada, ni tu bestia, ni tu extranjero que está dentro de tus puertas. 11 Porque en seis días hizo Jehová los cielos y la tierra, el mar, y todas las cosas que en ellos hay, y reposó en el séptimo día, por tanto, Jehová bendijo el día de reposo y lo santificó." Éxodo 20:8-11

11.- ¿Por qué los gentiles tienen que guardar el sábado, cuando a ellos nunca les fue dado? La Palabra dice: *"Señal es para siempre entre mí y los hijos de Israel"* (Éxodo 31:16,17), no se hace mención a los gentiles. Léase también Ezequiel 20:1-12.

Decir que el sábado nunca fue dado para los gentiles es no entender que si un gentil se convertía al Señor ya no era gentil sino israelita, ya que el verdadero israelita era, es y será todo aquel que crea en Cristo, el Mesías, y por esta razón fue que Jesús, al ver a Natanael, dijo: "He aquí un **verdadero israelita**", siendo los otros que ahí estaban, israelitas carnales igual que Natanael. La verdadera definición de judío e israelita la encontramos en los siguientes textos:

"28Pues no es judío el que lo es exteriormente, ni es la circuncisión la que se hace en la carne, 29 sino que es judío el que lo es en lo interior, y la circuncisión es la del corazón, en espíritu, no en letra, la alabanza del cual no viene de los hombres, sino de Dios." Romanos 2:28,29

"6No que la palabra de Dios haya fallado, porque no todos los que descienden de Israel son israelitas, 7 ni por ser descendientes de Abraham, son todos hijos; sino: En Isaac te será llamada descendencia. 8 Esto es: No los que son hijos según la carne son los hijos de Dios, sino los que son hijos según la promesa son contados como descendientes." Romanos 9:6-8

Por tal motivo, Pablo les dice a los hermanos de Corinto que tuvieron pasado pagano:

*"Sabéis que cuando **erais gentiles**, se os extraviaba llevándoos, como se os llevaba, a los ídolos muertos."* 1 Corintios 11:2

Cuando los hermanos de Corinto aceptaron a Cristo como su salvador dejaron de ser gentiles y se convirtieron en verdaderos israelitas. De hecho, si usted no es israelita, o judío, no podrá ser salvo ya que el Nuevo Pacto es solo con la casa de Israel y con la casa de Judá, como bien claro dice Hebreos 8:8. Con esto podemos afirmar que hay personas que nacieron en el Estado de Israel, o que tienen pasaporte israelita, pero en realidad son gentiles, ya que niegan a Cristo como redentor del mundo.

Cuando Éxodo 31:16,17 dice que el sábado es *"señal es para siempre entre mí y los hijos de Israel,"* se está refiriendo solo a aquellos judíos de corazón, no importa su origen, y por eso el Señor, en Isaías 56:6,7, hacía un llamado a todos aquellos, que no eran israelitas, para que abrazaran el sábado del pacto, o de los diez mandamientos.

"6Y a los hijos de los extranjeros que sigan a Jehová para servirle, y que amen el nombre de Jehová para ser sus siervos; a todos los que guarden el día de reposo para no profanarlo, y abracen mi pacto, 7 yo los llevaré a mi

*santo monte, y los recrearé en mi casa de oración; sus holocaustos y sus sacrificios serán aceptos sobre mi altar; porque mi casa será llamada casa de oración **para todos los pueblos.**"*

12.- La ley dice: *"El día séptimo os será santo, día de reposo para Jehová, cualquiera que en él hiciere trabajo alguno, morirá."* (Éxodo 35:2, 31:14). Si la primera parte de la cita es obligatoria para los cristianos, debe serlo también la segunda parte. ¿Por qué no cumplir la ley de matar a los que trabajan en el sábado? Por favor explíquennos por qué una cosa sí, pero la otra no.

La sentencia de muerte no solo aplicaba para los infractores del sábado sino también para todos aquellos que eran adúlteros, o que fueran hijos rebeldes, por mencionar dos ejemplos. La pregunta sería buena devolvérsela a los cristianos que objetan el mandamiento del sábado ¿por qué ustedes no matan a los adúlteros, o a los hijos rebeldes como manda la Biblia?

La razón por la que hoy en día no se sentencia a nadie a muerte por transgredir el sábado, o por adulterio, es porque en la actualidad vivimos en estados seculares. El Israel antiguo vivía en un gobierno teocrático en el cual el Señor era el propio rey y su presencia estaba entre el mismo pueblo, tanto así, que la gloria de Dios se manifestaba visiblemente a todos. Si la presencia de Dios estaba en el pueblo, entonces, no podía haber nada impuro ya que Dios es santo y eso podría ocasionar mortandad entre el pueblo, como sucedió en algunas ocasiones.

"No contaminéis, pues, la tierra donde habitáis, en medio del cual yo habito, porque yo Jehová habito en medio de los hijos de Israel." Números 35:34

Lo que sucedió con el Israel antiguo es lo mismo que un día sucederá cuando los justos hereden la tierra y Dios more con su pueblo para siempre.

"₁₄Bienaventurados los que guardan sus mandamientos, para que su potencia sea en el árbol de la vida, y que entren por las puertas en la ciudad. Mas los perros estarán afuera, y los hechiceros, los disolutos, y los homicidas, y los idólatras, y cualquiera que ama y hace mentira." Apocalipsis 22:14, versión Reina Valera 1909

13.- ¿Por qué los que guardan el sábado comen lo que ha sido preparado sobre un fuego encendido ese día? ¿No saben que así infringen la ley sobre la cual basan la salvación eterna? Éxodo 35:1-3 y 16:23-30.

La salvación solo se logra a través de Cristo Jesús. La ley, aunque importante, solo sirve como señal de tránsito que nos advierte del peligro. Por otro lado, debido a la cantidad de tiempo y esfuerzo que requiere cocinar, no se debe preparar alimentos el sábado. Si alguien, aunque diga ser un observador del sábado, cocina en ese día, por supuesto que está quebrantando el mandamiento.

14. ¿Por qué en la actualidad los que guardan el sábado no cumplen con la ley de ofrecer sacrificios cada sábado? Es parte esencial de la ley del sábado, según Números 28:9,10, pero no se respeta esta parte de la ordenanza.

Los sacrificios pertenecían a la ley ceremonial y no a las leyes del pacto. La ley ritual estaba relacionada con sangre y muerte, ya que era un símbolo de la futura obra mediadora de Cristo. Antes del pecado no existía la muerte y es lógico entender, tal y como se ve en Génesis 3 y 4, que los sacrificios se comenzaron a realizar después de la caída del hombre, para que los hombres pudieran expresar su fe en el futuro sacrificio de Cristo. Por esto Pablo dice en Colosenses 2:16 que esa ley (incluyendo los sábados rituales que pertenecían a las fiestas ceremoniales) era sombra de lo que había de venir. De esto se puede deducir claramente que las leyes ceremoniales iban a quedar obsoletas cuando Cristo cumpliera lo que la ley ceremonial prefiguraba. Hacer sacrificios en el presente sería negar la eficacia de la obra redentora de nuestro Señor Jesucristo.

Todas las celebraciones rituales y los sacrificios, incluidos los que se hacían los sábados semanales, solo se podían realizar en el templo, debido a que la ley ritual estaba circunscrita a ese lugar (ver Deuteronomio 12:4-8,11-14). Por otro lado, los sacrificios que se realizaban los sábados, y que son mencionados en Números 28:9,10, eran realizados solo por los sacerdotes (Mateo 12:5). Sin embargo, cualquier hijo de Dios, que estuviera en cualquier lugar del mundo, observaba el sábado ya que el sábado del pacto no estaba circunscrito a ningún lugar. El sábado de los diez mandamientos no era símbolo de la obra mediadora de Cristo pues lo que se celebra en el sábado de los diez mandamientos es el poder creador de Dios, como se puede ver en Éxodo 20:8-11. Esto es una evidencia de la diferenciación que había entre las leyes rituales y las leyes del pacto, o de los diez mandamientos. Más allá, en la tierra nueva, también los hijos de Dios seguirán guardando el sábado, como vemos en Isaías 66:22,23.

15.- Si los diez mandamientos, o la ley, son solo diez y no más, ¿Por qué respondió el Señor Jesús, acerca de la ley, citando dos mandamientos que no se encuentran entre los diez? En Mateo 22:35-40, Cristo citó uno del libro de Levítico y otro de Deuteronomio. ¿Acaso se equivocó? Si están bien los que dicen guardar la ley, entonces, solo una u otra de estas cosas es verdad.

Cuando Jesús dijo estas palabras no ocasionó ninguna reacción negativa, como debería haberse esperado si hubiera dicho algo demasiado innovador para los judíos, todo lo contrario, como se puede ver en el relato paralelo de Marcos 12:28-34, más bien fue felicitado por la respuesta. Jesús lo que hizo fue dar el resumen de la ley que cualquier judío educado de su época daría (ver Lucas 10:25-28). Si yo amo a Dios voy a guardar los primeros cuatro mandamientos y si amo a mi prójimo estaría guardando los restantes seis mandamientos. Este resumen de la ley por fuerza tiene que interpretarse a la luz de los diez mandamientos, pues lo que cada quien piense sobre lo que ese resumen signifique es irrelevante ya que la autoridad pertenece al que dio la ley, el Señor.

Incluso, el Señor fue un paso más adelante cuando dijo:

"Un mandamiento nuevo os doy: Que os améis unos a otros; como yo os he amado, que también os améis unos a otros." Juan 13:34

Este mandamiento es nuevo en tanto que antes se nos mandaba a amar a nuestros semejantes como a nosotros mismos, pero ahora se nos manda algo mucho más elevado y es que amemos a los demás como el mismo Señor nos ama. Definitivamente, la verdadera expresión del amor solo puede venir del Señor ya que el carácter de Dios es amor (1 Juan 4:8), el fruto del Espíritu es el amor (Gálatas 5:22) y la esencia de la ley es amor (Romanos 13:10). Es más, si pudiéramos resumir la Palabra de Dios, en un versículo, sería Juan 3:16 y si quisiéramos resumir ese versículo en una palabra sería amor.

16.- En Gálatas 3:19, leemos que la ley fue puesta después del pecado (no antes) y que estaría en vigencia hasta que viniera la simiente, diciendo así de claro que la ley no sería perpetua sino que serviría por un tiempo definido. La simiente, Cristo, ha venido y nos ha redimido de la ley (Gálatas 3:13).

Es necesario entender la diferenciación que hace Pablo entre leyes rituales y las leyes del pacto, o de los diez mandamientos. Esto es vital entenderlo y, por eso, Pablo lo aclara muy bien en la misma carta de Gálatas. El problema principal de los hermanos Gálatas era que los judíos, que se habían convertido, querían que los hermanos, de pasado gentil, guardaran la ley de Moisés, siendo que esta ley ya había caducado con la muerte de Cristo. Por tal motivo, empecemos con los siguientes textos.

*"17Esto, pues digo: El pacto previamente ratificado por Dios para con Cristo, la **ley que vino cuatrocientos treinta años después,** no lo abroga para invalidar la promesa. 18 Porque si la herencia de Dios es por la ley, ya no es por la promesa; pero Dios la concedió a Abraham mediante la promesa. 19 Entonces, ¿para qué sirve la ley? Fue **añadida** a causa de las*

*transgresiones, **hasta que viniese la simiente** a quien fue hecha la promesa; y fue ordenada por medio de ángeles en mano de un mediador."* Gálatas 3:17-19.

El pacto, como podemos ver en Éxodo 34:27,29 y Deuteronomio 4:13, son los diez mandamientos. Sabemos que las leyes del pacto fueron dadas al hombre desde la creación, ya que no puede haber pecado sino hay ley, según Romanos 4:15 y 1 Juan 3:4. Cuando el hombre viola el mandato de no comer del fruto prohibido pecó, ya que en ese mandamiento estaba resumida toda la ley del pacto, por ejemplo, según vemos en Génesis 3:6, Eva codició (No codiciarás, *décimo* mandamiento) tener la sabiduría que Dios tenía y eso la llevó a tomar del árbol que le pertenecía exclusivamente a Dios (No robarás, octavo mandamiento) y debido a que la paga del pecado es muerte, como dice Romanos 6:23, Eva se convirtió en homicida ya que no solo se expuso ella a la muerte sino también a su esposo y a todos sus descendientes (No matarás, sexto mandamiento) y si seguimos haciendo un análisis lógico de cada uno de los mandamientos del pacto encontraremos que Adán y Eva, al desobedecer la orden de Dios, quebrantaron cada una de las leyes del decálogo.

Podemos afirmar también, mediante evidencia bíblica, que el pacto que Dios dio a Israel en el Sinaí fue el mismo pacto que Dios le dio a Adán y Eva y, ya que esto es así, las leyes del pacto no solo eran para los israelitas sino para toda la humanidad, pues, Adán y Eva nos representan a todos.

"Mas ellos, cual Adán, traspasaron el pacto; allí prevaricaron contra mí." Oseas 6:7

Lo que hizo Dios en el Sinaí fue poner por escrito la Constitución Política de la nueva nación de Israel, que recién estaba naciendo, pero eso no quiere decir que la ley de Dios no fuera de conocimiento previo, pues no hubiera habido pecadores antes del Sinaí. La luz de Israel debía alcanzar y ser bendición a todas las naciones mediante la proclamación de las leyes divinas (ver Isaías 43:10-12,21).

Gálatas 3:19 dice que la ley, y en este caso se refiere a la ley ritual, fue **"añadida"** a causa de las transgresiones. Esta ley no existía ya que vino después del pecado y fue ampliada en el Sinaí, o sea cuatrocientos treinta años después de que Dios le profetizara a Abraham que su descendencia sería esclava en tierra extraña (ver Génesis 15:13,14 y Éxodo 12:40,42). Ahora bien, solo se añade a algo que previamente existe y, en este caso, la ley ritual fue añadida a los diez mandamientos que, como vimos, existían incluso antes del pecado en este mundo, formando así lo que conocemos como Antiguo Pacto.

El Antiguo Pacto básicamente es:

**Los diez mandamientos + sangre de animales=vida eterna
(ley ritual)**

Y sigue diciendo el texto que la ley (ritual) fue "añadida" hasta que viniese **la simiente** que, como vemos en Gálatas 3:16, es Cristo. Dicho de otro modo, esa ley fue añadida para simbolizar la promesa de la venida de Cristo, y su ministerio en favor de los pecadores, y una vez que se cumpliera la promesa que la ley ritual anunciaba, ya no tendría sentido y quedaba nula. De este modo el Antiguo Pacto se transforma en Nuevo Pacto de la siguiente manera:

Los diez mandamientos + sangre de Cristo= vida eterna

Gálatas 3:19 más bien nos aclara la vigencia de los diez mandamientos y nos indica plenamente el fin de la ley ritual conocida como la ley de Moisés.

Por otro lado, hay que dejar claro que Pablo en Gálatas 3:13 solo dice que Cristo nos redimió de la *"maldición de la ley"*, en otras palabras, de la maldición que genera transgredir la ley, pues Cristo cargó con los pecados de todos y por ende con la maldición que eso generaba, pero en ningún momento se exime a nadie de guardar la ley, como se puede apreciar mejor el texto en la siguiente versión.

"Pero Cristo prefirió recibir por nosotros la maldición que cae sobre el que no obedece la ley. De ese modo nos salvó. Porque la Biblia dice: Dios maldecirá a cualquiera que muera colgado de un madero." Gálatas 3:13, Biblia Traducción en Leguaje Actual

17.- Si los cristianos están obligados a guardar el sábado ¿por qué no fue incluido esto en la importantísima carta enviada a las iglesias por el concilio de los apóstoles y ancianos, que se celebró en Jerusalén, para considerar la cuestión de si los gentiles deberían guardar la ley? Hechos 15:1-29

Este concilio se llevó a cabo por los problemas que tuvo Pablo con los judíos que se empeñaban en introducir las costumbres y leyes judías, principalmente la circuncisión, en las iglesias gentiles. El problema principal aquí era la circuncisión, como vemos en los siguientes textos.

*"₁Entonces algunos **que venían de Judea** enseñaban a los hermanos: **Si no os circuncidáis conforme al rito de Moisés, no podéis ser salvos.** ₂ Como Pablo y Bernabé tuviesen una discusión y contienda no pequeña con ellos, se dispuso que subiesen Pablo y Bernabé a Jerusalén, y algunos otros de ellos, a los apóstoles y a los ancianos, para tratar esta cuestión."* Hechos 15:1,2

*"₄Y llegados a Jerusalén, fueron recibidos por la iglesia y los apóstoles y los ancianos, y refirieron todas las cosas que Dios había hecho con ellos. ₅ Pero **algunos de la secta de los fariseos, que habían creído,** se levantaron diciendo: Es **necesario circuncidarlos, y mandarles que guarden la ley de Moisés.** ₆ Y se reunieron los apóstoles y los ancianos para conocer de este asunto."* Hechos 15:4-6

Estos falsos maestros decían que si no había circuncisión simplemente no había salvación. El circuncidarse no es pecado y si alguien lo hace no actúa ni bien, ni mal. De hecho, vemos a Pablo guardando tradiciones judaicas en Hechos 18:18-21 con el fin de alcanzar a los judíos (ver 1 Corintios 9:20), claro está, Pablo sabía que esas cosas no salvaban a nadie y que, por lo tanto, no se debían imponer, tal y como si lo trataban de hacer los falsos maestros a los gentiles convertidos al cristianismo.

"18Mas Pablo, habiéndose detenido aún muchos días allí, después se despidió de los hermanos y navegó a Siria, y con él Priscila y Aquila, habiéndose rapado la cabeza en Cencrea, porque tenía hecho voto. 19 Y llegó a Éfeso, y los dejó allí; y entrando en la sinagoga, discutía con los judíos, 20 los cuales le rogaban que se quedase con ellos por más tiempo; mas no accedió, 21 sino que se despidió de ellos, diciendo: Es necesario que en todo caso yo guarde en Jerusalén la fiesta que viene; pero otra vez volveré a vosotros, si Dios quiere. Y zarpó de Éfeso." Hechos 18:18-21.

Ante esto el concilio de Jerusalén determina, concerniente a los gentiles, lo siguiente:

*"28Porque ha parecido bien al Espíritu Santo, y a nosotros, no imponeros ninguna carga más que estas cosas necesarias: 29 **que os abstengáis de lo sacrificado a ídolos**, de **sangre, de ahogado** y de fornicación; de las cuales cosas si os guardareis, bien haréis. Pasadlo bien." Hechos 15:28,29*

Ahora bien, ¿está diciendo Hechos 15:28,29 que ya no se debe guardar el sábado? Claro que no; si fuera así, entonces, matar, robar, mentir, ect no sería pecado para ninguna persona de origen gentil, pues tampoco se mencionan estos mandamientos en dicha cita. Algunos se atreven a pensar que ya no hay ley y que lo único que debemos hacer es abstenernos de lo sacrificado a ídolos, de sangre, de ahogado y de fornicación. Esta forma de pensar es una abierta invitación a entrar por la puerta ancha de la perdición.

18.- Si es que los cristianos deben guardar el sábado ¿cómo se explica que el Señor Jesús no hizo mención del tema al enumerar los mandamientos al joven rico de Mateo 19:16-22? Y ¿cómo es que el apóstol Pablo, escribiendo bajo la inspiración del Espíritu Santo, no trata en ninguna parte de sus varias epístolas la supuesta gran importancia del mandamiento del sábado?

Con respecto a Cristo y el relato del joven rico:

1) El joven rico era judío y ese tema lo tenía más que claro.

2) Jesús no menciona los primeros cuatro mandamientos que tienen que ver con nuestra relación con Dios y eso no equivale a que podamos ser idólatras, o que podamos tomar el nombre de Dios en vano.

3) Jesús omite el décimo mandamiento que es "No codiciarás" y eso no quiere decir que a partir de ese momento Jesús estaba omitiendo ese importantísimo mandamiento, que de hecho es la raíz de todo pecado.

En cuanto a los escritos de Pablo y el sábado, podemos decir también que en todos los escritos de Pablo no hay ninguna referencia directa al mandamiento que dice: *"No tomarás el nombre de Jehová tu Dios en Vano"*, ni tampoco habla del diezmo y, sin embargo, todo el mundo considera esas cosas como verdades. Para los escritores del Nuevo Testamento podría ser necedad estar repitiendo cosas que nadie se cuestionaba, pues siempre se habían considerado como ciertas.

Utilizando la lógica de la pregunta, cualquier cristiano podría ir a consultar brujos y adivinos, pues, en ningún escrito de Pablo, o del Nuevo Testamento, se menciona esta prohibición que si aparece en el Antiguo Testamento. Lamentablemente la regla solo se la quieren aplicar al mandato de guardar el sábado porque prefieren vivir en desobediencia, sin remordimientos de conciencia.

19.- Se encuentran en los capítulos 2 y 3 del Apocalipsis siete cartas de la gran Cabeza de las iglesias, dirigidas a las siete iglesias locales. Son los últimos mensajes directos a las iglesias locales sobre la tierra. ¿Por qué no se les recordó a esas iglesias el deber de guardar el sábado?

El libro de Apocalipsis es un libro simbólico. Si bien las siete iglesias que se mencionan en Apocalipsis existieron localmente, estas son símbolos de periodos históricos que pasaría la iglesia de Dios desde la época apostólica hasta la segunda venida de Cristo. Hay que tener en cuenta, sin embargo, que estas no eran las únicas iglesias de esa época, pero, si las que representarían mejor la condición futura del pueblo de Dios en diferentes periodos.

Aún si se consideraran literales las siete iglesias no era necesario estar insistiendo en cosas que eran bien conocidas como verdades, a menos de que hubiera una apostasía que lo ameritara, por tal motivo, no se mencionan un sin número de cosas en las cartas de las iglesias, entre ellas, la mayoría de los diez mandamientos. Usando la lógica de la pregunta nos traeríamos abajo una serie de cosas sin ningún escrúpulo, causando una apostasía total.

20.- Los guardadores del sábado dicen que el domingo entró por Constantino en el siglo IV. ¿Cómo explican entonces que los padres de la iglesia, quienes escribieron durante los primeros tres siglos después de Cristo, hablan del primer día de la semana para las reuniones de los creyentes?

El decreto que imponía el domingo como día de reposo universal fue dado el 7 de marzo del año 321 por Constantino I el Grande; varios años después de "convertirse al cristianismo".

*"En el venerable **día del sol** (domingo), que los magistrados y gentes residentes en las ciudades descansen y que todos los talleres estén cerrados. En el campo, sin embargo, que las personas que estén ocupadas en la*

agricultura puedan libre y legalmente continuar sus quehaceres porque suele acontecer que otro día no sea apto para la plantación de viñas o de semillas; no sea que por descuidar el momento propicio para tales operaciones la liberalidad del cielo se pierda." Códice Justinianeo 3,12.2

Constantino I el Grande siguió siendo, como vemos, adorador del dios sol de los paganos. Durante este tiempo la Iglesia Romana accede a una abundancia que nunca había experimentado. Los dirigentes que antes fueron perseguidos adquieren puestos, que en vez de religiosos son políticos, y el término de Sumo Pontífice, exclusivo del emperador, lo comienzan a heredar los máximos dirigentes de la Iglesia. El emperador Constantino I había unificado el imperio y trataba de hacer lo mismo con las diferentes fuentes del cristianismo y, de hecho, es él quien convoca, y no la iglesia, el primer concilio eclesiástico en Nicea en el año 325. A partir de ese momento comienzan a meterse, de a poco, más elementos del paganismo a la iglesia tales como la Navidad. La celebración dominical se comienza solo a intensificar dentro del cristianismo en esa época ya que, de acuerdo con el registro literario antiguo, parece que antes de esa época, debido a una serie de factores, la iglesia ya venía adoptando el domingo como día de adoración.

Hacia el año 135 de nuestra era la iglesia de Jerusalén deja de ejercer su liderazgo en el mundo cristiano y esa fue una gran pérdida ya que era la única iglesia, con la autoridad suficiente, para liderar el cristianismo. De acuerdo con los historiadores, más de un millón de judíos fueron ejecutados en Palestina entre las dos guerras del año 70 y el 135. Vespasiano abolió el Sanedrín y el sumo sacerdocio. Adriano por el año 135 abolió el judaísmo y en particular la observancia del sábado. Incluso los judíos fueron objeto de duros impuestos introducidos por Vespasiano e incrementados por Domiciano y Adriano. Se cree que debido a esto los cristianos comenzaron a diferenciarse de los judíos; sobre todo la Iglesia Romana. La iglesia de Roma era la iglesia que reunía todas las condiciones sociales, políticas y religiosas para abandonar el sábado y sustituirlo por el domingo, debido a la cercanía con la capital del imperio. La iglesia romana, a diferencia de las orientales, estaba compuesta principalmente por personas de origen gentil, como vemos en Romanos 11:13:

"Porque a vosotros hablo, gentiles. Por cuanto yo soy apóstol de los gentiles, honro mi ministerio."

21.- ¿Es cierto que uno de los papas cambió el día de descanso del séptimo al primero? ¿Hay plena prueba histórica de que los cristianos observaban el primer día durante los siglos antes de haber papa alguno? ¿Cuándo y de qué manera actuó ese papa?

Si bien es cierto, la Iglesia Católica aceleró el proceso del cambio del día de reposo, a nivel de todo el cristianismo, este cambio se dio de forma paulatina. No se puede señalar a un papa en específico como precursor del cambio del día de adoración. La evidencia bíblica confirma que la iglesia primitiva guardó el sábado, según vemos en Hechos 13:13-14, Hechos 13:42, Hechos 16:13, Hechos 17:1-3 y Hechos 18:4. La Palabra de Dios también declara que inmediatamente después de la muerte de los pilares de la iglesia primitiva entrarían personas que pervertirían la verdadera doctrina, por lo tanto, citar fuentes antiguas, fuera de las Sagradas Escrituras, para probar la validez del domingo, no es conveniente.

"29Porque yo sé que después de mi partida entrarán en medio de vosotros lobos rapaces, que no perdonarán el rebaño. 30 Y de vosotros mismos se levantarán hombres que hablen cosas perversas para arrastrar tras sí a los discípulos." Hechos 20:29,30

22.- Si es que debemos guardar el séptimo día ¿cómo es posible que los apóstoles y cristianos primitivos celebraran sus reuniones de mayor importancia, como es la cena del Señor, en el primer día en vez del séptimo? Ver Hechos 20:7.

Contrario a lo que dice la consulta, los cristianos se reunían los sábados, tal y como se puede verificar en las siguientes citas: Hechos 13:13-14, Hechos 13:42, Hechos 16:13, Hechos 17:1-3 y Hechos 18:4.

El domingo, que no tiene nombre específico en la Biblia, aparece como primer día de la semana en el Nuevo Testamento en ocho ocasiones y, en estas ocho ocasiones, no se menciona que hubiera habido ningún cambio referente al día de reposo. En cuanto a qué si los cristianos se reunían los primeros días de la semana para hacer celebraciones importantes como la Cena del Señor, basados en Hechos 20:7, podemos comentar lo siguiente:

Lo que se conmemora en el rito de la Cena del Señor no es la resurrección de Cristo, cosa que impuso el catolicismo, sino su muerte y, por lo tanto, el rito de la Cena del Señor se puede hacer cualquier día.

"Así, pues, todas las veces que comiereis este pan, y bebiereis esta copa, **la muerte del Señor anunciáis** *hasta que él venga."* 1 Corintios 11:26

El término *"partir el pan"* es una frase hebrea que significa *comer en grupo* y no necesariamente aplica al rito de la Cena del Señor, como podemos confirmar en el siguiente texto:

"Y perseveraban unánimes cada día en el templo, y partiendo el pan en las casas, comían juntos con alegría y sencillez de corazón." Hechos 2:46

Es de destacar que Pablo realizó la reunión, que se menciona en Hechos 20, el primer día de la semana, pues ese día, a la mañana siguiente, debía irse para otra ciudad y no porque fuera la costumbre de los hermanos reunirse ese día. Si somos estudiosos de la Palabra de Dios, de seguro hemos notado que en la antigüedad los días no empezaban a la media noche, tal y como lo hacemos en la actualidad. Los días, antiguamente, iban de puesta de sol a puesta de sol, tal y como lo dispuso Dios desde la creación (Ver Génesis cap. 1). Esa es la razón por la cual el sábado se guarda desde la puesta del sol del viernes hasta la puesta del sol del sábado. Por consiguiente, el domingo (día en que se reunieron los hermanos de Troas con Pablo después de haber guardado el sábado) empezaría el sábado a la puesta de sol. Es claro que la reunión que registra Hechos capítulo 20 fue en lo que hoy es sábado por la noche. En otras palabras, Pablo realizaría su viaje el domingo de día y no el lunes como la gente interpreta. Con esto también confirmamos que para Pablo el primer día de la semana era un día sin trascendencia religiosa, ya que ese día lo utilizaba para desplazarse de un lugar a otro sin observarlo como Día del Señor.

Lo que sucedió aquel día fue que Pablo, debido a su pronta partida de Troas, se reunió con los hermanos el domingo de noche (sábado de noche en el calendario actual) para cenar y despedirse con un largo discurso que duró toda la noche, como vemos en Hechos 20:11.

23.- Y ¿Cómo se sabe que de veras se guarda el séptimo día? ¿Se Puede estar seguro de que no ha habido errores de cálculo desde el día en que Dios descansó? Hay que tener en cuenta los cambios efectuados en el calendario en el 46 A.C, cuando se convino que el año tuviera solamente 345 días para así corregir los errores que se habían acumulado. Se debe pensar también en la ley del año 1751, hecha para corregir el calendario y que ordenó quitar once días del mes de septiembre. Con estas y otras modificaciones ¿Se está seguro que se sabe contar los días desde la creación?

Estas preguntas están basadas en supuestos. Dios siempre tuvo una línea de fieles que vino guardando las grandes verdades desde la creación, como bien lo confirman las genealogías bíblicas. Hay que tener en cuenta también que el mismo Jesús, el creador de los cielos y la tierra, guardó el sábado y sobre esa autoridad podemos estar seguros de que hasta el ministerio terrenal del Salvador no hubo ningún problema en el orden de los días de la semana.

El calendario Juliano, que se usó desde el año 49 a.c hasta el año 1582 d.c, tuvo por mucho tiempo semanas de ocho días, sin embargo, para la época de Constantino I el Grande se adoptó la semana de siete días, en el año 321, que era una copia de la semana bíblica. En términos generales ambos calendarios, tanto el Juliano como el Gregoriano, tuvieron semanas de siete días y no hay registro de ningún inconveniente religioso, en el judaísmo, por la institución o modificación de los calendarios universales, ya que los cambios en los calendarios solo modificaron las fechas y no los días de la semana, por ejemplo, cuando se hizo el cambio del calendario Juliano al calendario Gregoriano, el jueves 4 de octubre de 1582 fue seguido por el viernes 15 de octubre de 1582.

24.- ¿Han leído Colosenses 2:14-17 acerca de la caducidad de los ritos (el mandamiento de guardar el sábado es uno de ellos) que ha sido raída, quitada de en medio y clavada en la cruz? En los versículos 16 y 17 del mismo capítulo vemos que ciertas cosas exigidas bajo la ley de Moisés, entre ellas guardar el sábado, no son más que sombra de lo por venir. Guardar el sábado es empuñar una sombra.

El problema principal que tienen la mayoría de los cristianos es que es no saben diferenciar entre las leyes del pacto, o los diez mandamientos, y las leyes rituales, también conocidas como las leyes de Moisés. Las leyes rituales eran símbolo de la obra redentora de Cristo. Estas leyes estaban relacionadas con la sangre y la muerte que representaban el sacrificio de Cristo, el verdadero Cordero de Dios. De acuerdo con la evidencia bíblica, el hombre tenía conocimiento de las leyes del pacto, o de los diez mandamientos, desde antes del pecado.

El pecado es la infracción de la ley, según 1 Juan 3:4, y en el mandato de no comer del fruto del árbol prohibido se resumían todos los diez mandamientos, por ejemplo, dice Génesis 3:6 que Eva codició (décimo mandamiento) tener la sabiduría de Dios, también, Adán y Eva expusieron a la muerte a todos sus descendientes y eso los convirtió en asesinos (sexto mandamiento), por otro lado, le robaron a Dios, ya que el fruto del árbol era solo del Señor (octavo mandamiento) y usted podría seguir el análisis y se daría cuenta que lo que hicieron Adán y Eva fue violentar la ley de Dios y por eso fue que cometieron pecado.

Deuteronomio 4:13 nos aclara que el pacto son los diez mandamientos, y Oseas 6:7 nos dice que el mismo pacto de Israel era el mismo pacto de nuestros primeros padres. Por otro lado, si Satanás y sus ángeles pecaron quiere decir que ellos también quebrantaron la ley, pues como vimos en 1 Juan 3:4, el pecado es la infracción de la ley.

"Y él os anunció su pacto, el cual os mandó a poner por obra, los diez mandamientos, y los escribió en dos tablas de piedra." Deuteronomio 4:13

"Mas ellos, cual Adán, traspasaron mi pacto; allí prevaricaron contra mí." Oseas 6:7

Tengamos presente que el mandamiento del sábado es el cuarto mandamiento del pacto y que se menciona desde la creación del mundo (ver Génesis 2:1-3), o sea, antes de que el hombre pecara y si nos fijamos bien en Éxodo 20:8-11 nos daremos cuenta que el mandamiento del sábado está relacionado con el reconocimiento que se le hace al Señor como creador de los cielos y la tierra y no tiene que ver con el tema de la redención ya que se dio, este mandamiento, antes de que el hombre pecara. Por lo tanto, si en Colosenses 2:16,17 hay sábados que son sombra de lo que había de venir, o sea, símbolo de la obra redentora de Cristo, entonces, tienen que haber sábados rituales que tendrían un final cuando Cristo cumpliera lo que la ley ritual prefiguraba.

Existían muchos sábados rituales que pertenecían a las fiestas judías. Estos sábados, a diferencia del sábado del Pacto, se celebraban una vez al año cada uno. Estos sábados eran en total siete y los podemos encontrar en los siguientes textos:

✓ La fiesta de los panes sin levadura, que tenía dos sábados: Levítico 23:4-8.

✓ La fiesta de las semanas, que tenía un sábado: Levítico 23:15-22.

✓ La fiesta de las trompetas, que tenía un sábado: Levítico 23:23,25.

✓ La fiesta del día de expiación, que tenía un sábado: Levítico 23:26-32.

✓ La fiesta de las cabañas, que tenía dos sábados: Levítico 23:33-44.

La palabra hebrea que se traduce como reposo, en Génesis 2:2, en Nehemías 4:11 se traduce como cesar y, para poner las cosas en un contexto moderno, podemos decir que los sábados rituales eran días feriados en los que la gente cesaba lo que hacía normalmente para conmemorar la fiesta que correspondiera. Estos días de reposo podían caer cualquier día de la semana y se observaban casi como si fueran el sábado semanal, o séptimo día de la semana. Si uno de estos sábados, o días festivos, caía en el sábado semanal se consideraba ese día como doblemente bendecido, ya que no solo se observaba el sábado del pacto sino que también el de alguna de las fiestas. Eso fue lo que sucedió el sábado cuando Cristo descansó en la tumba ya que esa semana, el sábado semanal, coincidió con el sábado de la fiesta de los panes sin levadura.

*"Entonces los judíos, por cuanto era la preparación de la pascua, a fin de que los cuerpos no quedasen en la cruz en el día de reposo (**pues aquel día de reposo era de gran solemnidad**), rogaron a Pilato que se les quebrase las piernas, y fuesen quitados de allí." Juan 19:31*

Pablo, hablando de estos días de reposo, dijo:

*"16Por tanto nadie os juzgue en comida o en bebida, o en cuanto a días de fiesta, luna nueva o **días de reposo**, 17 todo lo cual **es sombra de lo que ha de venir**; pero el cuerpo es de Cristo." Colosenses 2:16,17.*

Pablo escribió la cita anterior pensando en el siguiente texto que encontramos en 1 Crónicas 23:27-32.

"27Así que conforme a las postreras palabras de David, se hizo la cuenta de los hijos de Leví de veinte años arriba. 28 Y estaban bajo las órdenes de los hijos de Aarón para ministrar en la casa de Jehová, en los atrios, en las cámaras, y en la purificación de toda cosa santificada, y en la demás obra del ministerio de la casa de Dios. 29 Así mismo para los panes de la proposición, para la flor de harina para el sacrificio, para las hojuelas sin levadura, para lo preparado en sartén, para lo tostado, y para toda medida y cuenta; 30 y para asistir cada mañana todos los días a dar gracias y tributar alabanzas a Jehová, y así mismo por la tarde; 31 y para ofrecer todos los holocaustos a Jehová los días de reposo, lunas nuevas y fiestas solemnes, según su número y de acuerdo con su rito, continuamente delante de Jehová; 32 y para que tuviesen la guarda del tabernáculo de reunión, y la guarda del santuario, bajo las órdenes de los hijos de Aarón sus hermanos en el ministerio de la casa de Jehová."

Es fácil notar, viendo el contexto de la cita previa, que Pablo en Colosenses se estaba refiriendo a toda la ley ceremonial y que incluía, como es lógico, los siete sábados rituales de las fiestas. Al pertenecer estos sábados, o días de reposo, a la ley ritual tenían, por así decirlo, fecha de caducidad.

*"1Porque la **ley, teniendo la sombra de los bienes venideros,** no la imagen misma de las cosas, nunca puede, por **los mismos sacrificios** que se ofrecen continuamente cada año, hacer perfectos a los que se acercan. 2 De otra manera cesarían de ofrecerse, pues los que tributan este culto, limpios una vez, no tendrían ya más conciencia de pecado. 3 Pero en estos sacrificios cada año se hace memoria de los pecados; 4 porque la sangre de los toros y de los machos cabríos no puede quitar los pecados. 5 Por lo cual entrando en el mundo dice: Sacrificio y ofrenda no quisiste; mas me preparaste cuerpo. 6 Holocaustos y expiaciones por el pecado no te agradaron. 7 Entonces dije: He aquí vengo, oh Dios, para hacer tu voluntad, como en el libro del rollo está escrito de mí. 8 Diciendo primero: Sacrificio y ofrenda y holocaustos y expiaciones por el pecado no quisiste, ni te agradaron (**las cuales cosas se ofrecen según la ley**), 9 y diciendo luego: He aquí que*

vengo, oh Dios, para hacer tu voluntad; **quita lo primero para establecer esto último."** *Hebreos 10:1-9*

El sábado de los diez mandamientos fue instituido, antes de que entrara el pecado al mundo, como conmemoración de la creación (tal y como se puede apreciar en Génesis 2:1,2 y Éxodo 20:8-11,) y, por lo tanto, no puede ser *"sombra de los bienes venideros"* o, dicho de otra forma, no puede ser símbolo del ministerio intercesor de Cristo ya que ese ministerio se comenzó a anunciar una vez que entró el pecado. En cambio, los siete sábados de las fiestas ceremoniales sí que eran sombra de los bienes venideros, ya que cada una de esas fiestas anunciaban un aspecto de la obra mediadora de Cristo en favor de los pecadores. Las fiestas solemnes son perpetuas en tanto que Cristo asume el cumplimiento de esas celebraciones (1 Corintios 5:7, Hebreos 7:12-19).

A los días de reposo de la ley ritual se refiere Isaías 1:13. La ley ritual llegó a ser algo sin sentido. Los israelitas llegaron a pensar que la salvación se obtenía guardando la ley ritual en forma legalista (o sea por obras) y Dios ya estaba cansado de todo eso. Sin embargo, muy distinto es el llamado del Señor a santificar el día de reposo semanal, o de los diez mandamientos, que vemos en Isaías 58:13,14.

25.- Romanos 14:5,6 dice que unos hacen diferencia entre día y día, sin embargo, otros juzgan iguales todos los días. Se agrega: *"Cada uno esté asegurado en su ánimo."* ¿Por qué no insistir el apóstol en que los que juzgaban iguales todos los días debían estimar el séptimo como superior a los demás días para guardarlo?

Este es uno de los tantos textos en donde aplica muy bien lo que dijo el apóstol Pedro de Pablo:

"15Y tened entendido que la paciencia de nuestro Señor es para salvación; como también nuestro amado hermano Pablo, según la sabiduría que le ha sido dada, os ha escrito, 16 casi en todas sus epístolas, hablando en

*ellas de estas cosas; entre las cuales hay **algunas difíciles de entender, las cuales los indoctos e inconstantes tuercen**, como también las otras Escrituras, para su propia perdición." 2 Pedro 3:15,16*

No podemos sacar un texto y aislarlo del contexto general pues cometemos el error de manipular las Escrituras a nuestro antojo. Básicamente, todo Romanos 14 nos viene hablando sobre comidas y los versículos 5 y 6 tocan el tema del ayuno en forma específica. Los judíos tenían estipulado al menos dos días de ayuno a la semana, por lo general lunes y jueves, como se puede apreciar en documentos antiguos. El ayuno es un acto personal y espontáneo y no puede ser impuesto por la presión de otros. Los judíos convertidos al cristianismo tenían la mala costumbre de imponer tradiciones y leyes, que ya estaban abolidas, a los cristianos de origen gentil, como vemos en el siguiente texto:

*"10Porque hay aún muchos contumaces, habladores de vanidades y engañadores, **mayormente los de la circuncisión,** 11 a los cuales es preciso tapar la boca; que trastornan casas enteras, enseñando por ganancia deshonesta lo que no conviene. 12 Uno de ellos, su propio profeta, dijo: Los cretenses, siempre mentirosos, malas bestias, glotones ociosos. 13 Este testimonio es verdadero; por tanto, repréndelos duramente, para que sean sanos en la fe, 14 **no atendiendo a fábulas judaicas, ni a mandamientos de hombres** que se apartan de la verdad." Tito 1:10-14*

Debido a esto Pablo da como consejo en lo concerniente al ayuno:

"5Uno hace diferencia entre día y día; otro juzga iguales todos los días. Cada uno esté plenamente convencido en su propia mente. 6 El que hace caso del día, lo hace para el Señor, y el que no hace caso del día, para el Señor no lo hace. El que come, para el Señor come, porque da gracias a Dios; y el que no come, para el Señor no come, y da gracias a Dios." Romanos 14:5,6

26.- Hay gente que predica sábado y más sábado resultando en que su tema principal es el de guardar la ley y especialmente la ley del sábado. Ahora encontramos en el Nuevo Testamento que cincuenta veces se menciona predicar el evangelio, diecisiete veces predicar la Palabra, veintitrés predicar a Cristo y ocho veces predicar el reino. Ni una vez se habla de predicar la ley o el sábado. Ni el Señor, ni sus apóstoles, ni ningún evangelista habla de esto ¿cómo lo explican?

Sin ley no existe el evangelio, ya que la ley nos revela el pecado (1 Juan 3:4), y nos conduce hacia Cristo (Gálatas 3:24). Esta frase está muy bien confirmada por uno de los impulsadores de la Iglesia Metodista, que dijo:

"Antes de predicar el amor, la misericordia y la gracia, tengo que predicar el pecado, la ley y el juicio final." John Wesley, teólogo anglicano que inspiró, junto con su hermano Charles Wesley, el Movimiento Metodista.

Hay que apelar al estado de condenación en que se encuentra el mundo para que las personas sientan la necesidad de un salvador y también para que, durante las pruebas a las que se ven sometidos los cristianos, puedan estar firmes. La mayoría del cristianismo solo presenta un evangelio fácil para que las iglesias se vean llenas. No se necesitan iglesias llenas de personas sino personas llenas de Cristo. John Owen, quien fuera líder de la iglesia congregacional inglesa y teólogo y administrador académico de la Universidad de Oxford, dijo hace ya mucho tiempo atrás:

"Si el evangelio fuera más claro y fielmente predicado, menos personas profesarían fe en Cristo."

Todo el mundo habla de predicar el evangelio, pero, no todos saben qué es realmente el evangelio. A la luz de Apocalipsis nos daremos cuenta cuál es ese mensaje especial que debe ser predicado.

En Mateo 28:19,20 vemos que Cristo encomendó la predicación del evangelio a su iglesia.

"₁₉Por tanto, id, y haced discípulos a todas las naciones, bautizándolos en el nombre del Padre, y del Hijo, y del Espíritu Santo; ₂₀ enseñándoles que guarden todas las cosas que os he mandado; y he aquí yo estoy con vosotros todos los días, hasta el fin del mundo. Amén."

El evangelio fue dado para ser predicado por los seguidores de Jesús, y, por lo tanto, el ángel que tiene el evangelio eterno en Apocalipsis 14:6,7 es un símbolo de los hijos de Dios. Ellos tienen la misión de llevar el evangelio a todo el mundo. De hecho, la palabra ángel significa "mensajero" y eso es lo que debería ser cada hijo de Dios. Aquellos que llevan el evangelio se caracterizan por dos cosas muy importantes: Guardar los mandamientos de Dios y tener la fe de Jesús.

*"Aquí está la paciencia de los santos, los que **guardan los mandamientos de Dios** y tienen la fe de Jesús." Apocalipsis 14:12.*

El primer mensaje que distingue la predicación de los últimos días se divide, como vemos en Apocalipsis 14:6,7, en tres partes. La primera parte contiene un llamado a guardar los mandamientos de Dios, luego nos habla del juicio y, por último, hace énfasis en el cuarto mandamiento que tiene que ver con el sábado, el cual ha sido pisoteado por los cristianos a través del tiempo.

El primer ángel dice: *"Temed a Dios"*. ¿Qué es temer a Dios? El temor a Dios es guardar los mandamientos de Dios. Cuando nos sometemos a la influencia del Espíritu Santo, los mandamientos de Dios se vuelven parte de nuestra vida y se guardan en forma natural y sin esfuerzo.

"El principio de la sabiduría es el temor de Jehová; buen entendimiento tienen todos los que practican sus mandamientos; su loor permanece para siempre." Salmo 111:10

"¡Quién diera que tuviesen tal corazón, que me temiesen y guardasen todos los días todos mis mandamientos, para que a ellos y a sus hijos les fuese bien para siempre!." Deuteronomio 5:29

*"₁Estos, pues, son los mandamientos, estatutos y decretos que Jehová vuestro Dios mandó que os enseñase, para que los pongáis por obra en la tierra a la cual pasáis vosotros para tomarla; ₂ **para que temas a Jehová tu Dios, guardando todos sus estatutos y sus mandamientos** que yo te mando, tú, tu hijo, y el hijo de tu hijo, todos los días de tu vida, para que tus días sean prolongados." Deuteronomio 6:1,2*

Según Apocalipsis 14:7, hay que temer a Dios porque: *"La hora de su juicio ha llegado"*. El juicio de Dios a sus hijos se da antes de la Segunda Venida de Cristo y, por lo tanto, es vital predicarlo. El juicio empezó en el año 1844, de acuerdo con la profecía de las 2300 tardes y mañanas de Daniel 8:14, y a partir de ese momento es predicado el mensaje final al mundo. Durante ese tiempo, y en un momento en que nadie sabe, el juicio de los hijos de Dios debe terminar y el destino de la humanidad quedará sellado para siempre. El evangelio urge a las personas a tomar una decisión antes que todo termine.

"Porque la tierra será llena del conocimiento de la gloria de Jehová, como las aguas cubren el mar." Habacub 2:14

El Día de expiación el sacerdote oficiaba dentro del lugar santísimo del santuario, en donde se encontraban los 10 mandamientos contenidos en el arca del testimonio (2 Crónicas 5:10). Es por esa ley que seremos juzgados. No puede haber juicio sin ley.

Cuando el ángel, en Apocalipsis 14:7, dice: *"Adorad a aquel que hizo el cielo y la tierra, el mar y las fuentes de las aguas"*, está haciendo referencia al único de los diez mandamientos que nos muestra a Dios como creador y sustentador de todas las cosas, el cuarto mandamiento. Éxodo 20:8-11 dice:

"*₈Acuérdate del día de reposo para santificarlo. ₉ Seis días trabajarás, y harás toda su obra; ₁₀ mas el séptimo día es reposo para Jehová tu Dios; no hagas en él obra alguna, tú, ni tú hijo, ni tu hija, ni tu siervo, ni tu criada, ni tu bestia, ni tu extranjero que está dentro de tus puertas. ₁₁ **Porque en seis días hizo Jehová los cielos y la tierra, el mar, y todas las cosas que en ellos hay, y reposó en el séptimo día**, por tanto, Jehová bendijo el día de reposo y lo santificó.*"

El sábado es un mandamiento dado a toda la humanidad. Se dio a los hombres desde el Edén (Génesis 2:1,2) y forma parte de una ley que existirá luego de la redención de la humanidad, en la tierra nueva.

"*₂₂Porque como los cielos nuevos y la tierra nueva que yo hago permanecerán delante de mí, dice Jehová, así permanecerá vuestra descendencia y vuestro nombre. ₂₃ Y de mes en mes y de día de reposo en día de reposo, vendrán todos a adorar delante de mí, dijo Jehová.*" Isaías 66:22,23

Apocalipsis 14:8-11 contiene los mensajes de los otros dos ángeles que hacen un llamado a salir de Babilonia. Dicha Babilonia, en la antigüedad, era un lugar que fomentaba la falsa doctrina y estaba contaminada por el error. Estaba cargada de dioses falsos y hechicería. Babilonia es un símbolo de la religión falsa que combina verdad con paganismo.

Al predicarse el evangelio eterno se hace un llamado al mundo para salir de Babilonia, para no recibir el castigo de la ira de Dios a través de sus plagas. Dios tiene mucho pueblo en Babilonia y a todos los que se esfuerzan en buscar la verdad Dios los está llamando.

27.- En Gálatas 3:23-25 se lee que la ley fue nuestro ayo (mentor) para llevarnos a Cristo, pero, venida la fe no estamos bajo ayo y, por lo tanto, ya no estamos bajo la ley.

Para entender Gálatas 3:23-25 es necesario leer los versículos que le preceden también y, por eso, empezaremos desde el versículo 17 hasta el 19.

"*17Esto, pues digo: El pacto previamente ratificado por Dios para con Cristo, la **ley que vino cuatrocientos treinta años después,** no lo abroga para invalidar la promesa. 18 Porque si la herencia de Dios es por la ley, ya no es por la promesa; pero Dios la concedió a Abraham mediante la promesa. 19 Entonces, ¿para qué sirve la ley? Fue **añadida** a causa de las transgresiones, **hasta que viniese la simiente** a quien fue hecha la promesa; y fue ordenada por medio de ángeles en mano de un mediador."* Gálatas 3:17-19.

El pacto, como podemos ver en Éxodo 34:27,29 y Deuteronomio 4:13, son los diez mandamientos. Sabemos que las leyes del pacto fueron dadas al hombre desde la creación ya que no puede haber pecado sino hay ley, según Romanos 4:15 y 1 Juan 3:4. Cuando el hombre viola el mandato de no comer del fruto prohibido pecó, ya que en ese mandamiento estaba resumida toda la ley del pacto. Por ejemplo, según vemos en Génesis 3:6, Eva codició (No codiciarás, décimo mandamiento) tener la sabiduría que Dios tenía y eso la llevó a tomar del árbol que le pertenecía exclusivamente a Dios (No robarás, octavo mandamiento) y debido a que la paga del pecado es muerte, como dice Romanos 6:23, Eva se convirtió en homicida ya que no solo se expuso ella a la muerte sino también a su esposo y a todos sus descendientes (No matarás, sexto mandamiento) y si seguimos haciendo un análisis lógico de cada uno de los mandamientos del pacto encontraremos que Adán y Eva, al desobedecer la orden de Dios de no comer del fruto del árbol prohibido, quebrantaron cada una de las leyes del decálogo.

Podemos afirmar también, mediante evidencia bíblica, que el pacto que Dios dio a Israel en el Sinaí fue el mismo pacto que Dios le dio a Adán y Eva y, ya que esto es así, las leyes del pacto no solo eran para los israelitas sino para toda la humanidad, pues Adán y Eva nos representan a todos.

"Mas ellos, cual Adán, traspasaron el pacto; allí prevaricaron contra mí." Oseas 6:7

Lo que hizo Dios en el Sinaí fue poner por escrito la Constitución Política de la nueva nación de Israel que recién estaba naciendo, sin embargo, eso no quiere decir que la ley de Dios no fuera de conocimiento previo, ya que no hubiera habido pecadores antes del Sinaí. La luz de Israel debía alcanzar y ser bendición a todas las naciones mediante la proclamación de las leyes divinas (ver Isaías 43:10-12,21).

Gálatas 3:19 dice que la ley, en este caso se refiere a la ley ritual, fue **"añadida"** a causa de las transgresiones. Esta ley no existía, vino después del pecado y fue ampliada en el Sinaí, o sea, cuatrocientos treinta años después que Dios le profetizara a Abraham que su descendencia sería esclava en tierra extraña (ver Génesis 15:13,14 y Éxodo 12:40,42). Ahora bien, solo se añade a algo que previamente existe y, en este caso, la ley ritual fue añadida a los diez mandamientos que, como vimos, existían incluso antes del pecado en este mundo, formando así lo que conocemos como Antiguo Pacto.

El Antiguo Pacto básicamente es:

Los diez mandamientos + sangre de animales= vida eterna
(ley ritual)

Y sigue diciendo el texto que la ley (ritual) fue "añadida" hasta que viniese **la simiente** que, como vemos en Gálatas 3:16, es Cristo. Dicho de otro modo, esa ley fue añadida para simbolizar la promesa de la venida de Cristo, y su ministerio en favor de los pecadores, y una vez que se cumpliera la promesa, que la ley ritual anunciaba, simplemente ya no tendría sentido y quedaba nula. De este modo, el Antiguo Pacto se transforma en Nuevo Pacto de la siguiente manera:

Los diez mandamientos + sangre de Cristo= vida eterna

Podemos concluir que Gálatas 3:19 nos aclara la vigencia de los diez mandamientos y nos indica claramente el fin de la ley ritual, conocida como la ley de Moisés.

Ahora bien, dice Gálatas 3:23 que *"antes que viniese la fe"*, es decir, antes que se revelara claramente el misterio de cómo Dios iba a salvar a los hombres por medio de la encarnación de Cristo, *"estábamos confinados bajo la ley"*, o sea, bajo la jurisdicción de la ley ritual, no bajo su condenación, que nos revelaba, solo de forma tenue, el futuro ministerio intercesor de Cristo. De esta forma la ley ritual fue nuestro ayo, o mentor, que nos enseñaba a Cristo, antes que se cumpliese la promesa, y nos permitía ejercer fe en el futuro sacrificio de Cristo y mediante esa fe nos justificaba, ya que a través de la fe el justo es salvo (Habacub 2:4).

Pero venida la fe, o sea cuando Dios reveló plenamente a su Hijo, *ya no estamos bajo ayo*, o bajo la tutela de la ley ritual, pues todas esas leyes iban a estar vigentes *"hasta que viniese la simiente"*, la cual es Cristo (ver Gálatas 3:16, Romanos 3:21,22).

28.- Hay advertencias en el Nuevo Testamento contra el pecado mencionado en cada uno de los diez mandamientos, menos el cuarto. En cambio, no se hace mención en todo el Nuevo Testamento, de un deber de guardar el sábado. Fíjense por favor en las citas de las Sagradas Escrituras que se presentan a continuación.

Los diez mandamientos en el Nuevo Testamento:

1. **Éxodo 20:3. No tener dioses ajenos, Hechos 14:15.**
2. **No te harás imagen ni ninguna semejanza, 1 Corintios 6:9-10.**
3. **Éxodo 20:7. No tomar en vano el nombre de Dios, Santg. 5:12.**

4. Éxodo 20:8. Guardar el sábado, no hay.
5. Éxodo 20:12. Honrar a los padres, Efesios 6:1,2.
6. Éxodo 20:13. No matar, Romanos 13:9.
7. Éxodo 20:14. No adulterar, Romanos 13:9, 1 Corintios 6:9.
8. Éxodo 20:15. No hurtar, Romanos 13:9, Efesios 4:28.
9. Éxodo 20:16, No mentir, Colosenses 3:9.
10. Éxodo 20:17. No codiciar, Efesios 5:3.

Ahora, si es pecado no guardar el sábado de los judíos ¿cómo es posible no haber dado aviso de ello en todo el Nuevo Testamento, y en especial cuando figuran en el Nuevo Testamento los otros nueve mandamientos de la lista de diez?

En primer lugar, el sábado es el día del Señor y no de los judíos, como bien dijo Cristo en Mateo 12:8.

Por otro lado, el tercer mandamiento que dice: *"No tomarás el nombre de Jehová tu Dios en vano"*, no se menciona explícitamente en todo el Nuevo Testamento, solo se mencionan algunas variaciones que podrían aplicarse a tal mandamiento, sin embargo, eso no quiere decir que no sea una verdad presente. El hecho de que no se mencione también, en todo el Nuevo Testamento, que la práctica de la adivinación y el espiritismo es incorrecta y peligrosa, no quiere decir que el Señor haya cambiado de planes de un momento a otro. Hay muchas verdades absolutas que no se mencionan en el Nuevo Testamento, y solo porque eso sea así no dejarán de serlo. Todos los que mandan a sus congregaciones a dar el diezmo, y utilizan este argumento contra el sábado, deberían dejar de hacerlo, pues en todo el Nuevo Testamento no se menciona un mandato directo relativo al diezmo.

En ninguna parte de las Escrituras existe la idea de que el mandamiento del sábado es solo para los judíos. Dice Marcos 2:27: *"También les dijo: El día de reposo fue hecho por causa del **hombre**..."* La palabra hombre se refiere a la humanidad representada en Adán. El sábado, como día de reposo, se menciona desde la misma creación. Éxodo 20:8-11 nos remite al

143

mismo comienzo del mundo y nos enfatiza que debemos reconocer a Dios como Creador y sustentador de todas las cosas.

Dios no es el que se cansa ni fatiga, como bien dice Isaías 40:28, somos nosotros, la humanidad, los que necesitamos reposo y gozo en el Señor todos los días, pero en especial en el día que Dios santificó, o apartó, desde la creación del mundo.

Hay que entender que el pecado es la infracción de la ley, como dice 1 Juan 3:4, y al ser el sábado uno de los diez mandamientos, lógicamente es pecado no observar ese día.

Un versículo muy interesante es Mateo 24:20:

"Orad, pues, que vuestra huida no sea en invierno ni en día de reposo."

Cristo está hablando en Mateo 24 sobre las señales del tiempo del fin y, de hecho, unos versículos después del 20 se describe la segunda venida de Cristo. En este texto Cristo está dejando ver que sus hijos al final del tiempo, tal y como han hecho los hijos de Dios desde la creación del mundo, guardarán el sábado conforme al mandamiento.

Jesús nunca habló nada tocante a no guardar el cuarto mandamiento y por eso leemos que sus seguidores, aun después de su muerte, siguieron guardando el día de reposo *"conforme al mandamiento."*

"54Era día de preparación, y estaba para comenzar el día de reposo. 55 Y las mujeres que habían venido con él desde Galilea, siguieron también y vieron el sepulcro, y como fue puesto su cuerpo. 56 Y vueltas prepararon especies aromáticas y ungüentos; **y descansaron el día de reposo conforme al mandamiento."** Lucas 23:54-56

Si violentar el mandamiento del sábado es pecado, entonces, por definición no tiene que haber otro texto para validar esa verdad, aunque como vimos si los hay.

29.- El sábado es parte de la ley, por lo tanto, ponerse bajo el sábado es ponerse bajo la ley. Gálatas 3:10 dice que todos los que dependen de la ley están bajo maldición. ¿Cómo puede uno desearse tanto la maldición de Dios?

"No adulterarás" es también parte de la ley de Dios, entonces, usando la misma lógica ¿yo debería adulterar para no estar bajo la maldición de la ley? o ¿debería robar para no estar bajo la maldición de la ley?

Gálatas 3:10 está en contraste con Gálatas 3:9, que dice:

"De modo que los de la fe son bendecidos con el creyente Abraham."

La salvación es por fe no por obras. Si la salvación hubiese dependido de la ley, entonces, para nada hubiera venido Cristo, como bien afirma Pablo en Gálatas 2:21.

"No desecho la gracia de Dios; pues si por la ley fuese la justicia, entonces por demás murió Cristo."

La ley es importante en tanto que, como una señal de tránsito, nos advierte del peligro, pero, es incapaz de salvarnos. Por otro lado, la ley es espiritual y nuestra naturaleza es carnal, y contraria a la ley.

"14Porque sabemos que la ley es espiritual; mas yo soy carnal, vendido al pecado. 15 Porque lo que hago no lo entiendo; pues no hago lo que quiero, sino lo que aborrezco eso hago." Romanos 7:14,15

Por eso necesitamos nacer de nuevo. Cuando nacemos de nuevo mediante el Espíritu nuestra naturaleza carnal será cambiada y, de esta forma, podemos guardar los mandamientos de Dios sin esforzarnos. De la misma manera que el árbol de mango no se esfuerza por dar mangos, ya que esa es su naturaleza, el cristiano podrá dar el fruto del Espíritu, ya que su naturaleza nueva es espiritual. El cristiano no guarda los mandamientos para ser salvo, sino porque es salvo.

"₃Porque lo que era imposible para la ley, por cuanto era débil por la carne, Dios enviando a su Hijo en semejanza de carne de pecado y a causa del pecado, condenó el pecado en la carne; ₄ para que la justicia de Dios se cumpliese en nosotros, que no andamos conforme a la carne, sino conforme al Espíritu." Romanos 8:3,4

Por esto, todo aquel que busca la ley para justificarse está bajo maldición, ya que nadie podrá justificarse por su propio esfuerzo debido a que cumplir la ley, por nuestro propio esfuerzo, es una imposibilidad.

"Porque todos los que dependen de las obras de la ley están bajo maldición, pues escrito está: Maldito todo aquel que no permaneciere en todas las cosas escritas en el libro de la ley, para hacerlas." Gálatas 3:10

30.- Dice Gálatas 5:4 que vacíos son de Cristo los que vuelven a ponerse bajo la ley después de ser salvos por gracia, y que además ellos han caído de la gracia.

Para comprender Gálatas 5:4 es necesario entender la diferenciación que hace Pablo entre las leyes rituales y las leyes del pacto, o de los diez mandamientos. Esto es vital entenderlo y es algo que Pablo lo aclara muy bien en la misma carta de Gálatas, sin embargo, no siempre es comprensible ya que a la gente le gusta usar versículos aislados del contexto. El problema principal de los hermanos Gálatas era que los judíos, que se habían convertido a la corriente cristiana, querían que los hermanos, de pasado gentil, siguieran guardando la ley de Moisés, cosa que ya había caducado con la muerte de Cristo. Por tal motivo empecemos con los siguientes textos.

*"₁₇Esto, pues digo: El pacto previamente ratificado por Dios para con Cristo, la **ley que vino cuatrocientos treinta años después,** no lo abroga para invalidar la promesa. ₁₈ Porque si la herencia de Dios es por la ley, ya no es por la promesa; pero Dios la concedió a Abraham mediante la promesa. ₁₉ Entonces, ¿para qué sirve la ley? Fue **añadida** a causa de las*

*transgresiones, **hasta que viniese la simiente** a quien fue hecha la pro-mesa; y fue ordenada por medio de ángeles en mano de un mediador."* Gálatas 3:17-19.

El pacto, como podemos ver en Éxodo 34:27,29 y Deuteronomio 4:13, son los diez mandamientos. Sabemos que las leyes del pacto fueron dadas al hombre desde la creación ya que no puede haber pecado sino hay ley, según Romanos 4:15 y 1 Juan 3:4. Cuando el hombre viola el mandato de no comer del fruto prohibido pecó, ya que en ese mandamiento estaba resumida toda la ley del pacto. Por ejemplo, según vemos en Génesis 3:6, Eva codició (No codiciarás, décimo mandamiento) tener la sabiduría que Dios tenía y eso la llevó a tomar del árbol que le pertenecía exclusivamente a Dios (No robarás, octavo mandamiento) y debido a que la paga del pecado es muerte, como dice Romanos 6:23, Eva se convirtió en homicida ya que no solo se expuso ella a la muerte sino también a su esposo y a todos sus descendientes (No matarás, sexto mandamiento) y si seguimos haciendo un análisis lógico de cada uno de los mandamientos del pacto encontraremos que Adán y Eva, al desobedecer la orden de Dios, quebrantaron cada una de las leyes del decálogo.

Podemos afirmar también, mediante evidencia bíblica, que el pacto que Dios dio a Israel en el Sinaí fue el mismo pacto que Dios le dio a Adán y Eva y, ya que esto es así, las leyes del pacto no solo eran para los israelitas sino para toda la humanidad, pues Adán y Eva nos representan a todos.

"Mas ellos, cual Adán, traspasaron el pacto; allí prevaricaron contra mí." Oseas 6:7

Lo que hizo Dios en el Sinaí fue poner por escrito la Constitución Política de la nueva nación de Israel que recién estaba naciendo, sin embargo, eso no quiere decir que la ley de Dios no fuera de conocimiento previo, pues no hubiera habido pecadores antes del Sinaí. La luz de Israel debía alcanzar y ser bendición a todas las naciones mediante la proclamación de las leyes divinas (ver Isaías 43:10-12,21).

Gálatas 3:19 dice que la ley, en este caso se refiere a la ley ritual, fue **"añadida"** a causa de las transgresiones. Esta ley no existía; vino después del pecado y fue ampliada en el Sinaí, o sea, cuatrocientos treinta años después de que Dios le profetizara a Abraham que su descendencia sería esclava en tierra extraña (ver Génesis 15:13,14 y Éxodo 12:40,42). Ahora bien, solo se añade a algo que previamente existe y, en este caso, la ley ritual fue añadida a los diez mandamientos que, como vimos, existían incluso antes del pecado en este mundo, formando así lo que conocemos como Antiguo Pacto.

El Antiguo Pacto básicamente es:

Los diez mandamientos + sangre de animales= vida eterna
(ley ritual)

Y sigue diciendo el texto que la ley (ritual) fue "añadida" hasta que viniese **la simiente** que, como vemos en Gálatas 3:16, es Cristo. Dicho de otro modo, esa ley fue añadida para simbolizar la promesa de la venida de Cristo, y su ministerio en favor de los pecadores, y una vez que se cumpliera la promesa, que la ley ritual anunciaba, simplemente ya no tendría sentido y quedaba nula. De este modo, el Antiguo Pacto se transforma en Nuevo Pacto de la siguiente manera:

Los diez mandamientos + sangre de Cristo= vida eterna

Gálatas 3:19 nos aclara la vigencia de los diez mandamientos y nos indica, claramente, el fin de la ley ritual conocida, como la ley de Moisés.

Para entender Gálatas 5:4, basta con ver los tres versículos previos a ese versículo para darnos cuenta de que los hermanos de Galacia querían circuncidarse para justificarse ante Dios por medio de ese acto. Todas esas leyes ya habían perdido validez y retornar a eso era, literalmente, caer de la gracia. Si hubiera una abierta mención a no cumplir la ley por estar bajo la gracia, entonces, ser idólatra, mentiroso, adúltero, codicioso y asesino no sería de incumbencia para los cristianos. Lo único que quedó abolido con la muerte de Cristo fue la ley ritual, no las leyes del pacto o de los diez mandamientos.

31.- Se nos enseña en Romanos 7:4 que el creyente en Cristo está muerto a la ley, pero, los que insisten en la ley presentan a sus creyentes como del todo vivos a la ley. He ahí una grave contradicción con la Palabra de Dios.

Este versículo debe ser interpretado a la luz de los versículos que van desde Romanos 6:1 hasta Romanos 7:6. Lo que hace Pablo aquí es una analogía tomada del matrimonio para aplicarla a la vida del cristiano. Su argumento es que la muerte disuelve la obligación legal del matrimonio. Así como la muerte libera a la esposa de las obligaciones que impone la ley del casamiento (o sea que pueda casarse legalmente con otro), así también con la muerte del "viejo hombre", en las aguas del bautismo, nos liberamos de la condición condenatoria en que nos tenía la ley, ya sea por la vida disoluta que llevábamos, o por tratar de justificarnos cumpliendo por nuestra propia cuenta los mandamientos. Hay que tener en cuenta de que quien muere, en este caso, es el "viejo hombre" y no la ley. Los diez mandamientos son eternos (Isaías 24:5, Mateo 5:17,18).

*"₃¿O no sabéis que todos los que hemos sido bautizados en Cristo Jesús, hemos sido bautizados en su muerte? ₄ Porque somos sepultados con él para muerte por el bautismo, a fin de que como Cristo resucitó de los muertos por la gloria del Padre, así también nosotros andemos en vida nueva. ₅ Porque si fuimos plantados juntamente con él, en la semejanza de su muerte, así también lo seremos en la de su resurrección; ₆ **sabiendo que nuestro viejo hombre fue crucificado juntamente con él, para que el cuerpo de pecado sea destruido, a fin de que no sirvamos más al pecado.** ₇ Porque el que ha muerto, ha sido justificado del pecado. ₈ Y si morimos con Cristo, creemos que también viviremos con él;** ₉ sabiendo que Cristo, habiendo resucitado de los muertos, ya no muere; la muerte no se*

enseñorea de él. $_{10}$ *Porque en cuanto murió, al pecado murió una vez por todas; mas en cuanto vive, para Dios vive.* $_{11}$ **Así también vosotros consideraos muertos al pecado, pero vivos para Dios en Cristo Jesús, Señor nuestro.** $_{12}$ **No reine, pues, el pecado en vuestro cuerpo mortal, de modo que lo obedezcáis en sus concupiscencias;** $_{13}$ *ni tampoco presentéis vuestros miembros al pecado como instrumentos de iniquidad, sino* **presentaos vosotros mismos a Dios como vivos de entre los muertos,** *y vuestros miembros a Dios como instrumentos de justicia.* $_{14}$ **Porque el pecado no se enseñoreará de vosotros; pues no estáis bajo la ley, sino bajo la gracia."** *Romanos 6:3-14*

Cuando Pablo dice que: *"no estáis bajo la ley sino bajo la gracia,"* lo que quiere decir es que los cristianos no necesitan la ley para justificarse delante de Dios, sino la gracia. La ley no puede salvar a nadie. La ley lo que hace es revelarnos nuestras debilidades y, de esta manera, nos condena, pero, no nos puede dar el poder para vencer esas debilidades. Si alguien pretende salvarse por medio de la ley lo único que encontrará es condenación, bien claro podemos ver esto en el siguiente texto.

"Porque todos los que dependen de las obras de la ley están bajo maldición, pues escrito está: Maldito todo aquel que no permaneciere en todas las cosas escritas en el libro de la ley, para hacerlas." Gálatas 3:10

El hombre que quiere buscar a Dios debe reconocer que es transgresor de los diez mandamientos, y que es incapaz de cumplirlos y que, por lo tanto, está condenado. Estando allí es cuando el Señor nos puede redimir, y capacitar para que podamos vivir una vida santa en armonía con el mandamiento del Señor que es santo, justo y bueno, como dice Romanos 7:12.

Cuando nacemos de nuevo mediante el Espíritu nuestra naturaleza carnal será cambiada y, de esta forma, podemos guardar los mandamientos de Dios sin esforzarnos. De la misma manera que el árbol de mango no se esfuerza por dar mangos, ya que esa es su naturaleza, el cristiano podrá dar el fruto del Espíritu, ya que su naturaleza nueva es espiritual. El cristiano no guarda los mandamientos para ser salvo sino porque es salvo, y esto se resume muy bien en Romanos 8:3,4, que dice:

"₃Porque lo que era imposible para la ley, por cuanto era débil por la carne, Dios enviando a su Hijo en semejanza de carne de pecado y a causa del pecado, condenó el pecado en la carne; ₄ para que la justicia de Dios se cumpliese en nosotros, que no andamos conforme a la carne, sino conforme al Espíritu."

32.- Los diez mandamientos "en letra grabada en piedra" son un ministerio de muerte, según lo expresa 2 Corintios 3:7. Este ministerio de muerte había de perecer, según 2 Corintios 3:11. Pero ¿no es cierto que los que insisten en la ley, al citar los diez mandamientos, siempre dejan afuera estas palabras de introducción? Este texto demuestra que los mandamientos fueron dados a Israel (a pesar de que nos manifiestan a nosotros la santidad de Dios) y dejan entrever que la teoría de los que se aferran a la ley está errada.

Si los diez mandamientos hubieran sido solo para Israel, entonces, no sería de incumbencia para los cristianos los mandamientos de no matar, no robar, no adulterar, no tener dioses ajenos, ect y eso, a simple vista, no tiene sentido. Algo que es sempiterno no puede desaparecer, y la ley de Dios es sempiterna (ver Isaías 24:5). El mismo Señor Jesús dijo:

"₁₇No penséis que he venido a abrogar la ley y los profetas; no he venido a abrogar sino para cumplir. ₁₈ Porque de cierto os digo que hasta que pasen el cielo y la tierra, ni una jota ni una tilde pasará de la ley, hasta que todo se haya cumplido." Mateo 5:17,18

La Palabra de Dios no se puede contradecir y, por lo tanto, vamos a poner los textos en armonía para evitar mal entendidos. El título que lleva el capítulo 3 de 2 Corintios es **Ministros del nuevo pacto**. Queda muy claro que lo que tenía que desaparecer era el Antiguo Pacto, porque bien dice Hebreos 8:13:

"Al llamar nuevo a ese pacto, ha declarado obsoleto al anterior; y lo que se vuelve obsoleto y envejece ya está por desaparecer." Nueva Versión Internacional

El pacto en términos universales es uno: Los diez mandamientos, como se puede ver en Éxodo 34:27,28 y Deuteronomio 4:13. A este pacto están sometidos todos los seres que no han caído ya que pecar, según 1 Juan 3:4, es infracción de la ley y, por eso, vemos que el mismo pacto que tenían Adán y Eva era el mismo Pacto que Dios dio a los israelitas en el Edén.

"Mas ellos, cual Adán, traspasaron el pacto; allí prevaricaron contra mí." Oseas 6:7

Si Satanás y sus ángeles pecaron fue porque ellos profanaron ese mismo pacto, ya que el pecado es la infracción de la ley, como acabamos de observar.

Debido al tema de la redención, a nivel terrenal, hacemos la diferenciación entre Antiguo y Nuevo Pacto. Un pacto es un acuerdo entre dos o más personas que se garantiza formalmente a través de una firma, o sello. La firma del pacto de Dios con la humanidad se hace, o garantiza, mediante la tinta roja de la sangre. El Antiguo Pacto se garantizaba con sangre de animales y podría decirse que era la firma provisional del pacto hasta que viniera el cumplimiento real de las cosas que tipificaban los sacrificios. Sobre esto dice Éxodo 24:8:

"Entonces Moisés tomó la sangre y roció sobre el pueblo y dijo: He aquí la sangre del pacto que Jehová ha hecho con vosotros sobre todas estas cosas." Éxodo 24:8

El Pacto Antiguo quedó grabado en dos piedras, pero nunca en el corazón de los israelitas pues ellos nunca se sometieron a la influencia del Espíritu para poder cumplir con los requisitos de la ley. Israel pensó, en forma colectiva, que la ley se podía guardar mediante sus propios esfuerzos y por eso fracasaron. Hablando de los israelitas, dice el apóstol Pablo:

"Porque ignorando la justicia de Dios, y procurando establecer la suya propia, no se han sujetado a la justicia de Dios." Romanos 10:3

Por otro lado, el sacrificio de los animales no podía perfeccionar a nadie ya que estos sacrificios eran un medio para expresar fe en el cumplimiento de las profecías concernientes al verdadero Cordero de Dios, Jesucristo. Si Cristo hubiese fracasado en su misión nadie se hubiera salvado.

"₃Pero en estos sacrificios cada año se hacen memoria de los pecados; ₄ porque la sangre de los toros y de los machos cabríos no puede quitar los pecados." Hebreos 10:3,4

El Antiguo Pacto me prometía la vida eterna mediante la fe que yo podía expresar en el Mesías, cuando realizaba esos sacrificios. La salvación siempre ha sido por la fe, como bien dice Habacub 2:4. Bien podemos definir el Antiguo Pacto de la siguiente manera:

Los diez mandamientos + sangre de animales= vida eterna
(ley ritual)

Este pacto, por supuesto, no nos convenía ya que siempre nos mantenía en condenación y, por eso, debía ser urgentemente ratificado con la sangre preciosa de Cristo, la única que nos limpia de pecado y nos redime. Mediante la muerte de Cristo, la obra del Espíritu sería más abundante y eso haría que los diez mandamientos ya no estuvieran en unas frías tablas de piedra, sino en el corazón mismo de los hijos de Dios.

La diferencia entre el Antiguo y Nuevo Pacto es la forma en que este último se ratifica. El Nuevo pacto se ratifica, o firma, con la tinta roja de la sangre preciosa de Cristo. Por lo tanto, el Nuevo Pacto queda de la siguiente manera:

Los diez mandamientos + sangre de Cristo= vida eterna

Esto nos lo aclara Cristo en Lucas 22:20.

"De igual manera, después que hubo cenado, tomó la copa diciendo: Esta copa es el nuevo pacto en mi sangre, que por vosotros se derrama."

A pesar de la ineficacia del Antiguo Pacto, este fue anunciado con mucha gloria en el monte Sinaí, pues ya prefiguraba la gloria mucho más abundante que con la muerte de Cristo se lograría. Estando en el Antiguo Pacto todavía nos manteníamos en condenación, ya que el pacto no había sido plenamente ratificado y, en este contexto, podemos entender claramente las palabras de Pablo en 2 Corintios 3:1-18.

33.- ¿Han notado que los diez mandamientos comienzan con *"Yo soy Jehová tu Dios que te saqué de tierra de Egipto, de casa de siervo"*? De nuevo estamos frente a una manifestación de que se trata de ordenanzas dadas específicamente a Israel.

Hay una frase muy sabia que dice: *"Si solo crees en las partes de la Biblia que te gustan y rechazas las que no te gustan, no estás creyendo en la Biblia sino en ti mismo."*

Si los diez mandamientos hubieran solo sido para Israel, entonces, no sería de incumbencia para los cristianos los mandamientos de no matar, no robar o no adulterar y eso, a simple vista, no tiene sentido. Eso se llama gracia barata y es abominación a Dios, ya que Dios no puede estar con un pueblo inmundo que dé rienda suelta a sus pasiones. Si seguimos el razonamiento de la consulta, entonces, podemos hacer con nuestra vida lo que nos dé la gana y al final todos seremos salvos, ya que sin prohibiciones nadie se condenaría.

Decir que los diez mandamientos son solo para los israelitas es no entender que si un gentil se convertía al Dios verdadero ya no era gentil, sino israelita, ya que el verdadero israelita era, es y será todo aquel que crea en

Cristo, el Mesías. Por esta razón fue que Jesús, al ver a Natanael, dijo: *"He aquí un **verdadero israelita"***, siendo los otros que ahí estaban, israelitas carnales igual que Natanael. La verdadera definición de judío e israelita la encontramos en los siguientes textos:

"28Pues no es judío el que lo es exteriormente, ni es la circuncisión la que se hace en la carne, 29 sino que es judío el que lo es en lo interior, y la circuncisión es la del corazón, en espíritu, no en letra, la alabanza del cual no viene de los hombres, sino de Dios." Romanos 2:28,29

"6No que la palabra de Dios haya fallado, porque no todos los que descienden de Israel son israelitas, 7 ni por ser descendientes de Abraham, son todos hijos; sino: En Isaac te será llamada descendencia. 8 Esto es: No los que son hijos según la carne son los hijos de Dios, sino los que son hijos según la promesa son contados como descendientes." Romanos 9:6-8

Por tal motivo, Pablo les dice a los hermanos de Corinto que tuvieron pasado pagano:

*"Sabéis que cuando **erais gentiles**, se os extraviaba llevándoos, como se os llevaba, a los ídolos muertos." 1 Corintios 12:2*

Cuando los hermanos de Corinto aceptaron a Cristo como su salvador dejaron de ser gentiles y se convirtieron en verdaderos israelitas. De hecho, si usted no es israelita, o judío, no podrá ser salvo ya que el Nuevo Pacto es solo con la casa de Israel y con la casa de Judá, como bien claro dice Hebreos 8:8. Con esto podemos afirmar que hay personas que nacieron en el Estado de Israel, o que tienen pasaporte israelita, pero en realidad son gentiles, ya que niegan a Cristo como redentor del mundo.

Lo que hizo Dios en el Sinaí fue poner por escrito la Constitución Política de la nueva nación de Israel, que recién estaba naciendo, pero eso no quiere decir que la ley de Dios no fuera de conocimiento previo, pues no hubiera habido pecadores antes del Sinaí. La luz de Israel debía alcanzar y ser bendición a todas las naciones mediante la proclamación de las leyes divinas (ver Isaías 43:10-12,21).

Por otro lado, no puede haber pecado sin ley y, por eso, la definición de pecado es la siguiente:

"Todo aquel que comete pecado infringe también la ley pues el pecado es infracción de la ley." 1 Juan 3:4

En el mandato de no comer del fruto del árbol prohibido, dado a Adán y Eva, se resumían todos los diez mandamientos, por ejemplo, dice Génesis 3:6 que Eva codició (décimo mandamiento) tener la sabiduría de Dios, por otro lado, Adán y Eva expusieron a la muerte a todos sus descendientes y eso los convirtió en asesinos (sexto mandamiento), también la pareja le robó a Dios ya que el fruto del árbol era solo del Señor (octavo mandamiento) y usted podría seguir el análisis y se daría cuenta que lo que hicieron Adán y Eva fue violentar la ley de Dios y, por eso, fue que cometieron pecado.

El pacto de Dios con sus hijos son los diez mandamientos, según vemos en Deuteronomio 4:13 y Éxodo 34:27,28, y es asombrosa la declaración que hace Oseas 6:7 en donde se nos dice que el mismo pacto que tenían Adán y Eva era el mismo pacto de los Israelitas, con lo que se puede confirmar categóricamente que los diez mandamientos fueron dados a la humanidad desde la misma creación y aplican para todos.

"Mas ellos, cual Adán, traspasaron el pacto, allí prevaricaron contra mí." Oseas 6:7

Si nos ponemos a pensar un poco, si hubo pecado en Satanás, y sus ángeles quiere decir que ellos también estaban sujetos a ese mismo pacto, sin embargo, en un momento dado lo violentaron y eso ocasionó la caída de ellos. Todo esto nos indica que los diez mandamientos aplican a todos los seres racionales en el universo y son eternos, ya que son un reflejo del carácter de Dios.

*"Y la tierra se contaminó bajo sus moradores; porque traspasaron las leyes, falsearon el derecho, quebrantaron el **pacto sempiterno.**"* Isaías 24:5

34.- Hay repetición de los diez mandamientos en Deuteronomio capítulo 5 y allí se encuentran las siguientes palabras: *"Acuérdate que fuiste siervo en Egipto, y que Jehová tu Dios te sacó de allá... por lo cual Jehová tu Dios te ha mandado que guardes el día de reposo"* (Deuteronomio 5:15). De nuevo vemos claramente que la ordenanza del sábado fue dada a un pueblo que había salido de Egipto. Eso no cuadra con la teoría de los observadores del sábado que son cristianos.

Hay que tener en cuenta que los diez mandamientos están recopilados en su forma original en Éxodo 20. Como está implícito en el nombre del libro, Deuteronomio es una recapitulación de diferentes leyes dadas a Israel en el Sinaí, con explicaciones adicionales dadas por Moisés. En el caso del mandamiento del sábado, podría entenderse que como se menciona la liberación de Israel de Egipto este mandamiento solo sería para ellos, pero, estaríamos ignorando que la presentación de los diez mandamientos, en Éxodo 20, está en el marco de la liberación del pueblo de Egipto y bien podríamos decir, utilizando el mismo argumento, que robar, matar, adulterar, etc, etc aplicaría solo para los israelitas.

"₁Habló Dios todas estas palabras, diciendo: ₂ Yo soy Jehová tu Dios, que te saqué de la tierra de Egipto, de tierra de servidumbre." Éxodo 20:1,2

Una frase muy sabia dice: *"El sábado es parte de los diez mandamientos. Si aplicas el sábado solo para los judíos, entonces, debes aplicar los otros nueve solo para los judíos, de lo contrario eres selectivo con las órdenes de Dios."* Recordemos que los diez mandamientos son, como su palabra lo indica, mandamientos y no sugerencias.

Hay que tener claro que el sábado, como día de descanso, se menciona por primera vez en Génesis 2:1-3, en un mundo sin nacionalidades. Según dice el mismo Cristo, en Marcos 2:27, el sábado fue hecho para **el hombre**, no dijo para los judíos, ni para los israelitas pues al principio solo estaban nuestros primeros padres. Por otro lado, cuando se mencionan los diez mandamientos en Éxodo 20, en la sección que tiene que ver con el sábado, dice:

*"8Acuérdate del día de reposo para santificarlo. 9 Seis días trabajarás, y harás toda tu obra, 10 más el séptimo día es reposo para Jehová tu Dios; no hagas en él obra alguna, tú, ni tu hijo, ni tu hija, ni tu siervo, ni tu criada, ni tu bestia, ni tu extranjero que está dentro de tus puertas. 11 **Porque en seis días hizo Jehová los cielos y la tierra, el mar, y todas las cosas que en ellos hay, y reposó en el séptimo día, por tanto, Jehová bendijo el día de reposo y lo santificó.**" Éxodo 20:8-11*

Este mandamiento nos refiere nuevamente a la escena de la creación y nos deja bien claro que la idea original del sábado era reconocer a Dios como creador de los cielos y la tierra, sin embargo, el sábado adquirió también otro significado que está ligado con la redención, y que se ilustra muy bien con la liberación del pueblo de Israel de Egipto.

Los diez mandamientos fueron dados a Israel por escrito cuando Dios establece a Israel como nación, una vez que los libera, y los diez mandamientos serían la Constitución Política de esa nueva nación, sin embargo, los hijos de Dios los observaban desde antes.

Las leyes dadas a Israel serían luz a las otras naciones. Recordemos que la misión de Israel era llevar la salvación a todo el mundo y que, además, tenía la misma función de la iglesia en la actualidad.

"5Mira, yo os he enseñado estatutos y decretos, como Jehová mi Dios me mandó, para que hagáis así en medio de la tierra en la cual entráis para tomar posesión de ella. 6 Guardadlos, pues, y ponedlos por obra; porque

esta es vuestra sabiduría y vuestra inteligencia ante los ojos de los pueblos, los cuales oirán todos los estatutos, y dirán: Ciertamente pueblo sabio y entendido, nación grande es ésta. ₇ Porque ¿qué nación grande hay que tenga dioses tan cercanos a ellos como lo está Jehová vuestro Dios en todo cuanto le pedimos? ₈ Y ¿qué nación grande hay que tenga estatutos y juicios justos como es toda esta ley que yo pongo hoy delante de vosotros?." Deuteronomio 4:5-8

*"Dice: Poco es para mí que tú seas mi siervo para levantar las tribus de Jacob, y para que restaures el remanente de Israel, **también te di por luz a las naciones, para que seas mi salvación hasta lo postrero de la tierra.**"* Isaías 49:6

35.- Los que enseñan que hay dos leyes, los diez mandamientos (que llaman ley de Dios) y la ley ceremonial (que llaman ley de Moisés) ¿pueden darnos, por favor, una sola cita (en el Antiguo Testamento o en el Nuevo) donde se hace tal distinción?

*"₁₇Esto, pues digo: El pacto previamente ratificado por Dios para con Cristo, la **ley que vino cuatrocientos treinta años después,** no lo abroga para invalidar la promesa. ₁₈ Porque si la herencia de Dios es por la ley, ya no es por la promesa; pero Dios la concedió a Abraham mediante la promesa. ₁₉ Entonces, ¿para qué sirve la ley? Fue **añadida** a causa de las transgresiones, **hasta que viniese la simiente** a quien fue hecha la promesa; y fue ordenada por medio de ángeles en mano de un mediador."* Gálatas 3:17-19.

El pacto, como podemos ver en Éxodo 34:27,29 y Deuteronomio 4:13, son los diez mandamientos. Sabemos que las leyes del pacto fueron dadas al hombre desde la creación ya que no puede haber pecado sino hay ley, según Romanos 4:15 y 1 Juan 3:4. Cuando el hombre viola el mandato de no comer del fruto prohibido pecó, ya que en ese mandamiento estaban resumidas todas las leyes del pacto. Por ejemplo, según vemos en Génesis 3:6, Eva codició (No codiciarás, décimo mandamiento) tener la sabiduría

Dos verdades ocultas bajo el polvo de la indiferencia

que Dios tenía y eso la llevó a tomar del árbol que le pertenecía exclusivamente a Dios (No robarás, octavo mandamiento) y debido a que la paga del pecado es muerte, como dice Romanos 6:23, Eva se convirtió en homicida ya que no solo se expuso ella a la muerte sino también a su esposo y a todos sus descendientes (No matarás, sexto mandamiento) y si seguimos haciendo un análisis lógico, de cada uno de los mandamientos del pacto, encontraremos que Adán y Eva, al desobedecer la orden de Dios, quebrantaron cada una de las leyes del decálogo.

Podemos afirmar también, mediante evidencia bíblica, que el pacto que Dios dio a Israel en el Sinaí fue el mismo pacto que Dios le dio a Adán y Eva y, ya que esto es así, las leyes del pacto no solo eran para los israelitas sino para toda la humanidad, pues Adán y Eva nos representan a todos.

"Mas ellos, cual Adán, traspasaron el pacto; allí prevaricaron contra mí." Oseas 6:7

Lo que hizo Dios en el Sinaí fue poner por escrito la Constitución Política de la nueva nación de Israel, que recién estaba naciendo, sin embargo, eso no quiere decir que la ley de Dios no fuera de conocimiento previo, pues no hubiera habido pecadores antes del Sinaí. La luz de Israel debía alcanzar y ser bendición a todas las naciones mediante la proclamación de las leyes divinas (ver Isaías 43:10-12,21).

Gálatas 3:19 dice que la ley, en este caso se refiere a la ley ritual, fue **"añadida"** a causa de las transgresiones. Esta ley no existía; vino después del pecado y fue ampliada en el Sinaí, o sea, cuatrocientos treinta años después de que Dios le profetizara a Abraham que su descendencia sería esclava en tierra extraña (ver Génesis 15:13,14 y Éxodo 12:40,42). Ahora bien, solo se añade a algo que previamente existe y, en este caso, la ley ritual fue añadida a los diez mandamientos que, como vimos, existían incluso antes del pecado en este mundo, formando así lo que conocemos como Antiguo Pacto.

El Antiguo Pacto básicamente es:

Los diez mandamientos + sangre de animales= vida eterna
(ley ritual)

Y sigue diciendo el texto que la ley (ritual) fue "añadida" hasta que viniese **la simiente** que, como vemos en Gálatas 3:16, es Cristo. Dicho de otro modo, esa ley fue añadida para simbolizar la promesa de la venida de Cristo, y su ministerio en favor de los pecadores y una vez que se cumpliera la promesa, que la ley ritual anunciaba, simplemente ya no tendría sentido y quedaba nula. De este modo, el Antiguo Pacto se transforma en Nuevo Pacto de la siguiente manera:

Los diez mandamientos + sangre de Cristo= vida eterna

Podemos concluir que Gálatas 3:17-19 nos aclara la vigencia de los diez mandamientos y nos indica claramente el fin de la ley ritual, conocida como la ley de Moisés.

36.- ¿Cómo explican los cristianos que guardan el sábado el hecho de que Hebreos 4:8,9 dice que habría otro día de reposo, que en definitiva debe ser el domingo?

Hebreos 4:8,9 dice de la siguiente manera:

*"8Porque si **Josué** les hubiera dado el reposo (katepausen en griego), no hablaría después de otro día. 9 Por tanto, queda un reposo (sabbatismós en griego) para el pueblo de Dios."* Nota: paréntesis con fines explicativos

El autor de Hebreos está citando eventos del Antiguo Testamento y, por lo tanto, debemos ubicarnos ahí. Una pregunta que debemos hacer es: ¿Cuál fue el reposo que le dio Josué a los israelitas? Evidentemente no fue el reposo que tiene que ver con el mandamiento del sábado pues ese mandato, como hemos visto, lo dio primeramente Dios en el Edén y después se lo volvió a reafirmar por escrito a Moisés, muchísimos siglos después.

La historia de Josué está ligada a la conquista de Canaán, y el reposo al que se refiere Hebreos 4:8 es al reposo que tuvo el pueblo de Israel cuando entró en la tierra prometida.

*"₉Porque hasta ahora no habéis entrado **al reposo** y a la heredad que os da Jehová vuestro Dios. ₁₀ Mas pasaréis el Jordán, y habitaréis en la tierra que Jehová vuestro Dios os hace heredar; y él os dará reposo de todos vuestros enemigos alrededor, y habitaréis seguros."* Deuteronomio 6: 9,10

A pesar de que Israel entró en el reposo de las faenas que tuvo durante su peregrinación todavía le faltó, en términos colectivos, entrar en un reposo muchos más especial. Según Pablo, si Israel hubiera obtenido el reposo definitivo no hubiera fijado Dios otro día para entrar en otro tipo de reposo, y luego cita el Salmo 95 como argumento.

*"₆Sin embargo, todavía falta que algunos entren en este reposo, y los primeros a quienes se les anunció **la buena noticia** no entraron por causa de su desobediencia. ₇ Por eso Dios volvió a fijar un día, que es hoy, cuando mucho después declaró por medio de David lo que ya se había mencionado: "Si ustedes oyeren hoy su voz, no endurezcan el corazón". ₈ Si Josué les hubiera dado el reposo, Dios no hubiera hablado posteriormente de otro día."* Hebreos 4:6-8 Nueva Versión Internacional

A este reposo especial también somos llamados todos por medio de la predicación del evangelio, según vemos en Hebreos 4:2,3.

*"₂Porque también a nosotros se nos ha anunciado **la buena nueva** como a ellos; pero no les aprovechó el oír la palabra, por no ir acompañada de fe en los que la oyeron. ₃ Pero los que hemos creído entramos en el reposo, de la manera que dijo: Por lo tanto, juré en mi ira, no entrarán en mi reposo; aunque las obras suyas estaban acabadas desde la fundación del mundo."*

El evangelio, según podemos constatar en Romanos 1:1-6, es la obra redentora de Cristo Jesús y el verdadero descanso, al cual debe aspirar el pueblo de Dios, no es al descanso terrenal sino al descanso espiritual, que se logra mediante la salvación. En Hebreos 4:8 y 9, como pudimos notar, se utilizan dos palabras griegas que se traducen como reposo. La palabra *"katepausen"*, de Hebreos 4:8, se usa para describir el reposo que tuvo Israel cuando entró en Canaán mientras que la palabra *"sabbatismós"*, de Hebreos 4:9, se refiere al descanso sabático, como bien se puede apreciar en la traducción de *La Biblia de Jerusalén* que dice:

*"Por lo tanto es claro que queda un **descanso sabático** para el pueblo de Dios."*

Cuando Hebreos 4:9 nos habla del descanso sabático se refiere a un descanso con connotaciones de bendición, santificación y redención, cosas que están ligadas al mandato de guardar el sábado semanal, según podemos ver en Éxodo 20:8-11 y Deuteronomio 5:15 y, por lo tanto, aquí tenemos una analogía entre el reposo sabático y el reposo espiritual de la salvación en Jesús. El reposo que se encuentra en el evangelio es el reposo al que colectivamente no pudo entrar el pueblo de Israel por rechazar a Cristo como redentor del mundo. Ese descanso, evidentemente, nos lleva a la promesa de un mundo mejor al que desde ya podemos entrar, espiritualmente hablando.

"Desde entonces comenzó Jesús a predicar, y a decir: Arrepentíos, porque el reino de los cielos se ha acercado." Mateo 4:17

37.- Dice la Biblia Traducción en Lenguaje Actual en Apocalipsis 1:10: *"Pero un domingo quedé bajo el poder del Espíritu Santo. Entonces escuché detrás de mí una voz muy fuerte, que sonaba como una trompeta".* La mayoría de las versiones bíblicas dicen que Juan recibió la visión de Apocalipsis en "el día del Señor" y con esto podríamos deducir que el día del Señor es el domingo.

Se han hecho varios intentos para explicar esta frase que solo aparece en Apocalipsis 1:10, y en ninguna otra parte de las Escrituras. Algunos intérpretes la equiparan con "el día de Jehová" de los profetas del Antiguo Testamento. Puede concederse que estás palabras podrían tener tal interpretación si se toman aisladamente. Los que así la dicen, destacan que el Apocalipsis centra la atención en el gran día final del Señor, y en los acontecimientos que conducen a él. Estar *"en el Espíritu en el día del Señor"* quizá pudiera entenderse como que significa ser arrebatado en visión a través del tiempo para presenciar acontecimientos relacionados con el día del Señor, sin embargo, hay razones para rechazar esta interpretación. En primer lugar, cuando la frase *"día del Señor"* claramente designa el gran día de Dios, el texto griego siempre dice *hēmera tou kyriou* o *hēmera kyriou* (1 Corintios 5:5, 2 Corintios 1:14, 1 Tesalonicenses 5:2, 2 Pedro 3:10). En segundo lugar, el contexto sugiere que *"el día del Señor"* se refiere al tiempo cuando Juan contempló la visión. De modo que Juan da su ubicación: *"la isla llamada Patmos"*; la razón por la cual está allí: *"por causa de la palabra de Dios"*, y su estado durante la visión: *"en el Espíritu"*. Todas estas frases tienen que ver con las circunstancias en las cuales fue dada la visión, y es lógico concluir que la cuarta circunstancia también coincide al dar el tiempo específico de la revelación. La mayoría de los expositores apoyan esta conclusión.

Aunque la frase *kyriakē hēmera* es única en la Escritura, tiene un gran uso en el griego postbíblico. Como forma abreviada, *kyriakē* es un término común de los padres de la iglesia para designar al primer día de la semana, y en el griego moderno *kyriaké* es el nombre que se le da al domingo, por todo esto, muchos eruditos sostienen que *kyriakē hēmera* también se refiere al domingo y que Juan no solo recibió su visión ese día de la semana sino que también lo reconoció como *"el día del Señor"*, quizá porque en este día Cristo resucitó de los muertos.

Hay dos razones específicas para rechazar esta interpretación. En primer lugar, está el importante principio del método histórico, es decir, que una alusión debe ser interpretada solamente por medio de evidencias anteriores a ella o contemporáneas con ella, y no por datos históricos de un periodo posterior. Este principio tiene mucha importancia en el problema del significado de la expresión *"día del Señor"*, tal como aparece en Apocalipsis 1:10. Aunque este tema es frecuente en los padres de la iglesia para indicar el domingo, la primera evidencia decisiva de tal uso aparece hasta finales del siglo II, en el libro apócrifo Evangelio Según Pedro (9:12), donde el día de la resurrección de Cristo se denomina "día del Señor". Como este documento fue escrito por lo menos tres cuartos de siglo después de que Juan escribió el Apocalipsis, no puede presentarse como una prueba de que la frase *"día del Señor"*, en el tiempo de Juan, se refiriera al domingo. Recordemos, como hemos visto en el título "El cristianismo y el sábado" y en el cuestionamiento general sobre la ley y el sábado No 22, que el cristianismo se fue diferenciando del judaísmo, sobre todo en la observancia del sábado, allá por el año 135 de nuestra era debido a una serie de acontecimientos políticos que afectaron gravemente todo aquello que provenía del judaísmo. Para esta época, incluso la iglesia de Jerusalén desapareció dejando esta de ejercer su importante liderazgo en el mundo cristiano. Por otro lado, también podrían citarse numerosos ejemplos para mostrar la rapidez con que las palabras cambian de significado. Por lo tanto, el significado de "día del Señor" se determina mejor recurriendo a las Escrituras antes que a la literatura posterior.

En cuanto a la segunda razón está el hecho de que, aunque en ninguna parte de las Escrituras se indica que el domingo tiene alguna relación religiosa con el Señor, en repetidas veces se reconoce que el séptimo día, el sábado, es el día especial del Señor. Se nos dice que Dios bendijo y santificó el séptimo día (Génesis 2:3); lo constituyó como recordatorio de su obra de creación (Éxodo 20:11); lo llamó específicamente *"mi día santo"* (Isaías 58:13); y Jesús se proclamó como *"Señor aun del día de reposo* (sábado)" (Marcos 2:28), en el sentido de que como Señor de los hombres era también Señor de lo que fue hecho para el hombre, incluyendo el sábado. De manera que cuando se interpreta la frase "día del Señor", de acuerdo con pruebas anteriores y contemporáneas del tiempo de Juan, se concluye que hay un solo día al cual puede referirse: el sábado, o séptimo día de la semana.

38.- Si la ley está vigente, entonces ¿por qué Cristo dijo que la ley y los profetas llegaron hasta Juan? Ver Lucas 16:16 y Mateo 11:13

Esta cita es sacada de contexto por los que piensan que la ley ya no tiene importancia, sobre todo porque Lucas 16:16 dice que *"La ley y los profetas eran hasta Juan."* El término de "la ley y los profetas" se refiere básicamente a los libros que hoy conocemos como Antiguo Testamento. Precisamente el último de los profetas del Antiguo Testamento, Malaquías, en los últimos versos de su libro anuncia la venida de un Elías antes de la aparición del Mesías y específicamente esta profecía se cumplió en Juan el Bautista, según podemos confirmar en Mateo 17:10-13 y Lucas 1:12-17 y, por eso, en sentido literal *la ley y los profetas eran hasta Juan.* Más claro lo dice Mateo 11:13: *"Porque todos los profetas y la ley profetizaron hasta Juan."*

Interpretar que la ley y los profetas eran hasta Juan, para comunicar que la ley de Dios ya tuvo un final, va en contra de lo que Cristo dijo en los siguientes textos.

"17No penséis que he venido para abrogar la ley o los profetas; no he venido para abrogar sino para cumplir. 18 Porque de cierto os digo que hasta que pasen el cielo y la tierra, ni una jota ni una tilde pasará de la ley, hasta que todo se haya cumplido. 19 De manera que cualquiera que quebrante uno de estos mandamientos muy pequeños, y así enseñe a los hombres, muy pequeño será llamado en el reino de los cielos." Mateo 5:17-19

"Pero más fácil es que pasen el cielo y la tierra, que se frustre una tilde de la ley." Lucas 16:17

Una cosa muy interesante es que si sacamos de contexto la frase de que *"la ley y los profetas eran hasta Juan"* podríamos decir también que el don de la profecía iba a llegar hasta Juan, sin embargo, podemos notar que en el Nuevo Testamento, después de Juan el Bautista, hubo varios profetas y, de hecho, el don profético será, al final de los tiempos, una característica de los hijos de Dios (ver Apocalipsis 19:10).

Capítulo IV: La vida y la muerte

¿Qué son la vida y la muerte?

Para poder comprender qué es la vida y qué es la muerte debemos recurrir al libro de Génesis donde todo empieza. Necesitamos entender cómo fuimos creados para saber exactamente qué es lo que realmente somos. El hombre básicamente es **materia+aliento de vida**.

*"Entonces Jehová Dios formó al hombre del polvo de la tierra, y **sopló en su nariz aliento de vida**, y fue el hombre un ser viviente."* Génesis 2:7

Depende de la versión de las Escrituras que usemos encontraremos que el aliento de vida es también el espíritu de vida. No todas las versiones de las Escrituras se apegan tanto al original. Las traducciones modernas muchas veces sacrifican el sentido original para adaptarlo a un lenguaje más popular. La versión Reina Valera 1960, que es la usada en el presente trabajo por ser una traducción ampliamente difundida y un poco más apegada a los idiomas originales, en otros pasajes similares al anterior dice de la siguiente manera:

*"Vinieron, pues, con Noé al arca, de dos en dos de toda carne en que había **espíritu de vida**."* Génesis 7:15

*"Todo lo que tenía **aliento de espíritu de vida en sus narices**, todo lo que había en la tierra, murió."* Génesis 7:22

Es de resaltar que el espíritu de vida no es una especie de fantasma que, una vez que morimos, va a otro lugar o anda vagando por ahí. El espíritu de vida es la fuerza de vida o la vida misma que procede de Dios. Viene siendo como la batería de un juguete. Una vez que le retiramos la batería a un juguete simplemente se detiene, no puede hacer ninguna acción, pues le falta la energía de la batería. En hebreo se utilizan dos palabras que se traducen como espíritu y estás son *"Ruaj"* y *"Neshamah"*. En griego la palabra para espíritu es *"pneuma"* y esta tiene algunas variaciones de significado que más adelante se discutirán.

La vida le pertenece solamente a Dios y él la da a quien quiere y, por lo tanto, regresa a Dios una vez que morimos y es de resaltar que el aliento de vida, o espíritu de vida, vuelve a Dios no importa si la persona fue buena o mala.

"...y el polvo vuelva a la tierra, como era, y el espíritu (Ruaj) vuelva a Dios que lo dio." Eclesiastés 12:7

"El espíritu (Ruaj) de Dios me hizo, y el soplo (Neshamah) del Omnipotente me dio vida." Job 33:4

"Porque como el cuerpo sin espíritu (Pneuma) está muerto, así también la fe sin obras está muerta." Santiago 2:26

Este mismo proceso de vida y muerte aplica también para toda la creación. Hablando de la creación, Salmo 104:24-29 dice:

*"$_{24}$¡Cuán innumerables son tus obras, oh Jehová! Hiciste todas ellas con sabiduría; La tierra está llena de tus beneficios. $_{25}$ He allí el grande y anchuroso mar, En donde se mueven seres innumerables, Seres pequeños y grandes. $_{26}$ Allí andan las naves; Allí este leviatán que hiciste para que jugase en él. $_{27}$ Todos ellos esperan en ti, para que les des su comida a su tiempo. $_{28}$ Les das, recogen; abres tu mano, se sacian de bien.$_{29}$ **Escondes tu rostro, se turban; les quitas el hálito (Ruaj), dejan de ser, y vuelven al polvo.**"*

Este concepto está mejor detallado en Eclesiastés 3:19,20:

*"$_{19}$Porque lo que sucede a los hijos de los hombres, y lo que sucede a las bestias, un mismo suceso es: como mueren los unos, así mueren los otros, y una misma respiración tienen todos; **ni tiene más el hombre que la bestia**; porque todo es vanidad. $_{20}$ Todo va a un mismo lugar; **todo es hecho del polvo, y todo volverá al mismo polvo.**"*

La gran diferencia entre nosotros y las bestias es que nosotros fuimos creados a la imagen y semejanza de Dios y eso, por supuesto, nos hace especiales y nos pone en un plano superior.

Ahora bien, la Palabra de Dios no nos dice cómo es que vuelve el aliento de vida a Dios. No sabemos si esa frase quiere decir que efectivamente el aliento de vida vuelve directamente a Dios o si es que al momento de la muerte el aliento o fuerza de vida está a disposición de Dios para utilizarlo de acuerdo a su divina voluntad. Ante tal interrogante Salomón hace la siguiente pregunta retórica.

"¿Quién sabe si el aliento de vida de los humanos asciende hacia arriba y si el aliento de vida de la bestia desciende hacia abajo, a la tierra?" Eclesiastés 3:21 Biblia de Jerusalén.

Hemos definido qué es la vida y ahora sabemos también qué es el espíritu de vida. Queda entonces por conocer qué es el **Alma**. Desde el punto de vista de las Sagradas Escrituras, alma es primordialmente una persona viva y también se utiliza esa palabra para referirse a animales vivos, como en Génesis 1:24 y Apocalipsis 16:3 (en estos textos se traduce la palabra que equivale a alma como seres vivientes y como ser vivo). La palabra que se traduce como alma, tanto en hebreo como en griego, se puede traducir como vida, dependiendo del contexto, ya que el alma está relacionada con la vida y no con la muerte (Levítico 17:11, Deuteronomio 12:23, Hechos 27:22, Mateo 20:28). Para dar un ejemplo veamos cómo traducen un mismo versículo dos versiones diferentes de las Sagradas Escrituras.

*"Pero Dios le dijo: Necio, esta noche vienen a pedirte **tu alma**; y lo que has provisto, ¿de quién será?" Lucas 12:20 Reina Valera 1960*

*"Pero Dios le dijo: ¡Necio! esta misma noche te van a reclamar **la vida**. ¿Y quién se quedará con lo que has acumulado?" Lucas 12:20 Nueva Versión Internacional*

173

Usted y yo somos almas. El ser humano no tiene alma, el ser humano es un alma. La palabra hebrea "Nefesh" (Antiguo Testamento) y la palabra griega "Psykjé" (Nuevo Testamento) al referirse a un sujeto se traducen como persona o como alma y ahí radica el problema y la confusión. Cuando se dice alma, la gente, debido a la influencia pagana introducida en el cristianismo por el catolicismo, piensa en el concepto pagano de la religión de los romanos y los griegos. En la filosofía y la religión pagana el alma es algo espiritual y no material y tal concepto no está dentro de las Sagradas Escrituras, ni en la religión hebrea antes del cautiverio babilónico. El problema se agrava cuando muchas traducciones, algunas sin mala intención, han traducido las palabras *Nefesh* y Psykjé teniendo en mente el concepto pagano de la inmortalidad del alma. El alma no es un ente fantasmal. Veamos lo que dicen los siguientes textos:

"Entonces el rey de Sodoma dijo a Abram: Dame las personas (Nefesh), y toma para ti los bienes." Génesis 14:21

"₂₅Bueno es Jehová a los que en él esperan, al alma (Nefesh) que le busca. ₂₆ Bueno es esperar en silencio la salvación de Jehová." Lamentaciones 3:25,26

"Sométase toda persona (Psykjé) a las autoridades superiores; porque no hay autoridad sino de parte de Dios y las que hay, por Dios han sido establecidas." Romanos 13:1

Técnicamente se puede decir que:

➢ **Materia+Aliento de vida=Alma o ser viviente (persona).**
➢ **Alma o ser viviente-Aliento de vida=Muerte.**

Hay dos pasajes del Antiguo Testamento que plantean cierta confusión en muchas personas debido a la forma en que se traduce la palabra *"Nefesh"* en la versión Reina Valera 1960. Sin embargo, debemos tener presente que las tres opciones que tenemos para traducir la palabra *Nefesh* y su contraparte *Psijé* del Nuevo Testamento son: *ser viviente* (cuando se refiere principalmente a animales, tal y como vimos que se traduce en Génesis 1:24 y Apocalipsis 16:3) *vida* y *persona*. Traducir las palabras *Nefesh* o *Psijé* como alma no es una buena opción pues tal palabra no nos dice absolutamente nada. Precisamente en Levítico 17:11 encontramos tres maneras diferentes en que la Reina Valera 1960 traduce la palabra *Nefesh*.

"Porque la vida (Nefesh) de la carne en la sangre está, y yo os la he dado para hacer expiación sobre el altar por vuestras almas (Nefesh); y la misma sangre hará expiación de la persona (Nefesh)."

Teniendo en cuenta esto analizaremos el primero de los pasajes.

"17 Y aconteció, como había trabajo en su parto, que le dijo su partera: No temas, que también tendrás este hijo. 18 Y aconteció que al salírsele el alma* (pues murió), llamó su nombre Benoni; mas su padre lo llamó Benjamín." Génesis 35:17,18 *Nota: expresión que se utiliza para indicar que la persona agonizaba.

En este caso, teniendo en cuenta que las opciones de traducción que tenemos para la palabra *Nefesh* son: *ser viviente, vida* y *persona,* lo más evidente es sustituir la palabra alma por vida. La Biblia de las Américas utiliza la palabra *"partía"* en vez de la palabra *"salírsele"* que utiliza la Reina Valera 1960, lo que quiere decir que la vida de Raquel partía o se le iba, como también podría traducirse. Hablando directamente, ella estaba agonizando.

"17 Y aconteció que cuando estaba en lo más duro del parto, la partera le dijo: No temas, porque ahora tienes este otro hijo. 18 Y aconteció que cuando su alma (vida) partía pues murió, lo llamó Benoni, pero su padre lo llamó Benjamín." Génesis 35:17,18 Biblia de las Américas

Si vemos el mismo pasaje en otra versión, como la Nueva Versión Internacional, notaremos que lo que el texto simplemente quiere decir es que

Raquel estaba muriendo, pero no que hubo una separación entre el cuerpo y un ente etéreo o fantasmal, como se podría interpretar cuando se utiliza la palabra alma.

"No obstante, ella se estaba muriendo*, y en sus últimos suspiros alcanzó a llamar a su hijo Benoni, pero Jacob, su padre, le puso por nombre Benjamín." Génesis 35:18 Nueva Versión Internacional *Nota: agonizando

El segundo pasaje se refiere a la resurrección del hijo de la viuda de Sarepta y dice de la siguiente manera:

"21Y se tendió sobre el niño tres veces, y clamó a Jehová y dijo: Jehová Dios mío, te ruego que hagas volver el alma (Nefesh) de este niño a él. 22 Y Jehová oyó la voz de Elías, y el alma (Nefesh) del niño volvió a él, y revivió." 1 Reyes 17:21,22

Nuevamente aquí, de las tres opciones que tenemos para sustituir la palabra *alma* la más indicada es la palabra vida y, de esta manera, el pasaje se entiende correctamente, entonces, el pasaje en la Reina Valera 1960 quedaría como sigue a continuación.

"21Y se tendió sobre el niño tres veces, y clamó a Jehová y dijo: Jehová Dios mío, te ruego que hagas volver "la vida" (Nefesh) de este niño a él. 22 Y Jehová oyó la voz de Elías, y "la vida" (Nefesh) del niño volvió a él, y revivió." 1 Reyes 17:21,22

De hecho, *"vida"* es la palabra que utilizan muchas versiones, como la Nueva Versión Internacional, en vez de la palabra alma, que no nos dice nada y que solo sirve para confusión.

"Luego se tendió tres veces sobre el muchacho y clamó: "¡Señor mi Dios, devuélvele la vida (Nefesh) a este muchacho!" El Señor oyó el clamor de Elías y el muchacho volvió a la vida (Nefesh)." 1 Reyes 17:21,22 Nueva Versión Internacional.

Tomando la forma de expresarse de la Reina Vales 1960 podríamos decir que al hijo muerto de viuda de Sarepta le *"volvió"* lo que a Raquel se le *"salió" cuando murió, o sea,* la vida.

Ahora bien, en Ezequiel 18:4 debemos hacer un paréntesis debido a que dice algo completamente revelador.

"He aquí todas las almas (Nefesh) son mías; como el alma (Nefesh) del padre, así el alma (Nefesh) del hijo es mía; el alma (Nefesh) que pecare esa morirá." Ezequiel 18:4

Ezequiel 18:4 dice que el **alma que peca esa morirá** y esto es lógico ya que **la paga del pecado es muerte,** como bien dice Pablo en Romanos 6:23, y como **el pecado es la infracción de la ley,** como afirma Juan en 1 Juan 3:4, quiere decir que la vida eterna, tanto para los humanos como para los seres celestiales, depende de guardar la ley de Dios. Esta misma condición de que el alma no es inmortal la encontramos también en el Nuevo Testamento.

*"Sepa que el que haga volver al pecador del error de su camino, **salvará de muerte un alma,** (Psykjé) y cubrirá multitud de pecados." Santiago 5:20*

Si Satanás y sus ángeles una vez pecaron fue porque transgredieron esa ley a la cual estamos sujetos todos y por eso ellos también un día, al igual que todos los hombres pecadores, tendrán un fin (2 Pedro 2:4, Ezequiel 28:13-19, Hebreos 2: 14). Dios es el único inmortal en toda la vasta extensión de la palabra ya que su eternidad nunca ha sido interrumpida, ni lo será. Cristo, a pesar de tener vida en sí mismo y también poder creador igual que el Padre (ver Juan 5:26, Hebreos 1:1,2, Colosenses 1:15,16) y por ende Dios igual que el Padre (Juan 1:1), experimentó la muerte por amor a nosotros y venciendo a la muerte nos dio vida juntamente con él.

*"13Te **mando delante de Dios, que da vida a todas las cosas,** y de Jesucristo, que dio testimonio de la buena profesión delante de Poncio Pilato, 14*

que guardes el mandamiento sin mácula ni reprensión, hasta la aparición de nuestro Señor Jesucristo, ₁₅ la cual a su tiempo mostrará el bienaventurado y solo Soberano, Rey de reyes, y Señor de señores, ₁₆ el único que tiene inmortalidad, que habita en luz inaccesible; a quien ninguno de los hombres ha visto ni puede ver, al cual sea la honra y el imperio sempiterno. Amén." 1 Timoteo 6:13-16

"₅Haya, pues, en vosotros este sentir que hubo también en Cristo Jesús, ₆ el cual siendo en forma de Dios, no estimó ser igual a Dios como cosa a que aferrarse, ₇ sino que se despojó a sí mismo, tomando forma de siervo, hecho semejante a los hombres; ₈ y estando en esa condición de hombre, se humilló a sí mismo, haciéndose obediente hasta la muerte, y muerte de cruz. ₉ Por lo cual Dios le exaltó hasta lo sumo, y le dio un nombre que es sobre todo nombre, ₁₀ para que en el nombre de Jesús se doble toda rodilla de los que están en los cielos, y en la tierra, y debajo de la tierra; ₁₁ y toda lengua confiese que Jesucristo es el Señor, para la gloria de Dios Padre." Filipenses 2:5-11

El alma no es eterna, es mortal pero los cristianos afirman, a pesar de la evidencia bíblica, que el alma es inmortal y que luego de la muerte la vida sigue en un plano diferente a la vida terrenal. Tal forma de pensar viene de las religiones paganas que afirmaban que el alma es inmortal. Basta con ver libros como **La Odisea** de Homero, en su rapsodia XI titulada "Evocación de los Muertos", para darse cuenta de la similitud de esos conceptos paganos con los que lamentablemente creen los cristianos en la actualidad. Tales pensamientos paganos contaminaron la doctrina cristiana y esa **mezcla, entre cristianismo y paganismo**, es lo que conocemos como Iglesia Católica Romana. Precisamente en el Catecismo de la Iglesia Católica, numeral 366 dice:

*"La iglesia enseña que **cada alma espiritual** es directamente creada por Dios (cf. Pío XII, Enc. Humanis Generis, 1950:DS 3896; Pablo VI, Credo del Pueblo de Dios, 8)- no es producida por los padres-, **y que es inmortal** (cf.*

Concilio de Letrán V, año 1513: DS 1440): **no perece cuando se separa del cuerpo en la muerte**, *y se unirá de nuevo al cuerpo en la resurrección final."*

Esta cita del Catecismo de la Iglesia Católica, como vemos, va totalmente en dirección opuesta a lo que la palabra de Dios dice. Es interesante ver como casi la totalidad de las iglesias evangélicas creen y hasta defienden conceptos como estos. Durante el tiempo de los reformadores se hicieron muchos cambios importantes, sin embargo, todavía quedaron muchas cosas por hacer y las generaciones siguientes se conformaron con lo poco que los reformadores aportaron.

Una vez que morimos, como veremos más adelante, entramos en un estado de inconsciencia a la espera de la venida de nuestro Señor Jesucristo. Cuando Jesús venga **entonces, y solo entonces,** pagará a cada uno de acuerdo con sus obras. De momento todos los que han muerto, hayan sido buenos o no, simplemente descansan a la espera de aquel día. Nadie va a un paraíso o a un infierno cuando muere. Veamos lo que dijo Jesús en Mateo 16:27:

"Porque el Hijo del Hombre vendrá en la gloria de su Padre con sus ángeles, **y entonces** *pagará a cada uno conforme a sus obras."*

No tiene lógica que alguien resucite si ya está en un paraíso o un infierno. Si llegó allí quiere decir que ya recibió su recompensa. La resurrección, desde ese punto de vista, no tiene sentido alguno.

Esta doctrina de la inmortalidad del alma es importantísima para la Iglesia Católica pues a través de ella sostiene la **idolatría,** que no es otra cosa que **espiritismo**. Si la Iglesia Católica dijera que, por ejemplo, San Pedro está descansando a la espera de un juicio, entonces, San Pedro, ni ningún otro personaje importante del pasado, sería venerado. Cuando alguien adora una imagen en realidad no está venerando a ningún santo o persona piadosa del pasado, cosa que de por sí es mala, sino a los mismos demonios. Leamos las siguientes citas:

"Sacrificaron a los demonios y no a Dios; a dioses que no habían cono-cido, a dioses venidos de cerca, que no habían temido vuestros padres." Deuteronomio 32:17

"Antes digo que lo que los gentiles sacrifican, a los demonios lo sacrifi-can, y no a Dios; y no quiero que vosotros os hagáis partícipes con los de-monios." 1 Corintios 10:20

Satanás aspiró ser igual a Dios y por eso fue arrojado del cielo. Él todavía quiere que toda la honra y la gloria sean solo para él. Cuando alguien pide la intercesión de un muerto, en este caso un llamado santo, se mete en el campo del espiritismo. A propósito de eso la Palabra de Dios nos dice:

"26No comeréis cosa alguna con sangre. No seréis agoreros, ni adivi-nos. 31 No os volváis a los encantadores ni a los adivinos; no los consultéis, contaminándoos con ellos. Yo Jehová vuestro Dios." Levítico 19:26,31

"Y el hombre o la mujer que evocare espíritus de muertos o se entregare a la adivinación, ha de morir; serán apedreados; su sangre será sobre ellos." Levítico 20:27

Entre las cosas por las cuales Dios desechó a los antiguos habitantes de Canaán destacaba el espiritismo, como vemos en el siguiente texto:

*"9Cuando entres a la tierra que Jehová tu Dios te da, no aprenderás a hacer según las abominaciones de aquellas naciones. 10 No sea hallado en ti quien haga pasar a su hijo o a su hija por el fuego, ni quien practique adivinación, ni agorero, ni sortílego, ni hechicero, 11 ni encantador, ni adi-vino, ni mago, **ni quien consulte a los muertos**. 12 Porque es abominación para con Jehová cualquiera que hace estas cosas, **y por estas abominacio-nes Jehová tu Dios echa estas naciones de delante de ti**. 13 Perfecto serás delante de Jehová tu Dios. 14 **Porque estas naciones que vas a heredar, a agoreros y a adivinos oyen; mas a ti no te ha permitido esto Jehová tu Dios**."* Deuteronomio 18:9-14

Un peligro que pasan desapercibido los cristianos evangélicos es que la doctrina de la inmortalidad del alma simplemente es un obstáculo para comprender los libros proféticos; debido a eso los libros de Daniel y Apocalipsis están prácticamente de adorno en las Sagradas Escrituras de los cristianos.

Los dos pilares sobre los cuales descansan las profecías de Daniel y Apocalipsis son: **La Mortalidad del Alma** y **La Ley de Dios en el Plan de Salvación**.

Cuando Dios pone al hombre en el huerto del Edén le advierte lo siguiente:

*"16Y mandó Jehová Dios al hombre, diciendo: De todo árbol del huerto podrás comer; 17 mas del árbol de la ciencia del bien y del mal no comerás; porque **el día que de él comieres, ciertamente morirás**." Génesis 2:16,17*

Recordemos que si ellos desobedecían estaban pecando y que la paga del pecado es muerte. Satanás desde el principio luchó para que el hombre creyera lo contrario y vino con la gran mentira de la inmortalidad del alma.

*"1Pero la serpiente era astuta, más que todos los animales del campo que Jehová Dios había hecho; la cual dijo a la mujer: ¿Conque Dios os ha dicho: No comáis de todo árbol del huerto? 2 Y la mujer respondió a la serpiente: Del fruto de los árboles del huerto podemos comer; 3 pero del fruto del árbol que está en medio del huerto dijo Dios: No comeréis de él, ni le tocaréis, para qué no muráis. 4 **Entonces la serpiente dijo a la mujer: No moriréis**." Génesis 3:1-4*

La muerte como un sueño

La palabra Seol en hebreo (Antiguo Testamento) y la palabra Hades en griego (Nuevo Testamento) significan, en la Palabra de Dios, sepulcro o tumba. Los traductores de las Sagradas Escrituras de la versión Reina Valera 1960, para no complicarse mucho, no tradujeron las palabras Seol ni

Hades sino que dejaron la interpretación de los términos a gusto del lector. La palabra Hades, en el contexto del Nuevo Testamento, está en armonía con la palabra Seol del Antiguo Testamento que se puede traducir, sin ningún problema en todos los casos, como sepulcro. Solo en la parábola del Rico y Lázaro, la palabra Hades está en el contexto pagano de un lugar de tormento ya que Jesús está haciendo alusión a una historia egipcia llamada "La Historia de Bar ma´yan", que coincide con ciertos elementos doctrinales que tenían los Fariseos de su concepto del castigo o la recompensa luego de la muerte. Estos elementos doctrinales, por supuesto, venían del paganismo. Esta parábola, como más adelante veremos, estaba dirigida primordialmente a los Fariseos.

Para entender mejor las palabras Seol y Hades comparemos, por ejemplo, Salmo 16: 10 cuando es citado en el Nuevo Testamento por Pedro en Hechos 2:27:

*"Porque no dejarás mi alma en el **"Seol"**, ni permitirás que tu santo vea corrupción." Salmo 16:10*

*"Porque no dejarás mi alma en el **"Hades"**, ni permitirás que tu Santo vea corrupción." Hechos 2:27*

Ahora veamos esos dos mismos textos según la versión de las Escrituras **Nueva Versión Internacional**:

*"No dejarás que mi vida termine en el **"sepulcro"**; no permitirás que sufra corrupción tu siervo fiel." Salmo 16:10*

*"No dejarás que mi vida termine en el **"sepulcro"**, no permitirás que tu santo sufra corrupción." Hechos 2:27*

Para muchos el Seol y el Hades son sinónimos de infierno pero tal cosa no es cierta, como hemos visto y veremos. Los textos bíblicos que a continuación aparecen comparan a la muerte con el sueño; un momento de inconsciencia por el cual todos los fallecidos han pasado.

"₁₃Si yo espero, el Seol es mi casa; haré mi cama en las tinieblas. ₁₄ A la corrupción he dicho: Mi padre eres tú; a los gusanos: Mi hermano y mi hermana. ₁₅ ¿Dónde estará ahora mi esperanza? Y mi esperanza, ¿quién la verá? ₁₆ A la profundidad del Seol descenderán y juntamente descansarán en el polvo." Job 17:13-16

"Mira respóndeme, oh Jehová Dios mío; alumbra mis ojos, para que no duerma de muerte;..." Salmos 13:3

"¿Qué provecho hay en mi muerte cuando descienda a la sepultura? ¿Te alabará el polvo? ¿Anunciará tu verdad?" Salmo 30:9

"₁₇No alabarán los muertos a JAH, ni cuantos desciendan al silencio; ₁₈ pero nosotros alabaremos a JAH desde ahora y para siempre. Aleluya." Salmo 115:17,18

"₃No confiéis en los príncipes, ni en hijo de hombre, porque no hay en él salvación. ₄ Pues sale su aliento, y vuelve a la tierra; en ese mismo día perecen sus pensamientos." Salmo 146:3,4

"₅Porque los que viven saben que han de morir; pero los muertos nada saben, ni tienen más paga; porque su memoria es puesta en olvido. ₁₀ Todo lo que te viniere a la mano para hacer, hazlo según tus fuerzas; porque en el Seol, adonde vas, no hay obra, ni trabajo, ni ciencia, ni sabiduría." Eclesiastés 9:5,10

"₁₈Porque el Seol no te exaltará, ni te alabará la muerte; ni los que descienden al sepulcro esperarán tu verdad. ₁₉ El que vive, el que vive, éste te dará alabanza, como yo hoy; el padre hará notoria tu verdad a los hijos." Isaías 38:18,19

"₁₁¿Por qué no morí yo en la matriz, o expiré al salir del vientre? ₁₂ ¿Por qué me recibieron las rodillas? ¿Y a qué los pechos para que mamase? ₁₃ Pues ahora estaría yo muerto, y reposaría; dormiría, y entonces tendría descanso,..." Job 3:11-13

"20Si he pecado, ¿qué puedo hacerte a ti, oh Guarda de los hombres? ¿Por qué me pones por blanco tuyo, hasta convertirme en una carga para mí mismo? 21 ¿Y por qué no quitas mi rebelión, y perdonas mi iniquidad? Porque ahora dormiré en el polvo, y si me buscares de mañana, ya no existiré." Job 7:20,21

"10Mas el hombre morirá, y será cortado; perecerá el hombre, ¿y dónde estará él? 11 Como las aguas se van del mar, y el río se agota y se seca, 12 Así el hombre yace y no vuelve a levantarse; hasta que no haya cielo, no despertarán, ni se levantarán de su sueño." Job 14:10-12

David fue un hombre polémico que al final puso su vida en armonía con Dios y, por lo tanto, será uno de los redimidos. De él el mismo Dios dijo:

*"Y cuando tus días sean cumplidos, y **duermas con tus padres**, yo levantaré después de ti a uno de tu linaje, el cual procederá de tus entrañas, y afirmaré su reino." 2 Samuel 7:12*

El idioma original utiliza el verbo dormir, tal y como lo hace la versión de las Sagradas Escrituras que estamos utilizando, sin embargo, las traducciones populares lo traducen directamente como morir para darle el significado directo de la expresión. Como veremos en el libro de Hechos, David cuando murió no fue ni al cielo ni a ningún otro lugar sino que está a la espera de la venida de nuestro Señor como todos los demás justos fallecidos.

*"29Varones hermanos, se os puede decir libremente del patriarca David, **que murió y fue sepultado**, y su sepulcro está con nosotros hasta el día de hoy. 34 **Porque David no subió a los cielos**; pero él mismo dice: Dijo el Señor a mi Señor: Siéntate a mi diestra,..." Hechos 2:29,34*

Tanto el Antiguo como el Nuevo Testamento mantienen una línea paralela cuando comparan la muerte de alguien con el dormir. Los textos realmente son muchísimos por lo cual solo aparecerán unos cuantos del Antiguo Testamento y otros pocos del Nuevo Testamento.

Antiguo Testamento

*"Y Jehová dijo a Moisés: He aquí, tú vas a **dormir** con tus padres, y este pueblo se levantará y fornicará tras los dioses ajenos de la tierra a donde va para estar en medio de ella; y me dejará, e invalidará mi pacto que he concertado con él;…" Deuteronomio 31:16*

*"Y **durmió** Salomón con sus padres, y fue sepultado en la ciudad de su padre David; y reinó en su lugar Roboam su hijo." 1 Reyes 11:43*

*"El tiempo que reinó Jeroboam fue de veintidós años; y **habiendo dormido** con sus padres, reinó en su lugar Nadab su hijo." 1 Reyes 14:20*

*"Y **durmió** Roboam con sus padres, y fue sepultado con sus padres en la ciudad de David. El nombre de su madre fue Naama, amonita. Y reinó en su lugar Abiam su hijo." 1 Reyes 14:31*

*"Y **durmió** Abiam con sus padres, y lo sepultaron en la ciudad de David; y reinó Asa su hijo en su lugar." 1 Reyes 15:8*

*"Y **durmió** Asa con sus padres, y fue sepultado con ellos en la ciudad de David su padre; y reinó en su lugar Josafat su hijo." 1 Reyes 15:24*

*"Y **durmió** Baasa con sus padres, y fue sepultado en Tirsa, y reinó en su lugar Ela su hijo." 1 Reyes 16:6*

Nuevo Testamento

*"Y puesto de rodillas, clamó a gran voz: Señor, no les tomes en cuenta este pecado. Y habiendo dicho esto, **durmió**." Hechos 7:60*

*"Porque a la verdad David, habiendo servido a su propia generación según la voluntad de Dios, **durmió**, y fue reunido con sus padres, y vio corrupción." Hechos 13:36*

"40Cuando volvió Jesús, le recibió la multitud con gozo; porque todos le esperaban. 41 Entonces vino un varón llamado Jairo, que era principal de la sinagoga, y postrándose a los pies de Jesús, le rogaba que entrase en su casa; 42 porque tenía una hija única, como de doce años, que se estaba muriendo. Y mientras iba, la multitud le oprimía. 43 Pero una mujer que padecía de flujo de sangre desde hacía doce años, y que había gastado en médicos todo cuanto tenía, y por ninguno había podido ser curada, 44 se le acercó por detrás y tocó el borde de su manto; y al instante se detuvo el flujo de su sangre. 45 Entonces Jesús dijo: ¿Quién es el que me ha tocado? Y negando todos, dijo Pedro y los que con él estaban: Maestro, la multitud te aprieta y oprime, y dices: ¿Quién es el que me ha tocado? 46 Pero Jesús dijo: Alguien me ha tocado; porque yo he conocido que ha salido poder de mí. 47 Entonces, cuando la mujer vio que no había quedado oculta, vino temblando, y postrándose a sus pies, le declaró delante de todo el pueblo por qué causa le había tocado, y cómo al instante había sido sanada. 48 Y él le dijo: Hija, tu fe te ha salvado; ve en paz. 49 Estaba hablando aún, cuando vino uno de casa del principal de la sinagoga a decirle: Tu hija ha muerto; no molestes más al Maestro. 50 Oyéndolo Jesús, le respondió: No temas; cree solamente, y será salva. 51 Entrando en la casa, no dejó entrar a nadie consigo, sino a Pedro, a Jacobo, a Juan, y al padre y a la madre de la niña. 52 Y lloraban todos y hacían lamentación por ella. Pero él dijo: No lloréis; no está muerta; sino que duerme. 53 Y se burlaban de él, sabiendo que estaba muerta. 54 Mas él, tomándola de la mano, clamó diciendo: Muchacha, levántate. 55 Entonces su espíritu volvió, e inmediatamente se levantó; y él mandó que se le diese de comer. 56 Y sus padres estaban atónitos; pero Jesús les mandó que a nadie dijesen lo que había sucedido." Lucas 8:40-56

En el texto anterior, es de resaltar que la niña vuelve a vivir cuando volvió el **espíritu o aliento de vida**. Antes de eso la niña estaba solamente inconsciente o durmiendo el sueño de la muerte.

*"₁Estaba entonces enfermo uno llamado Lázaro, de Betania, la aldea de María y de Marta su hermana. ₂ (María, cuyo hermano Lázaro estaba enfermo, fue la que ungió al Señor con perfume, y le enjugó los pies con sus cabellos.) ₃ Enviaron, pues, las hermanas para decir a Jesús: Señor, he aquí el que amas está enfermo. ₄ Oyéndolo Jesús, dijo: Esta enfermedad no es para muerte, sino para la gloria de Dios, para que el Hijo de Dios sea glorificado por ella. ₅ Y amaba Jesús a Marta, a su hermana y a Lázaro. ₆ Cuando oyó, pues, que estaba enfermo, se quedó dos días más en el lugar donde estaba. ₇ Luego, después de esto, dijo a los discípulos: Vamos a Judea otra vez. ₈ Le dijeron los discípulos: Rabí, ahora procuraban los judíos apedrearte, ¿y otra vez vas allá? ₉ Respondió Jesús: ¿No tiene el día doce horas? El que anda de día, no tropieza, porque ve la luz de este mundo; ₁₀ pero el que anda de noche, tropieza, porque no hay luz en él. ₁₁ Dicho esto, les dijo después: **Nuestro amigo Lázaro duerme**; mas voy para **despertarle**. ₁₂ Dijeron entonces sus discípulos: Señor, si **duerme**, sanará. ₁₃ Pero **Jesús decía esto de la muerte de Lázaro**; y ellos pensaron que hablaba del reposar del sueño. ₁₄ Entonces Jesús les dijo claramente: **Lázaro ha muerto**; ₁₅ y me alegro por vosotros, de no haber estado allí, para qué creáis; mas vamos a él. ₁₆ Dijo entonces Tomás, llamado Dídimo, a sus condiscípulos: Vamos también nosotros, para que muramos con él." Juan 11:1-16*

Hasta aquí alguien podría preguntar ¿por qué es que Moisés aparece en el relato de la transfiguración si el libro de Deuteronomio no menciona su resurrección? Ante esto podemos decir que Moisés efectivamente resucitó pues el libro de Judas, versículo 9, menciona que Miguel el arcángel, luego de la muerte de Moisés, contendió con Satanás por el cuerpo de este.

"Pero cuando el arcángel Miguel contendía con el diablo, disputando con él por el cuerpo de Moisés, no se atrevió a proferir juicio de maldición contra él, sino que dijo: El Señor te reprenda." Judas 9

A esto se refiere Pablo en Romanos 5:14 cuando dice:

"No obstante, reinó la muerte desde Adán hasta Moisés ..."

Moisés fue el primero que fue arrebatado del abrazo de la muerte como anticipo de lo que sucederá en un futuro.

Sabemos que Satanás es nuestro acusador. Cuando Moisés es privado de entrar en la tierra prometida y muere, Satanás declara a Moisés como indigno de la vida eterna. Miguel contiende por el cuerpo de Moisés ya que la resurrección se da partir de una restauración física, no es espiritual o fantasmal.

*"Y después de desecha esta mi piel, **en mi carne** he de ver a Dios."* Job 19:26

*"₃₆Mientras ellos aún hablaban de estas cosas, Jesús se puso en medio de ellos, y les dijo: Paz a vosotros. ₃₇ Entonces, espantados y atemorizados, **pensaban que veían espíritu**. ₃₈ Pero él les dijo: ¿Por qué estáis turbados, y vienen a vuestro corazón estos pensamientos? ₃₉ Mirad mis manos y mis pies, que yo mismo soy; palpad, y ved; **porque un espíritu no tiene carne ni huesos, como veis que yo tengo**. ₄₀ Y diciendo esto, les mostró las manos y los pies. ₄₁ Y como todavía ellos, de gozo, no lo creían, y estaban maravillados, les dijo: ¿Tenéis aquí algo de comer? ₄₂ Entonces le dieron parte de un pez asado, y un panal de miel. ₄₃ **Y él lo tomó, y comió delante de ellos**."* Lucas 24:36-43

"₂₀Mas nuestra ciudadanía está en los cielos, de donde también esperamos al Salvador, al Señor Jesucristo; ₂₁ el cual transformará el cuerpo de la humillación nuestra, para que sea semejante al cuerpo de la gloria suya, por el poder con el cual puede también sujetar a sí mismo todas las cosas." Filipenses 3:20,21

Ciertas personas pueden ver contradicción en este punto por lo que dice Pablo en 1 Corintios 15:44.

"Se siembra en cuerpo animal, resucitará cuerpo espiritual. Hay cuerpo animal y hay cuerpo espiritual."

Lo que aquí está diciendo el apóstol Pablo es que lo que se siembra o se sepulta cuando morimos como hijos de Dios es un cuerpo animal o natural, como también se traduce en algunas versiones, pero se resucita con un cuerpo espiritualmente correcto, o sea sin ninguna inclinación al pecado ni corruptible. Nuestra carne o naturaleza está más inclinada a hacer lo malo que lo bueno y de ahí que la santificación sea una lucha continua, y en esta lucha la ayuda del Espíritu Santo es vital para alcanzar la victoria.

"18 Y yo sé que en mí, esto es, en mi carne, no mora el bien; porque el querer el bien está en mí, pero no el hacerlo. 19 Porque no hago el bien que quiero, sino el mal que no quiero, eso hago. 20 Y si hago lo que no quiero, ya no lo hago yo, sino el pecado que mora en mí. 21 Así que, queriendo yo hacer el bien, hallo esta ley: que el mal está en mí. 22 Porque según el hombre interior, me deleito en la ley de Dios; 23 pero veo otra ley en mis miembros, que se rebela contra la ley de mi mente, y que me lleva cautivo a la ley del pecado que está en mis miembros. 24 ¡Miserable de mí! ¿quién me librará de este cuerpo de muerte?" Romanos 7:18-24

Un mejor sentido de lo que quiso decir Pablo en 1 Corintios 15:44 lo encontramos en la siguiente versión:

"Cuando es sembrado, es un cuerpo humano ordinario; cuando sea levantado será un cuerpo controlado por el Ruaj (Espíritu). Si hay un cuerpo ordinario hay un cuerpo controlado por el Ruaj (Espíritu)." Biblia Kadosh. Nota: Paréntesis agregados con fines explicativos.

Ahora bien ¿por qué a Moisés se le concede la resurrección en ese momento? Primero Moisés es un símbolo de Cristo (Deuteronomio 18:15,18,19) y segundo también es un símbolo de todos aquellos que, cuando Cristo vuelva, resucitarán para vivir los goces de la vida eterna. La transfiguración es una representación en miniatura de la segunda venida de Cristo. Elías representa a todos aquellos que, cuando el Señor vuelva, van a estar vivos y no pasarán por la muerte y Moisés representa a todos aquellos que, después de pasar por la muerte, resucitarán en el día postrero. Esta es la solución al enigma del por qué Jesús dijo lo siguiente, seis días antes de la transfiguración.

"De cierto os digo que hay algunos de los que están aquí, que no gustarán la muerte, hasta que hayan visto al Hijo del Hombre viniendo en su reino." Mateo 16:28

Los cuerpos de los santos resucitarán incorruptibles en la segunda venida de Cristo. Sobre esto Pablo comenta:

"51He aquí, os digo un misterio: No todos dormiremos; pero todos seremos transformados, 52 en un momento, en un abrir y cerrar de ojos, a la final trompeta; porque se tocará la trompeta, y los muertos serán resucitados incorruptibles, y nosotros seremos transformados. 53 Porque es necesario que esto corruptible se vista de incorrupción, y esto mortal se vista de inmortalidad." 1 Corintios 15:51-53

Por su puesto la resurrección va a darnos un cuerpo superior y no débil como el que cargamos a causa del pecado. Es de destacar que solo Moisés y un grupo indeterminado de personas que resucitaron, al final de ministerio terrenal de Cristo, son los únicos que pasaron por la muerte y resucitaron para vida eterna, convirtiéndose estos últimos en las primicias del trabajo de nuestro salvador por el mundo caído. Veamos Mateo 27:50-53.

*"50 Mas Jesús, habiendo otra vez clamado a gran voz, entregó el espíritu. 51 Y he aquí, el velo del templo se rasgó en dos, de arriba abajo; y la tierra tembló, y las rocas se partieron; 52 y se abrieron los sepulcros, y **muchos cuerpos de santos que habían <u>dormido</u>**, se levantaron; 53 y saliendo de los sepulcros, después de la resurrección de él, vinieron a la santa ciudad, y aparecieron a muchos."*

A pesar de la evidencia, algunas personas afirman que no puede haber ningún hombre en el cielo y que la transfiguración fue solo una visión, basados en el siguiente versículo.

"Y nadie subió al cielo, sino el que descendió del cielo, es a saber, el Hijo del hombre, que está en el cielo." Juan 3:13

Lo que aquí le quiso decir Cristo a Nicodemo, de acuerdo con el contexto del capítulo, fue que nadie podía hablar con total autoridad acerca de las cosas celestiales, a menos que hubiese estado en el cielo. En otras palabras, ninguna persona ha ido al cielo y vuelto para conocer y revelar las cosas celestiales. Solo el Hijo del hombre, que descendió del cielo, podía revelar las cosas celestiales plenamente. La última frase del versículo que dice: *"que está en el cielo"*, podría resultar polémica ya que Cristo, cuando dijo eso, no estaba en el cielo. La evidencia textual parece confirmar que esta frase no fue escrita por Juan sino que fue agregada en el transcurso del tiempo por algún escriba, cuando Jesús ya había ascendido al cielo. Si no se elimina esta frase entonces se refiere a la preexistencia de Jesús y su morada permanente, el cielo. Sería como decir que alguien que se encuentra de paso en algún país extranjero responda, cuando se le pregunte por su residencia, que vive en su país de origen cuando en realidad, en ese instante, se encuentra viviendo en un hotel muy lejos de su hogar.

La destrucción de los cananeos y la eliminación del mal

"8Misericordioso y clemente es Jehová; lento para la ira, y grande en misericordia 9 No contenderá para siempre, ni para siempre guardará el enojo." Salmo 103:8,9

Quizás sea este uno de los temas que más se prestan para confusión. Entre las principales causas destaca, como tanto se ha señalado, el desconocimiento que tienen la gran mayoría de los cristianos del Antiguo Testamento.

El carácter de Dios es amor (ver 1 Juan 4:8), pero también Dios es fuego consumidor (Deuteronomio 4:24). Dios abomina el pecado, sin embargo, quiere que todos procedan al arrepentimiento y sean santos como Él (ver 1 Pedro 1:16), ya que esta es la única forma en la que Dios puede convivir con los hombres. Dios quería establecer a Israel en Canaán para que desde allí fuera luz a las naciones. Canaán era el punto de conexión por excelencia para ir al cualquier lugar del mundo conocido en la antigüedad, y desde allí el conocimiento del Señor podía ser llevado fácilmente hasta lo último de la tierra. Para esto, Canaán debía estar libre de toda inmundicia pues Dios mismo habitaría allí con su pueblo y, por lo tanto, ningún culto pagano debía permanecer en ese territorio. El mismo pueblo de Israel no estaba exento de los castigos cuando caía en apostasía, acordémonos que hasta este pueblo sufrió mortandad en varias ocasiones por este motivo (ver Éxodo 32, Números 16, 2 Crónicas 36:11-22). Definitivamente, Dios no puede habitar en un pueblo inmundo.

"No contaminéis, pues, la tierra donde habitáis, en medio de la cual yo habito; porque yo Jehová habito en medio de los hijos de Israel." Números 35:34

"26 Guardad, pues, vosotros mis estatutos y mis ordenanzas, y no hagáis ninguna de estas abominaciones, ni el natural ni el extranjero que mora entre vosotros 27 (porque todas estas abominaciones hicieron los hombres de aquella tierra que fueron antes de vosotros, y la tierra fue contaminada); 28 no sea que la tierra os vomite por haberla contaminado, como vomitó a la nación que la habitó antes de vosotros. 29 Porque cualquiera que hiciere alguna de todas estas abominaciones, las personas que las hicieren serán cortadas de entre su pueblo. 30 Guardad, pues, mi ordenanza, no haciendo las costumbres abominables que practicaron antes de

vosotros, y no os contaminéis en ellas. Yo Jehová vuestro Dios." Levítico 18:26-30

La orden del Señor era que las naciones paganas de Canaán que se empecinaran en no abandonar la tierra debían desaparecer, sin embargo, más allá de los límites de Canaán las naciones paganas, que llegaran a someter los israelitas, solo debían ser sujetas a tributo (ver Deuteronomio 20:10-18). En otras palabras, el asunto no era matar gente por matar, simplemente, era una lucha espiritual entre el bien y el mal que, de haberse llevado a cabo, hubiera sido lo mejor para todas las naciones de la tierra, pues el temor a Dios hubiera disminuido la maldad reinante en esos tiempos; recordemos que en Canaán la maldad había llegado a tal grado que los padres ofrecían a sus propios hijos en sacrificio.

*"₁Cuando Jehová tu Dios te haya introducido en la tierra en la cual entrarás para tomarla, y haya echado de delante de ti a muchas naciones, al heteo, al gergeseo, al amorreo, al cananeo, al ferezeo, al heveo y al jebuseo, siete naciones mayores y más poderosas que tú, ₂ y Jehová tu Dios las haya entregado delante de ti, y las hayas derrotado, las destruirás del todo; no harás con ellas alianza, ni tendrás de ellas misericordia. ₃ Y no emparentarás con ellas; no darás tu hija a su hijo, ni tomarás a su hija para tu hijo. ₄ **Porque desviará a tu hijo de en pos de mí, y servirán a dioses ajenos; y el furor de Jehová se encenderá sobre vosotros, y te destruirá pronto**. ₅ Mas así habéis de hacer con ellos: sus altares destruiréis, y quebraréis sus estatuas, y destruiréis sus imágenes de Asera, y quemaréis sus esculturas en el fuego. ₆ Porque tú eres pueblo santo para Jehová tu Dios; Jehová tu Dios te ha escogido para serle un pueblo especial, más que todos los pueblos que están sobre la tierra. ₇ No por ser vosotros más que todos los pueblos os ha querido Jehová y os ha escogido, pues vosotros erais el más insignificante de todos los pueblos; ₈ sino por cuanto Jehová os amó, y quiso guardar el juramento que juró a vuestros padres, os ha sacado Jehová con mano poderosa, y os ha rescatado de servidumbre, de la mano de Faraón rey de Egipto. ₉ Conoce, pues, que Jehová tu Dios es Dios, Dios fiel, que*

guarda el pacto y la misericordia a los que le aman y guardan sus manda-
mientos, hasta mil generaciones; *10* *y que da el pago en persona al que le*
aborrece, destruyéndolo; y no se demora con el que le odia, en persona le
dará el pago." Deuteronomio 7:1-10

Las naciones cananeas tuvieron conocimiento de todas las cosas que
Dios hizo a favor de Israel desde que salió de Egipto. Esas naciones tuvieron
tiempo de preparar sus corazones, o hacer los preparativos para huir, ya
que el Dios de los hebreos, y sus planes, no era desconocido para ellas, sin
embargo, se mantuvieron firmes en su propósito.

"7En un instante hablaré contra pueblos y contra reinos, para arrancar,
y derribar y destruir. *8* *Pero si estos pueblos se arrepintieren de su maldad*
contra la cual hablé, yo me arrepentiré del mal que había pensado hacer-
les." Jeremías 18:7,8

"13Condujiste en tu misericordia a este pueblo que redimiste; lo llevaste
con tu poder a tu santa morada. *14* *Lo oirán los pueblos, y temblarán; Se*
apoderará dolor de la tierra de los filisteos. *15* *Entonces los caudillos de*
Edom se turbarán; A los valientes de Moab les sobrecogerá temblor; Se
acobardarán todos los moradores de Canaán. *16* *Caiga sobre ellos temblor*
y espanto; A la grandeza de tu brazo enmudezcan como una piedra; Hasta
que haya pasado tu pueblo, oh Jehová, Hasta que haya pasado este pueblo
que tú rescataste." Éxodo 15:13-16

Rahab, la prostituta de Jericó que ayudó a los espías israelitas, declaro
lo siguiente:

"8 Antes que ellos se durmiesen, ella subió al terrado, y les dijo: *9* *Sé que*
Jehová os ha dado esta tierra; porque el temor de vosotros ha caído sobre
nosotros, y todos los moradores del país ya han desmayado por causa de
vosotros. *10* *Porque hemos oído que Jehová hizo secar las aguas del Mar*
Rojo delante de vosotros cuando salisteis de Egipto, y lo que habéis hecho
a los dos reyes de los amorreos que estaban al otro lado del Jordán, a Sehón

y a Og, a los cuales habéis destruido. ₁₁ Oyendo esto, ha desmayado nuestro corazón; ni ha quedado más aliento en hombre alguno por causa de vosotros, porque Jehová vuestro Dios es Dios arriba en los cielos y abajo en la tierra." Josué 2:8-11

La muerte de los niños cananeos es lo que más incomprensión causa, pero imaginemos por un momento que estos niños se hubieran dejado con vida y que se hubiera provisto algún tipo de ayuda para que ellos crecieran. De seguro, muchos de ellos en su edad adulta albergarían sentimientos de venganza contra la sociedad que los vería crecer, como sería natural, y eso causaría violencia en vez de armonía y al final el derramamiento de sangre sería inevitable, sin embargo, tengamos en cuenta que gran número de esas personas de todas maneras habrían sido asesinadas por sus mismos padres en los regazos de un ídolo metálico, llamado Moloc, que previamente era calentado en la parte de abajo de la imagen hasta que ella quedaba totalmente al rojo vivo. Todo esto demuestra el desafecto que había en la sociedad cananea. Los padres cananeos tuvieron la oportunidad de hacer algo por sus hijos, pero no lo quisieron hacer, y al final la responsabilidad de lo que pasó era enteramente de ellos y no de Dios.

Dios es justo y tolerante, pero tiene límites ya que si Dios perpetúa la misericordia también se perpetuaría el pecado y el sufrimiento. Cuando llegó el tiempo en que Dios cumpliría su propósito, los cananeos tuvieron que afrontar las consecuencias de sus actos y ellos no cambiaron ni aun cuando vieron que, una a una, iban cayendo las ciudades en manos de un pueblo que prácticamente no peleó, pues Dios mismo luchó por ellos.

"₁₁Pasasteis el Jordán, y vinisteis a Jericó, y los moradores de Jericó pelearon contra vosotros: los amorreos, ferezeos, cananeos, heteos, gergeseos, heveos y jebuseos, y yo los entregué en vuestras manos. ₁₂ Y envié delante de vosotros tábanos, los cuales los arrojaron de delante de vosotros, esto es, a los dos reyes de los amorreos; no con tu espada, ni con tu arco. ₁₃ Y os di la tierra por la cual nada trabajasteis, y las ciudades que no

edificasteis, en las cuales moráis; y de las viñas y olivares que no plantasteis, coméis." Josué 24:11-13

El Israel antiguo es símbolo del pueblo de Dios en los últimos tiempos. Al igual que el Israel de la antigüedad, nosotros también somos peregrinos en este desierto de la vida y tenemos a la verdadera Canaán, la celestial, a la vista. Cuando el pueblo de Dios tome posesión de su heredad, entonces, los impíos también serán destruidos ya que Dios mismo habitará con su pueblo en este mundo. El propósito de Dios es volver las cosas al estado en que se encontraban antes de que entrara el pecado al mundo.

"₅Reprendiste a las naciones, destruiste al malo, borraste el nombre de ellos eternamente y para siempre. ₆ Los enemigos han perecido; han quedado desolados para siempre; y las ciudades que derribaste, su memoria pereció con ellas." Salmo 9:5,6

"₂₇ Apártate del mal, y haz el bien, y vivirás para siempre. ₂₈ Porque Jehová ama la rectitud, y no desampara a sus santos. Para siempre serán guardados; mas la descendencia de los impíos será destruida. ₂₉ Los justos heredarán la tierra, Y vivirán para siempre sobre ella." Salmo 37:27-29

"₈Deja la ira, y desecha el enojo; No te excites en manera alguna a hacer lo malo. ₉ Porque los malignos serán destruidos, pero los que esperan en Jehová, ellos heredarán la tierra. ₁₀ Pues de aquí a poco no existirá el malo; observarás su lugar, y no estará allí. ₁₁ Pero los mansos heredarán la tierra, y se recrearán con abundancia de paz." Salmo 37:8-11

Lo que Dios hará al final del tiempo con los impíos es solo eliminar el pecado, tal y como lo pretendió hacer en la Canaán terrenal. Dios no guarda para siempre su enojo y no tiene sentido que Dios castigue a alguien por los siglos de los siglos si de ahí no va a salir. Dios es amor y muchas veces vemos las cosas desde un punto de vista humano, pero el amor de Dios es tan profundo que nunca lo podremos comprender. La justicia de Dios es totalmente diferente a la justicia de los hombres. Los pensamientos de Dios son más altos que los pensamientos de los hombres (Isaías 55:8,9). Dios creó al hombre con libre consciencia y tarde o temprano cada uno deberá escoger o no el regalo de Dios, la vida eterna.

"33¡Oh profundidad de las riquezas de la sabiduría y de la ciencia de Dios! ¡Cuán insondables son sus juicios, e inescrutables sus caminos! 34 Porque ¿quién entendió la mente del Señor? ¿O quién fue su consejero?" Romanos 11:33,34

Cuando se habla de ira divina se habla de ese aborrecimiento que tiene Dios por el pecado, sin embargo, para Dios la eliminación de aquellos que no aceptarán su gracia será triste realmente. Este mundo de pecado está lleno de dolor y sufrimiento y Dios simplemente no va a permitir eso para siempre.

"Porque no quiero la muerte del que muere, dice Jehová el Señor; convertíos, pues, y viviréis." Ezequiel 18:32

Dios es vida y creación. La destrucción que hará Dios al final es necesaria y va en contra de lo que Él es. Esa es la razón por la cual se llama, a ese acto de destrucción que Dios hará, *"su extraña obra"* en Isaías 28:21,22.

"21Porque Jehová se levantará como el monte Perazim, como en el valle Gabaón se enojará; para hacer su obra, su extraña obra, y para hacer su operación, su extraña operación. 22 Ahora, pues, no os burléis, para que no se aprieten más vuestras ataduras; porque destrucción ya determinada sobre toda la tierra he oído del Señor, Jehová de los ejércitos."

Fuego Eterno

Dios castigando directamente

Sabemos, conforme al estudio del estado de los muertos, que el alma es mortal y que la muerte es simplemente dejar de existir. Ninguna persona que muere pasa a otro plano de consciencia en otro lugar, sin embargo, pueden surgir confusiones cuando entramos a estudiar textos que nos hablan del "gusano que nunca muere" o el "fuego eterno". Algunos de estos textos son los siguientes:

*"41Entonces dirá a los de la izquierda: Apartaos de mí, malditos, al fuego eterno preparado para el diablo y sus ángeles. 42 Porque tuve hambre, y no me disteis de comer; tuve sed, y no me disteis de beber; 43 fui forastero, y no me recogisteis; estuve desnudo, y no me cubristeis; enfermo, y en la cárcel, y no me visitasteis. 44 Entonces también ellos le responderán diciendo. Señor, ¿Cuándo te vimos hambriento, sediento, forastero, desnudo, enfermo, o en la cárcel, y no te servimos? 45 Entonces les responderá diciendo: De cierto os digo que en cuanto no lo hicisteis a uno de estos pequeños, tampoco a mí lo hicisteis. 46 E irán estos al **castigo eterno**, y los justos a la vida eterna." Mateo 25:41-46*

*"43Si tu mano te fuere ocasión de caer, córtala; mejor te es entrar en la vida manco, que teniendo dos manos ir al **infierno**, al fuego que no puede ser apagado, 44 donde el gusano no muere, y el fuego **nunca** se apaga. 45Y si tu pie te fuere ocasión de caer, córtalo; mejor te es entrar a la vida cojo, que teniendo dos pies ser echado en el **infierno**, al fuego que no puede ser apagado, 46 donde el gusano de ellos no muere, y el fuego **nunca** se apaga. 47 Y si tu ojo te fuere ocasión de caer, sácalo, mejor te es entrar en el reino de Dios con un ojo, que teniendo dos ojos ser echado al **infierno**, 48 donde el gusano de ellos no muere, y el fuego **nunca** se apaga." Marcos 9:43-48*

*"Y saldrán, y verán los cadáveres de los hombres que se rebelaron contra mí; porque su gusano **nunca morirá**, ni su fuego se apagará, y serán abominables a todo hombre." Isaías 66:24*

Cabe aclarar, para empezar, que las palabras **nunca** é **infierno** no aparecen en los idiomas originales, en los versículos anteriormente citados, y son agregados que hicieron los traductores pensando en la doctrina de la inmortalidad del alma. La palabra que se traduce como infierno es la palabra "Gehenna", que viene de la palabra hebrea "Guei Hinnom" o "Gal ben

Hinnon", que en el Antiguo Testamento era un lugar en donde los israelitas ofrecían en sacrificio a sus hijos, por supuesto a dioses falsos o demonios que es lo mismo (ver 2 Crónicas 28:1-3, Jeremías 7:31-33, Jeremías 32:35). Para la época del ministerio terrenal de Cristo, ese lugar se había convertido en un basurero que ardía constantemente y en el cual también se depositaban cadáveres de personas desamparadas y de animales, siendo esto un símbolo del castigo final de los impíos.

Por su parte, la frase que se traduce, por lo menos en la versión Reina Valera 1960, como *"nunca se apaga"* viene de la palabra griega *"Asbestos"* que significa literalmente inextinguible. Esa palabra tiene una partícula negativa que en español equivale, en ciertas ocasiones, a "in" como por ejemplo "inmortal" y, por lo tanto, la palabra "nunca" no se encuentra en el texto de Marcos 9:43-48. Una mejor traducción para este pasaje, la encontramos en la siguiente versión.

"43Si tu mano te hace pecar, ¡córtatela! Mejor que estés manco, pero obtengas vida eterna, a que tengas las dos manos y vayas al Guei-Hinnon, ¡a un fuego inextinguible! 44 Donde el gusano no muere y el fuego no se apaga. 45 Y si tu pie te hace pecar, ¡córtatelo! Mejor que seas cojo y obtengas vida eterna a que tengas ambos pies y ¡seas echado en el Guei-Hinnon! 46 Donde su gusano no muere y el fuego no se apaga." Biblia Kadosh. Nota: esta versión pone en hebreo aquellas palabras que considera necesarias para mejorar la compresión de algunos pasajes.

Este fuego es uno que no puede ser apagado en el sentido de que ningún esfuerzo humano será capaz de extinguirlo, hasta que el propósito divino se haya cumplido y esto puede ser respaldado por la siguiente razón:

En las Sagradas Escrituras podemos encontrar varias referencias a un fuego que no se puede apagar, como en Jeremías 17:27 y Jeremías 21:11,12. En estos casos, que van a ser ampliados más adelante, Dios, por medio de los Babilonios, destruye a través del fuego a Jerusalén y obviamente ese fuego no ardió para siempre, sino hasta que se cumplió el propósito de Dios (Lamentaciones 4:11, Jeremías 30:23,24). Por más que los judíos hubiesen querido apagar el fuego que destruía a Jerusalén, este **no se apagaría** hasta que todo se consumiera, tal y como Dios lo había determinado.

En Génesis 19:24-28 encontramos el siguiente relato:

*"24Entonces Jehová Dios hizo llover sobre Sodoma y Gomorra azufre y fuego de parte de Jehová **desde los cielos**; 25 y destruyó las ciudades, y toda aquella llanura, con todos los moradores de aquellas ciudades, y el fruto de la tierra. 26 Entonces la mujer de Lot miró atrás, a espaldas de él, y se volvió estatua de sal. 27 Y subió Abraham por la mañana al lugar donde había estado delante de Jehová. 28 Y miró hacia Sodoma y Gomorra, y hacia toda la tierra de aquella llanura miró; y he aquí que el humo subía de la tierra como el humo de un horno."*

Notemos aquí que el fuego con el que se quemó Sodoma y Gomorra descendía del cielo, lo que quiere decir que tenía un origen celestial o divino. A este fuego, en Judas 7, se le llama fuego eterno.

*"Como Sodoma y Gomorra y las ciudades vecinas, las cuales de la misma manera que aquellos, habiendo fornicado e ido en pos de vicios contra naturaleza, fueron expuestas **por ejemplo**, sufriendo el castigo del **fuego eterno**."*

Sin embargo, como vemos en 2 Pedro 2:6, las ciudades de Sodoma y Gomorra fueron reducidas a ceniza y, como todos sabemos, las cenizas no se queman.

*"y si condenó por destrucción a las ciudades de Sodoma y Gomorra, reduciéndolas a ceniza y poniéndolas **por ejemplo** a los que habían de vivir impíamente."*

Como es lógico, la acción del fuego permanece mientras haya algo que consumir. Si este fuego no arde sobre los impíos eternamente, entonces,

¿por qué se llama fuego eterno? Se llama fuego eterno porque el fuego proviene directamente de Dios, que es fuego consumidor y como todos saben eterno.

*"Porque Jehová tu Dios es **fuego consumidor**, Dios celoso." Deuteronomio 4:24*

*"$_{23}$Y aconteció que cuando vosotros oísteis la voz de en medio de las tinieblas, y visteis al monte que **ardía en fuego**, vinisteis a mí, todos los principales de vuestras tribus y vuestros ancianos, $_{24}$ y dijisteis: He aquí Jehová nuestro Dios nos ha mostrado su gloria y su grandeza, y hemos oído su voz de en **medio del fuego**; hoy hemos visto que Jehová habla al hombre, y éste aún vive." Deuteronomio 5:23,24*

*"$_{16}$**Y la gloria** de Jehová reposó sobre el monte Sinaí, y la nube lo cubrió por seis días; y al séptimo día llamó a Moisés de en medio de la nube. $_{17}$ Y la apariencia de la gloria de Jehová era como un fuego abrasador en la cumbre del monte, a los ojos de los hijos de Israel." Éxodo 24:16,17*

"Vi también como un mar de vidrio mezclado con fuego; y a los que habían alcanzado la victoria sobre la bestia y su imagen, y su marca, y el número de su nombre, en pie sobre el mar de vidrio, con las arpas de Dios." Apocalipsis 15:2

La gloria de Dios es la que es eterna, no los que son destruidos y aquí podemos terminar de comprobar que el fuego inextinguible de Marcos 9:43, aquel fuego que no puede ser apagado hasta que Dios cumpla su propósito, es el mismo fuego eterno que proviene del Señor ya que el pasaje paralelo de este texto, que es Mateo 18:8, dice lo siguiente:

"Por tanto, si tu mano o tu pie te es ocasión de caer, córtalo y échalo de ti; mejor te es entrar en la vida cojo o manco, que teniendo dos manos o dos pies ser echado en el fuego eterno."

El castigo final de los impíos es dejar de ser eternamente, sin esperanza de resurrección y lejos de la presencia de Dios. Esto es a lo que la Palabra de Dios llama "la muerte segunda".

*"₁Porque he aquí viene el día ardiente como un horno, y todos los soberbios y todos los que hacen maldad serán estopa; aquel día que vendrá los abrasará, ha dicho Jehová de los ejércitos, y no les dejará **ni raíz ni rama** (ver Ez 28:18,19). ₂ Mas a vosotros los que teméis mi nombre, nacerá el sol de justicia, y en sus alas traerá salvación; y saldréis y saltaréis como becerros de la manada. ₃ Hollaréis a los malos, los cuales serán **ceniza** bajo la planta de vuestros pies, en el día que yo actúe, ha dicho Jehová de los ejércitos." Malaquías 4:1-3. (Nota entre paréntesis con fines explicativos).*

"Sobre los malos hará llover calamidades; fuego, azufre y viento abrasador será la porción del cáliz de ellos." Salmo 11:6

"Y subieron sobre la anchura de la tierra, y rodearon el campamento de los santos y la ciudad amada; y de Dios descendió fuego del cielo y los consumió." Apocalipsis 20:9

"Pero los cobardes e incrédulos, los abominables y homicidas, los fornicarios y hechiceros, los idólatras y todos los mentirosos tendrán su parte en el lago que arde con fuego y azufre, que es la muerte segunda." Apocalipsis 21:8

*"₆Porque es justo delante de Dios pagar con tribulación a los que os atribulan, ₇ y a vosotros que sois atribulados, daros reposo con nosotros, cuando se manifieste el Señor Jesús desde el cielo con los ángeles de su poder, ₈ **en llama de fuego**, para dar retribución **a los que no conocieron a Dios**, ni obedecen al evangelio de nuestro Señor Jesucristo; ₉ los cuales sufrirán pena de eterna perdición, **excluidos** de la presencia del Señor y de la **gloria** de su poder." 2 Tesalonicenses 1:6-9*

Los únicos que vivirán en la presencia del Señor, y en medio del fuego eterno, serán los justos.

"14Los pecadores se asombraron en Sion, espanto sobrecogió a los hipócritas. ¿Quién de nosotros morará con el fuego consumidor? ¿Quién de nosotros morará con las llamas eternas? 15 El que camina en justicia y habla lo recto; el que aborrece la ganancia de violencias, el que sacude sus manos para no recibir cohecho, el que tapa sus oídos para no oír propuestas sanguinarias; el que cierra sus ojos para no ver cosa mala; 16 éste habitará en las alturas; fortaleza de rocas será su lugar de refugio; se le dará su pan y sus aguas estarán seguras." Isaías 33:14-16

El castigo de cada uno de los impíos será proporcional a sus obras.

"47Aquel siervo que conociendo la voluntad de su señor, no se preparó, ni hizo conforme a su voluntad, recibirá muchos azotes. 48 Mas el que sin conocerla hizo cosas dignas de azotes, será azotado poco; porque todo aquel a quien se haya dado mucho, mucho se le demandará; y al que mucho se le ha confiado, más se le pedirá." Lucas 12:47,48

"Y el mar entregó sus muertos que había en él; y la muerte y el Hades entregaron los muertos que había en ellos; y fueron juzgados cada uno según sus obras." Apocalipsis 20:13

Esa es la razón por la cual Apocalipsis 20:10 dice que el diablo será echado en el lago de fuego *"por los siglos de los siglos"*, que es una expresión de algo que no tiene un fin cercano que se vislumbre en el horizonte. Notemos que el texto no dice que es para siempre o eternamente.

"Y el diablo que los engañaba fue lanzado en el lago de fuego y azufre, donde estaban la bestia y el falso profeta; y serán atormentados día y noche por los siglos de los siglos."

Esta expresión tiene su contraparte en el Antiguo Testamento en el caso del pueblo de Edom, tal cual se describe en Isaías 34:10.

"No se apagará de noche ni de día, perpetuamente subirá su humo; de generación en generación será asolada, nunca jamás pasará nadie por ella."

El lugar donde se encontraba Edom hace siglos, y que corresponde a parte de lo que hoy es Israel y Jordania, no está en llamas ya que el lenguaje del profeta Isaías, al igual que el del autor de Apocalipsis, es simbólico y se enfoca en la magnitud de la destrucción y no en la eternidad de lo que se va a incendiar y lo mismo aplica para Apocalipsis 20:10. Recordemos que, tal como vimos en el primer capítulo, Satanás un día dejará de existir y esto se puede confirmar en Ezequiel 28:18,19.

El hombre como instrumento de castigo

No todos los castigos ordenados por el Señor, en los que hubo fuego de por medio, fueron con el fuego que proviene de su gloria. Otras veces, en las Sagradas Escrituras, Dios castigó a ciudades y pueblos con fuego provocado por los hombres. Lo llamativo de estos casos es que cuando los eventos fueron predichos por los profetas estos dijeron que el fuego producido en esos castigos no se apagaría. Cuando Jeremías profetizó que Jerusalén iba a ser destruida por su rebelión, dijo lo siguiente:

*"11 Y a la casa del rey de Judá dirás: Oíd palabra de Jehová: 12 Casa de David, así dijo Jehová: Haced de mañana juicio, y librad al oprimido de mano del opresor, para que mi **ira no salga como fuego, y se encienda y no haya quien lo apague**, por la maldad de vuestras obras." Jeremías 21:11,12*

*"Pero si no me oyereis para santificar el día de reposo, y para no traer carga ni meterla por las puertas de Jerusalén en día de reposo, **yo haré descender fuego en sus puertas, y consumirá los palacios de Jerusalén, y no se apagará**." Jeremías 17:27*

Jerusalén en realidad fue quemada por los babilonios, pero el fuego al final se extinguió.

"Se derramó, por tanto, mi ira y mi furor, y se encendió en las ciudades de Judá y en las calles de Jerusalén, y fueron puestas en soledad y en destrucción, como están hoy." Jeremías 44:6

"₁₂Y en el mes quinto, a los diez días del mes, que era el año diecinueve del reinado de Nabucodonosor rey de Babilonia, vino a Jerusalén Nabuzaradán capitán de la guardia, que solía estar delante del rey de Babilonia. ₁₃ Y quemó la casa de Jehová, y la casa del rey, y todas las casas de Jerusalén; y destruyó con fuego todo edificio grande." Jeremías 52:12,13

*"₂**Destruyó el Señor**, y no perdonó; destruyó en su furor todas las tiendas de Jacob; Echó por tierra las fortalezas de la hija de Judá, humilló al reino y a sus príncipes. ₃ **Cortó con el ardor de su ira todo el poderío de Israel; retiró de él su diestra frente al enemigo, y se encendió en Jacob como llama de fuego que ha devorado alrededor.** ₄ Entesó su arco como enemigo, afirmó su mano derecha como adversario, Y destruyó cuanto era hermoso. En la tienda de la hija de Sion derramó como fuego su enojo." Lamentaciones 2:2-4*

¿Cumplió el Señor su palabra? Claro que sí; su palabra es como fuego y nunca deja de cumplirse.

*"¿**No es mi palabra como fuego**, dice Jehová, y como martillo que quebranta la piedra?" Jeremías 23:29*

*"**Cumplió Jehová** su enojo, derramó el ardor de su ira; **y encendió en Sion fuego** que consumió hasta sus cimientos." Lamentaciones 4:11*

"¿Quién será aquel que diga que sucedió algo que el Señor no mandó?" Lamentaciones 3:37

El *"fuego que no se apagaría"* dejó de arder hasta que Dios cumplió su propósito; por más intentos que hicieran los hombres por apagar el incendio, este no se apagaría hasta que todo quedara en cenizas.

"23He aquí, la tempestad de Jehová sale con furor; la tempestad que se prepara, sobre la cabeza de los impíos reposará. 24 No se calmará el ardor de la ira de Jehová, "hasta" que haya hecho y cumplido los pensamientos de su corazón; en el fin de los días entenderéis esto." Jeremías 30:23,24

¿Será que el pueblo de Judá entendió correctamente la frase: *"yo haré descender fuego en sus puertas, y consumirá los palacios de Jerusalén, y no se apagará," de Jeremías 17:27*? En realidad, si pues Ezequiel, quien fuera contemporáneo de Jeremías, nos lo deja bien claro en el siguiente relato que menciona también fuego que no se apagaría en la zona del Neguev.

"45Vino a mí palabra de Jehová, diciendo: 46 Hijo de hombre, pon tu rostro hacia el sur, derrama tu palabra hacia la parte austral, profetiza contra el bosque del Neguev. 47 Y dirás al bosque del Neguev: Oye la palabra de Jehová: Así ha dicho Jehová el Señor: He aquí que yo enciendo en ti fuego, el cual consumirá en ti todo árbol verde y todo árbol seco; no se apagará la llama del fuego; y serán quemados en ella todos los rostros, desde el sur hasta el norte. 48 Y verá toda carne que yo Jehová lo encendí; no se apagará. 49 Y dije: ¡Ah, Señor Jehová! ellos dicen de mí: ¿No profiere éste parábolas?" Ezequiel 20:45-49

Aquí vemos a **otro profeta** profetizando **de otro lugar,** pero utilizando el **mismo símbolo**; un símbolo que el pueblo entendió como una **parábola,** en otras palabras, la frase *"no se apagará la llama del fuego"* no era entendida por el pueblo literalmente, como más claramente se ve en la siguiente traducción:

"Entonces dije: ¡Ay, mi Señor y Dios! ¡La gente me critica porque yo les hablo en parábolas!" Ezequiel 20:49, Reina Valera Contemporánea

Tengamos presente que los impíos también, al final del tiempo, serán destruidos con fuego que tampoco podrá ser apagado hasta que Dios erradique el mal para siempre, pero los justos heredarán la tierra.

"₆El hombre necio no sabe, y el insensato no entiende esto. ₇ Cuando brotan los impíos como la hierba, y florecen todos los que hacen iniquidad, es para ser destruidos eternamente." Salmo 92:6,7

"₁Levántese Dios, sean esparcidos sus enemigos, y huyan de su presencia los que le aborrecen. ₂ Como es lanzado el humo, los lanzarás; como se derrite la cera delante del fuego, así perecerán los impíos delante de Dios. ₃ Mas los justos se alegrarán; se gozarán delante de Dios, saltarán de alegría." Salmo 68:1-3.

"₈Deja la ira, y desecha el enojo; No te excites en manera alguna a hacer lo malo. ₉ Porque los malignos serán destruidos, pero los que esperan en Jehová, ellos heredarán la tierra. ₁₀ Pues de aquí a poco no existirá el malo; observarás su lugar, y no estará allí. ₁₁ Pero los mansos heredarán la tierra, y se recrearán con abundancia de paz." Salmo 37:8-11

Otros lugares a los cuales se les profetizó la destrucción por medio del fuego, y que al final ese fuego fue provocado por los hombres, fueron:

Asiria:

"₃₀Y Jehová hará oír su potente voz, y hará ver el descenso de su brazo, con furor de rostro y llama de fuego consumidor, con torbellino, tempestad y piedra de granizo. ₃₁ Porque Asiria que hirió con vara, con la voz de Jehová será quebrantada." Isaías 30:30,31

"₅Oh Asiria, vara y báculo de mi furor, en su mano he puesto mi ira. ₆ Le mandaré contra una nación pérfida, y sobre el pueblo de mi ira le enviaré, para que quite despojos, y arrebate presa, y lo ponga para ser hollado como lodo de las calles. ₁₂ Pero acontecerá que después que el Señor haya acabado toda su obra en el monte de Sion y en Jerusalén, castigará el fruto de la soberbia del corazón del rey de Asiria, y la gloria de la altivez de sus ojos. ₁₃ Porque dijo: Con el poder de mi mano lo he hecho, y con mi sabiduría, porque he sido prudente; quité los territorios de los pueblos, y saqueé

*sus tesoros, y derribé como valientes a los que estaban sentados; ₁₆ Por esto el Señor, Jehová de los ejércitos, enviará debilidad sobre sus robustos, y debajo de su gloria encenderá una hoguera como ardor de fuego. ₁₇ Y **la luz de Israel será por fuego, y su Santo por llama, que abrase y consuma** en un día sus cardos y sus espinos." Isaías 10:5,6,12,13,16,17*

Canaán:

*"₁Oye, Israel: tú vas hoy a pasar el Jordán, para entrar a desposeer a naciones más numerosas y más poderosas que tú, ciudades grandes y amuralladas hasta el cielo; ₂ un pueblo grande y alto, hijos de los anaceos, de los cuales tienes tú conocimiento, y has oído decir: ¿Quién se sostendrá delante de los hijos de Anac? ₃ Entiende, pues, hoy, que es Jehová tu Dios el que pasa delante de ti **como fuego consumidor**, que los destruirá y humillará delante de ti; y tú los echarás, y los destruirás en seguida, como Jehová te ha dicho." Deuteronomio 9:1-3*

Amón:

*"₃₀¿La volveré a su vaina? En el lugar donde te criaste, en la tierra donde has vivido, te juzgaré, ₃₁ y **derramaré sobre ti mi ira; el fuego de mi enojo haré encender sobre ti**, y te entregaré en mano de hombres temerarios, artífices de destrucción. ₃₂ **Serás pasto del fuego, se empapará la tierra de tu sangre; no habrá más memoria de ti**, porque yo Jehová he hablado." Ezequiel 21:30-32*

Israel:

*"Buscad a Jehová, y vivid; **no sea que acometa como fuego a la casa de José** y la consuma, **sin haber en Bet-el quien lo apague."** Amós 5:6*

Edom

"₅Porque en los cielos se embriagará mi espada; y he aquí descenderá sobre Edom en juicio, y sobre el pueblo de mi anatema. ₆ Llena está de

*sangre la espada de Jehová, engrasada está de grosura, de sangre de cor-
deros y de machos cabríos, de grosura de riñones de carneros; porque
Jehová tiene sacrificios en Bosra, y grande matanza en tierra de Edom. ₇ Y
con ellos caerán búfalos, y toros con becerros; y su tierra se embriagará de
sangre, y su polvo se engrasará de grosura. ₈ Porque es día de venganza de
Jehová, año de retribuciones en el pleito de Sión. ₉ **Y sus arroyos se conver-
tirán en brea, y su polvo en azufre, y su tierra en brea ardiente. ₁₀ No se
apagará de noche ni de día, perpetuamente subirá su humo; de generación en generación será asolada**, nunca jamás nadie pasará por ella."
Isaías 34:5-10*

Bien podríamos resumir esta sección con los siguientes versículos:

*"₂Jehová es Dios celoso y vengador; Jehová es vengador y lleno de in-
dignación; se venga de sus adversarios, y guarda enojo para sus enemigos. ₃ Jehová es tardo para la ira y grande en poder, y no tendrá por
inocente al culpable. Jehová marcha en la tempestad y el torbellino, y las
nubes son el polvo de sus pies. ₆ ¿Quién permanecerá delante de su ira? ¿y
quién quedará en pie en el ardor de su enojo? **Su ira se derrama como
fuego, y por él se hienden las peñas.**" Nahúm 1:2,3,6*

Textos difíciles sobre el estado de los muertos
Predicando a los espíritus encarcelados
*"₁₈Porque también Cristo padeció una sola vez por los pecados, el justo
por los injustos, para llevarnos a Dios, siendo a la verdad muerto en la
carne, pero vivificado en espíritu; ₁₉ en el cual también fue y predicó a los
espíritus encarcelados, ₂₀ los que en otro tiempo desobedecieron, cuando
una vez esperaba la paciencia de Dios en los días de Noé, mientras se pre-
paraba el arca, en la cual pocas personas, es decir, ocho, fueron salvadas
por agua." 1 Pedro 3:18-20*

Anteriormente vimos este versículo:

*"36Mientras ellos aún hablaban de estas cosas, Jesús se puso en medio de ellos, y les dijo: Paz a vosotros. 37 Entonces, espantados y atemorizados, **pensaban que veían espíritu.** 38 Pero él les dijo: ¿Por qué estáis turbados, y vienen a vuestro corazón estos pensamientos? 39 Mirad mis manos y mis pies, que yo mismo soy; palpad, y ved; **porque un espíritu no tiene carne ni huesos, como veis que yo tengo.** 40 Y diciendo esto, les mostró las manos y los pies. 41 Y como todavía ellos, de gozo, no lo creían, y estaban maravillados, les dijo: ¿Tenéis aquí algo de comer? 42 Entonces le dieron parte de un pez asado, y un panal de miel. 43 **Y él lo tomó, y comió delante de ellos.**"* Lucas 24:36-43*

Cuando Pedro dice: "vivificado en espíritu", quiere decir que fue **resucitado por el Espíritu Santo** y no que fue como un espíritu a los infiernos, pues como vimos en Lucas Cristo resucitó corporalmente. La versión Reina Valera 1960 traduce este versículo de una forma confusa. La versión Latinoamericana es mucho más clara y dice:

*"Pues Cristo quiso morir por el pecado y para llevarnos a Dios, siendo esta la muerte del justo por los injustos. Murió por ser carne, y luego resucitó por el **Espíritu.**" 1 Pedro 3:18*

La frase: **"en el cual"**, utilizada en 1 Pedro 3:19, es muy importante pues se refiere al Espíritu Santo que es el medio que utiliza el Señor para inspirar la predicación de sus siervos y, en este caso, la de Noé quien alertó a la generación de su época.

*"Porque **nunca** la profecía fue traída por voluntad humana, sino que los santos hombres de Dios hablaron siendo inspirados por el Espíritu Santo." 2 Pedro 1:21*

En cuanto a "los espíritus encarcelados" se refiere a personas como usted y yo, de carne y hueso. Esta forma griega de referirse a personas como espíritus aparece también en otras partes del Nuevo Testamento, como a continuación veremos. Los siguientes textos comparan la Versión de las

Escrituras Reina Valera 1960 con otras traducciones en las que la palabra espíritu (*pneuma*), en algunas ocasiones, se usa para hacer referencia a una persona o grupo de personas.

A.- "*₁Amados, no creáis a todo espíritu, sino probad los espíritus si son de Dios; porque muchos falsos profetas han salido por el mundo. ₂ En esto conoced el Espíritu de Dios: Todo espíritu que confiesa que Jesucristo ha venido en la carne, es de Dios; ₃ y todo espíritu que no confiesa que Jesucristo ha venido en la carne, no es de Dios; y este es el espíritu del anticristo, el cual vosotros habéis oído que viene, y que ahora ya está en el mundo." 1 Juan 4:1-3, Versión Reina Valera 1960.*

*"₁Queridos hermanos, no crean a **cualquiera** que pretenda estar inspirado por el Espíritu, sino sométanlo a prueba para ver si es de Dios, porque han salido por el mundo muchos falsos profetas. ₂ En esto pueden discernir quien tiene el Espíritu de Dios: todo **profeta** que reconoce que Jesucristo ha venido en cuerpo humano, es de Dios; ₃ todo **profeta** que no reconoce a Jesús, no es de Dios sino del anticristo. ₄ Ustedes han oído que éste viene; en efecto, ya está en el mundo." Nueva Versión Internacional.*

*"₁Queridos míos, no se fíen de cualquier inspiración. Examinen los espíritus para ver si vienen de Dios, porque andan por el mundo muchos falsos profetas. ₂ ¿Quieren reconocer al Espíritu de Dios? Todo espíritu que reconoce a Jesús como Mesías que ha venido en la carne, habla de parte de Dios. ₃ En cambio, si un **inspirado** no reconoce a Jesús, ese espíritu no es de Dios; es el mismo espíritu del anticristo: pues bien, ya está en el mundo." Biblia Latinoamericana.*

*"₁Queridos hermanos, no crean ustedes **a todos** los que dicen estar inspirados por Dios, sino póngalos a prueba, a ver si el espíritu que hay en ellos es de Dios o no. Porque el mundo está lleno de mentirosos que dicen hablar de parte de Dios. ₂ De esta manera pueden ustedes saber quién tiene el Espíritu de Dios: **todo el que** reconoce que Jesucristo vino como hombre verdadero, tiene el Espíritu de Dios. ₃ **El que no reconoce** así a Jesús, no*

tiene el Espíritu de Dios; al contrario, tiene el espíritu del enemigo de Cristo. Ustedes han oído que ese espíritu ha de venir, púes bien, ya está en el mundo." La Santa Biblia Versión Popular Segunda Edición

B.- "Hermanos, que la gracia de nuestro Señor Jesucristo sea con vuestro espíritu. Amén." *Gálatas 6:18, Versión Reina Valera 1960.*

*"Hermanos, que nuestro Señor Jesucristo derrame su gracia sobre **todos** **ustedes**. Así sea." La Santa Biblia Versión Popular Segunda Edición.*

C.- "El Señor Jesucristo esté con tu espíritu. La gracia sea con vosotros. Amén." *2 Timoteo 4:22, Versión Reina Valera 1960.*

*"El Señor sea **contigo**. La gracia sea con ustedes." Biblia Latinoamericana*

*"Que el Señor Jesucristo esté **contigo**, y que Dios derrame su gracia sobre todos ustedes." La Santa Biblia Versión Popular Segunda Edición*

D.- "La gracia de nuestro Señor Jesucristo sea con vuestro espíritu. Amén." *Filemón 25, Versión Reina Valera 1960.*

*"Que el Señor Jesucristo derrame su gracia sobre **ustedes**." La Santa Biblia Versión Popular Segunda Edición.*

En otras palabras, el Señor por medio del Espíritu Santo y usando como vocero a Noé predicó a los antediluvianos, los cuales estaban encarcelados o prisioneros en sus propios pecados, instándolos al arrepentimiento.

*"A fin de que se despierten y escapen de la trampa en que el diablo los tiene **presos** para hacer de ellos lo que quiera." 2 Timoteo 2:26, La Santa Biblia Versión Popular Segunda Edición.*

"21Me doy cuenta de que, aun queriendo hacer el bien, solamente encuentro el mal a mi alcance. 22 En mi interior me gusta la ley de Dios, 23 pero veo en mí algo que se opone a mi capacidad de razonar; es la ley del

*pecado, que está en mí y que me tiene **preso**." Romanos 7:21-23, La Santa Biblia Versión Popular Segunda Edición.*

El plan de Dios desde que el hombre cayó ha sido liberar al hombre del pecado. El Espíritu de Dios, claro está, siempre ha sido parte activa en el plan de salvación.

*"17Y se le dio el libro del profeta Isaías; y habiendo abierto el libro, halló el lugar en donde estaba escrito: 18 **El Espíritu de Dios** está sobre mí, por cuanto me ha ungido para dar buenas nuevas a los pobres; me ha enviado a sanar a los quebrantados de corazón; **a pregonar libertad a los cautivos**, y vista a los ciegos; a poner en libertad a los oprimidos; 19 a predicar el año agradable del Señor. 20 Y enrollando el libro, lo dio al ministro, y se sentó; y los ojos de todos en la sinagoga estaban fijos en él. 21 Y comenzó a decirles: **Hoy se ha cumplido esta profecía** delante de vosotros." Lucas 4:17-21.*

A Noé se le llama "**pregonero de justicia**" y si esto es así, entonces, algún mensaje relativo al arrepentimiento tuvo que pregonar. Si Dios no hubiera hecho un llamado de alerta no hubiera traído el diluvio, ya que Dios no hace acepción de personas (Deuteronomio 10:17). El testimonio de Noé al actuar con fe en la construcción del barco fue lo que condenó al mundo antiguo.

*"Por la fe Noé, cuando fue advertido por Dios acerca de las cosas que aún no se veían, con temor preparó el arca en que su casa se salvase; **y por esa fe condenó al mundo**, y fue hecho heredero de la justicia que viene por la fe." Hebreos 11:7*

*"...y si no perdonó al mundo antiguo, sino que guardo a Noé, **pregonero de justicia**, con otras siete personas, trayendo el diluvio sobre el mundo de los impíos." 2 Pedro 2:5*

¿Tenía que predicar Jesús algo a los antediluvianos? No. Esto por tres razones:

1.- Todas esas personas ya estaban durmiendo el sueño de la muerte.

2.- Ellos ya habían recibido el testimonio de Noé que no quisieron aceptar. Ese testimonio fue un llamado no solo a salvarse del diluvio sino también a aceptar la salvación eterna. El Plan de Salvación fue diseñado desde antes de la fundación del mundo y, por lo tanto, no era desconocido para la gente de la época, como bien lo indica el sistema de sacrificios que se puso en marcha luego de que el pecado apareciera (ver 1 Pedro 1:17-20).

3.- Ellos ya habían hecho su elección, y con la muerte se cierra el chance para salvarse. Nadie tiene una segunda oportunidad de salvarse después de la muerte. Dios no hace acepción de personas; si Dios le hubiera dado una segunda oportunidad a la gente que vivió antes del diluvio lo tendría que haber hecho para todos los que han vivido a lo largo de la historia de este mundo (ver 2 Corintios 5:10).

La Nueva Versión Internacional traduce 1 Pedro 3:18-20, de la siguiente manera:

"18Porque Cristo murió por los pecados una vez por todas, el justo por los injustos, a fin de llevarlos a ustedes a Dios. El sufrió la muerte en su cuerpo, pero el Espíritu hizo que volviera a la vida. 19 Por medio del Espíritu fue y predicó a los espíritus encarcelados, 20 que en los tiempos antiguos, en los días de Noé, desobedecieron, cuando Dios esperaba con paciencia mientras se construía el arca. En ella sólo pocas personas, ocho en total, se salvaron mediante el agua."

Al único lugar a donde fue Cristo cuando murió, según las Sagradas Escrituras, fue a la tumba.

"25En efecto, David dijo de él: Veía yo al Señor siempre delante de mí, porque él está a mi derecha para que no caiga. 26 Por eso mi corazón se alegra, y canta con gozo mi lengua; mi cuerpo también vivirá en esperanza.

27 No dejarás que mi vida termine en el sepulcro; no permitirás que tu Santo sufra corrupción." Hechos 2:25-27 Nueva versión internacional

En este punto quisiera aprovechar para hacer un pequeño paréntesis para explicar el siguiente texto en donde se menciona la frase "espíritu de los justos", que se encuentra en Hebreos 12:23.

"... a la congregación de los primogénitos que están inscritos en los cielos, a Dios el juez de todos, a los espíritus de los justos hechos perfectos."

Al igual que los otros textos que vimos en este segmento, la palabra "espíritu" se refiere aquí a personas y en este caso a las personas que vivieron bajo el Antiguo Pacto, o sea, los justos que vivieron antes de que Cristo venciera en la cruz del calvario, algunos de los cuales se mencionan el Hebreos 11.

La salvación de las personas, antes del ministerio terrenal del Señor, dependía de que Cristo muriera y venciera. Los justos lo más que podían hacer era demostrar su fe mediante los sacrificios de animales que simbolizaban la muerte de Jesús, el Cordero de Dios (ley ritual). Sin embargo, el sacrificio de esos animales no podía perdonar pecados, ni garantizar la salvación pues esta solo se encuentra en Cristo.

"Y ciertamente todo sacerdote está día tras día ministrando y ofreciendo muchas veces los mismos sacrificios que nunca pueden quitar los pecados." Hebreos 10:11

"Porque la ley, teniendo la sombra de los bienes venideros, no la imagen misma de las cosas, nunca puede, por los mismos sacrificios, que se ofrecen continuamente cada año, hacer perfectos a los que se acercan." Hebreos 10:1

"...(pues nada perfeccionó la ley), y de la introducción de una mejor esperanza, por la cual nos acercamos a Dios." Hebreos 7:19

Hablando de los héroes de la fe que se mencionan en Hebreos 11, y que vivieron antes de que Cristo venciera con su muerte, el siguiente texto nos dice:

*"Y todos estos, aunque alcanzaron buen testimonio mediante la fe, no recibieron lo prometido; proveyendo Dios alguna cosa mejor, para que fuesen **hechos perfeccionados** aparte de nosotros." Hebreos 11:39,40*

Una vez que Cristo muere y vence todas las personas que profesaron su fe en el sacrificio del Señor, cuando este todavía no se había realizado, fueron perfeccionadas ya que esa victoria garantizó de forma definitiva la salvación de todos ellos.

Descendiendo a las partes más bajas de la tierra

"8Por lo cual dice: Subiendo a lo alto, llevó cautiva la cautividad, y dio dones a los hombres. 9 Y eso de que subió, ¿qué es, sino que también había descendido primero a las partes más bajas de la tierra? 10 El que descendió, es el mismo que también subió por encima de todos los cielos para llenarlo todo. 11 Y él mismo constituyó a unos, apóstoles; a otros, profetas; a otros, evangelistas; a otros, pastores y maestros, ..." Efesios 4:8-11

Este mundo de pecado es ante los ojos de Dios y los seres celestiales un mundo de tinieblas y oscuridad. Dios, por medio de su hijo Jesucristo, vino a llevar luz a estos lugares de tinieblas.

"El pueblo asentado en tinieblas vio gran luz; y a los asentados en región de sombra de muerte, luz les resplandeció." Mateo 4:16

"7No seáis, pues, partícipes con ellos. 8 Porque en otro tiempo erais tinieblas, mas ahora sois luz en el Señor; andad como hijos de luz 9 (porque el fruto del Espíritu es en toda bondad, justicia y verdad), 10 comprobando lo que es agradable al Señor. 11Y no participéis en las obras infructuosas de las tinieblas, sino más bien reprendedlas; 12 porque vergonzoso es aun hablar de lo que ellos hacen en secreto. 13 Mas todas las cosas, cuando son

puestas en evidencia por la luz, son hechas manifiestas; porque la luz es lo que manifiesta todo." Efesios 5:7-13

Aquí podemos incluir también los siguientes dos versículos:

"Porque si Dios no perdonó a los ángeles que pecaron, sino que arroján- dolos al infierno los entregó a prisiones de oscuridad, para ser reservados al juicio;…" 2 Pedro 2:4

"Y a los ángeles que no guardaron su dignidad, sino que abandonaron su propia morada, los ha guardado bajo oscuridad, en prisiones eternas, para el juicio del gran día". Judas 6

La palabra Tártaro se traduce en 2 Pedro 2:4 como infierno. El Tártaro, en la mitología griega, es un lugar en donde los dioses mandan a aquellos a quienes los ofendieron. El Tártaro es un símbolo, en 2 Pedro 2:4, de este mundo en el cual están confinados los demonios por haber pecado contra el Dios Altísimo. Este mundo fue hecho para ser perfecto, sin embargo, cuando nuestros primeros padres fallaron su prueba, Satanás tomó pose- sión de la tierra y la hizo su imperio.

Antes de la victoria de Cristo Satanás reclamaba a este mundo como suyo, incluso, Satanás le ofrece a Cristo los reinos de la tierra cuando lo tienta en el desierto. En Juan 12:31, el mismo Cristo llama a Satanás "prín- cipe de este mundo". Ahora Satanás es un enemigo vencido y él con sus ángeles están a la espera del juicio final en el cual serán eliminados para siempre.

Sabemos que los demonios andan entre los hombres y los hijos de Dios son su principal blanco. Existen casas y personas endemoniadas y suceden cosas que simplemente no podemos explicar. Los demonios no están con- finados debajo de la tierra. Ellos saben que el tiempo es corto y conforme el fin se acerca la actividad demoniaca es más activa.

*"Pero el Espíritu dice claramente que en los postreros tiempos algunos apostatarán de la fe, **escuchando espíritus engañadores y a doctrinas de demonios**..." 1 Timoteo 4:1*

*"Sed sobrios, y velad; porque vuestro adversario el diablo, como león rugiente, **anda alrededor** buscando a quien devorar;..." 1 Pedro 5:8*

Jesús y el ladrón en la cruz

"Entonces Jesús le dijo: De cierto te digo que hoy estarás conmigo en el paraíso." Lucas 23:43

Según algunos, en este versículo Jesús le garantizó al ladrón de la cruz que ese día estaría con él en el paraíso; lo cual iría en contra de lo que hasta ahora hemos aprendido.

Es importante, para comenzar a entender este texto, ubicar donde queda el paraíso. Según 2 Corintios 12:2-4, el paraíso se encuentra en el tercer cielo.

"2Conozco a un hombre en Cristo, que hace catorce años (si en el cuerpo, no lo sé; si fuera del cuerpo, no lo sé; Dios lo sabe) fue arrebatado hasta el tercer cielo. 3 Y conozco al tal hombre (si en el cuerpo, o fuera del cuerpo, no lo sé; Dios lo sabe), 4 que fue arrebatado al paraíso, donde oyó palabras inefables que no le es dado al hombre expresar." 2 Corintios 12:2-4

Bíblicamente podemos decir que el primer cielo es nuestra atmósfera (Génesis 1:8), el segundo cielo sería el universo visible (Génesis 15:5) y el tercer cielo es el lugar donde se encuentra Dios, el árbol de la vida (Apocalipsis 2:7) y el río de la vida que sale del trono del Señor (Apocalipsis 22:1,2). En apariencia, Jesús le prometió al ladrón de la cruz que ese día estaría con él delante de Dios, sin embargo, la cronología de eventos y las mismas palabras de Jesús a María Magdalena confirman que realmente no fue así. Jesús murió un viernes, descansó el sábado en la tumba y resucitó el domingo, lo que quiere decir que Jesús no subió al cielo el viernes de la crucifixión y, por lo tanto, no pudo haber cumplido lo que parece que prometió.

"₁El primer día de la semana, María Magdalena fue de mañana, siendo aún oscuro, al sepulcro; y vio quitada la piedra del sepulcro. ₁₁Pero María Magdalena estaba fuera llorando junto al sepulcro; y mientras lloraba, se inclinó para mirar dentro del sepulcro; ₁₂ y vio dos ángeles con vestiduras blancas, que estaban sentados el uno a la cabecera, y el otro a los pies, donde el cuerpo de Jesús había sido puesto. ₁₃ Y le dijeron: Mujer, ¿Por qué lloras? Les dijo: Porque se han llevado a mi Señor, y no sé dónde le han puesto. ₁₄ Cuando había dicho esto, se volvió y vio a Jesús que estaba allí; mas no sabía que era Jesús. ₁₅ Jesús le dijo: Mujer, ¿por qué lloras? ¿a quién buscas? Ella pensando que era el hortelano, le dijo: Señor, si tú lo has llevado, dime donde lo has puesto, y yo lo llevaré. ₁₆ Jesús le dijo: ¡María! Volviéndose ella le dijo: ¡Raboni! (que quiere decir, Maestro). ₁₇ Jesús le dijo: No me toques, porque aún no he subido a mi Padre; mas ve a mis hermanos, y diles: Subo a mi Padre y a vuestro Padre, a mi Dios y a vuestro Dios." Juan 20:1,11-17

El problema con Lucas 23:43, en la versión Reina Valera 1960, es la pequeña palabra "**que**" y la ausencia del signo de coma. La palabra "**que**" lo que hace es reforzar la idea popular de la inmortalidad del alma, pero no existe su equivalente en el texto griego, de hecho, muchas versiones no utilizan la palabra "**que**". Si no se usa la palabra "**que**", entonces, la frase de Jesús podría verse de dos maneras, y la diferencia la haría el signo de coma:

1. De cierto te digo hoy estarás conmigo en el Paraíso.

2. De cierto te digo hoy, estarás conmigo en el Paraíso.

En las escrituras antiguas el uso de signos de puntuación, como la coma, era desconocido o poco desarrollado. Los traductores, utilizando su mejor intuición, ponen los signos donde mejor consideren. Una coma puede cambiar totalmente el significado de una frase y, en este caso, la opción correcta sería la que usa el signo de coma después de la palabra "hoy", esto por dos importantes motivos:

❖ Está de acuerdo con lo que dice el resto de las Escrituras.

❖ Interpreta correctamente lo que sucedió aquel día ya que Jesús no fue al paraíso, sino que durmió el sueño de la muerte (descansando el sábado conforme al mandamiento) y resucitó el domingo.

Por otro lado, la evidencia bíblica es enfática cuando dice que al único lugar adonde fue Jesús, inmediatamente después de su muerte, fue a la tumba.

"25En efecto, David dijo de él: Veía yo al Señor siempre delante de mí, porque él está a mí derecha para que no caiga. 26 Por eso mi corazón se alegra, y canta con gozo mi lengua, mi cuerpo también vivirá en esperanza. 27 No dejarás que mi vida termine en el sepulcro, no permitirás que tu santo sufra corrupción." Hechos 2:25-27, Nueva Versión Internacional.

La súplica que le hizo el ladrón penitente a Jesús también nos da luz para aclarar el tema que estamos tratando.

"Y dijo a Jesús: Acuérdate de mí cuando vengas en tu reino." Lucas 23:42

Cristo volverá de su reino en su segunda venida y, por eso, el hombre lo que le pidió a Jesús fue que se acordara de él cuando volviera a buscar a su pueblo, y no inmediatamente después de su muerte como muchos interpretan.

Utilizar la palabra "hoy", como lo hizo Jesús en Lucas 23:43, para referirse a cosas que van a suceder en el futuro, es algo común en el lenguaje bíblico. Un ejemplo de esto es el siguiente texto.

"Yo protesto hoy que de cierto pereceréis, no prolongaréis vuestros días sobre la tierra adonde vais, pasando el Jordán, para entrar en posesión de ella." Deuteronomio 30:18

El rico y Lázaro

"19Había un hombre rico, que se vestía de púrpura y de lino fino, y hacía cada día banquete con esplendidez. 20 Había también un mendigo llamado Lázaro, que estaba echado a la puerta de aquél, lleno de llagas, 21 y ansiaba saciarse de las migajas que caían de la mesa del rico; y aun los perros venían y le lamían las llagas. 22 Aconteció que murió el mendigo, y fue llevado por los ángeles al seno de Abraham; y murió también el rico, y fue sepultado. 23 Y en el Hades alzó sus ojos, estando en tormentos, y vio de lejos a Abraham, y a Lázaro en su seno. 24 Entonces él, dando voces, dijo: Padre Abraham, ten misericordia de mí, y envía a Lázaro para que moje la punta de su dedo en agua, y refresque mi lengua; porque estoy atormentado en esta llama. 25 Pero Abraham le dijo: Hijo, acuérdate que recibiste tus bienes en tu vida, y Lázaro también males; pero ahora éste es consolado aquí, y tú atormentado. 26 Además de todo esto, una gran sima está puesta entre nosotros y vosotros, de manera que los que quisieren pasar de aquí a vosotros, no pueden, ni de allá pasar acá. 27 Entonces le dijo: Te ruego, pues, padre, que le envíes a la casa de mi padre, 28 porque tengo cinco hermanos, para que les testifique, a fin de que no vengan ellos también a este lugar de tormento. 29 Y Abraham le dijo: A Moisés y a los profetas tienen; óiganlos. 30 El entonces dijo: No, padre Abraham; pero si alguno fuere a ellos de entre los muertos, se arrepentirán. 31 Mas Abraham le dijo: Si no oyen a Moisés y a los profetas, tampoco se persuadirán aunque alguno se levantare de los muertos." Lucas 16:19-31

Dice Juan 5:19:

"Respondió entonces Jesús, y les dijo: De cierto, de cierto os digo: No puede el Hijo hacer nada por sí mismo, sino lo que ve hacer al Padre; porque todo lo que el Padre hace, también lo hace el Hijo igualmente."

El versículo es claro. Todo lo que hace el Padre también lo hace el Hijo. La forma más común de comunicarse Dios con sus hijos en el Antiguo Testamento fue mediante el uso de parábolas y, de hecho, Oseas 12:10 nos dice:

*"Y he hablado a los profetas, y aumenté la profecía, **y por medio de los profetas usé parábolas.**" Oseas 12:10*

Al igual que Dios, Cristo enseñaba utilizando parábolas.

*"34Todo esto habló Jesús por parábolas a la gente, **y sin parábolas no les hablaba;** 35 para que se cumpliese lo dicho por el profeta, cuando dijo: Abriré en parábolas mi boca; declararé cosas escondidas desde la fundación del mundo." Mateo 13:34,35*

¿Qué es una parábola?

*"La voz parábola designa una **forma literaria** que consiste en un **relato figurado** del cual, por analogía o semejanza, se deriva una enseñanza relativa a un tema que no es explícito. Es, en esencia, un **relato simbólico** o una comparación basada en una observación verosímil. **La parábola tiene un fin didáctico.**" Parábola Literaria, Wikipedia.org*

Ya que esto es así debemos tener cuidado de tomar literalmente las parábolas de Jesús porque estas, al igual que las profecías, están cargadas de simbolismos. Si Jesús hablaba por parábolas, entonces, partimos del hecho de que este segmento, llamado El Rico y Lázaro, es básicamente una parábola. De hecho, Jesús utilizó algunas historias y parábolas de su época y las modificó un poco de acuerdo con sus fines pedagógicos, y tal parece ser el caso de esta parábola que se parece mucho a una historieta de origen egipcio muy famosa en la época de Jesús, y que es conocida como "La Historia de Bar ma'yan." Es por este motivo que solo en esta parábola la palabra Hades, en todo el Nuevo Testamento, tiene el significado pagano de las religiones falsas y no se escribe en el contexto hebreo de la palabra Seol, usada en el Antiguo Testamento, que significa básicamente sepulcro.

Debido a que una parábola es una historia que puede contener elementos fantásticos o ficticios no podemos tomar dichos elementos para confirmar una doctrina. Lo más importante de una parábola es la enseñanza y no los elementos que en ella aparecen. Esta narración, si se toma tal y como aparece, iría en contra de lo que dice el resto de la Biblia. La narración de El Rico y Lázaro aparece precisamente en la sección de parábolas del Evangelio de Lucas y empieza como un relato que no tiene una ubicación en el tiempo, ni en el espacio; no vemos en que ciudad pasaron los incidentes ni en qué momento, como si lo haría una narración histórica.

Si tomáramos el relato como verdadero, hasta podríamos afirmar que todos los pobres, por ser pobres, van directamente al cielo y eso no es cierto. Habrá pobres y ricos que lamentablemente se perderán y también habrá ricos y pobres que se salvarán.

La versión de las Escrituras Reina-Valera 1960 dice que el pobre fue al **seno de Abraham** en tanto la Versión Popular de las Sagradas Escrituras de la Sociedad Bíblica Americana dice que Lázaro fue *"a estar con Abraham en el paraíso"*. Según Pablo, el paraíso se encuentra en el tercer cielo (ver 2 Corintios 12:2-4) que, de acuerdo con la explicación que se dio en el tema de *Jesús y el ladrón en la cruz*, no está ni siquiera a la vista de los más modernos equipos. La parábola utiliza la palabra **Sima** que viene siendo un abismo, o un agujero profundo y esto da la idea de que el Paraíso y el Infierno se comunican entre sí. Esto no tiene sentido ya que, según la tradición, el infierno está en las entrañas de la tierra y el Paraíso no está ni siquiera en el cielo sino más que eso; en el tercer cielo. Otra cosa para tomar en cuenta es que los que están en el paraíso, de acuerdo con la parábola, difícilmente podrían estar felices sabiendo que otras personas, quizás sus seres queridos, estarían en el infierno, y hasta los podrían ver sufriendo con solo asomarse a las orillas del enorme agujero.

Un aspecto para tener en consideración es que Adán y Eva tenían el privilegio de comer del árbol de la vida el cual era, entre otros, el regalo de Dios para sus hijos. De hecho, cuando ellos pecan, puesto que la paga del pecado es muerte, son expulsados del jardín del Edén ya que, como pecadores, no tenían el privilegio de la vida eterna.

"21 Y Jehová Dios hizo al hombre y a su mujer túnicas de pieles, y los vistió. 22 Y dijo Jehová Dios: He aquí el hombre es como uno de nosotros, sabiendo el bien y el mal; ahora, pues, que no alargue su mano, y tome también del árbol de la vida, y coma, y viva para siempre. 23 Y lo sacó Jehová del huerto de Edén, para que labrase la tierra de que fue tomado. 24 Echó, pues, fuera al hombre, y puso al oriente del huerto de Edén querubines, y una espada encendida que se revolvía por todos lados, para guardar el camino del árbol de la vida." Génesis 3:21-24

Este mismo árbol será parte de los privilegios que los hijos de Dios tendrán en la tierra nueva, como vemos en Apocalipsis 22:1,2:

"1 Después me mostró un río limpio de agua de vida, resplandeciente como cristal, que salía del trono de Dios y del Cordero. 2 En medio de la calle de la ciudad, y a uno y otro lado del río, estaba el árbol de la vida, que produce doce frutos, dando cada mes su fruto; y las hojas del árbol eran para la sanidad de las naciones."

Puesto que solo los hijos de Dios tendrán el privilegio de comer del árbol de la vida, ya que estarán en el Paraíso (ver Apocalipsis 2:7), ¿cómo es que los impíos pueden vivir después de "la muerte" indefinidamente sin tener acceso al árbol de la vida? Y si es una vida espiritual la que tienen en el infierno, ¿cómo es posible que se queme un espíritu, si este no es materia?

Una frase de Teresa del Niño Jesús, que aparece en el Catecismo Católico artículo 1011, dice: *"Yo no muero, entro en la vida"*. En otras palabras,

Teresa del Niño Jesús dice que es inmortal. Más adelante el numeral 1051 dice:

*"Al morir cada hombre recibe en su **alma inmortal** su retribución eterna en un juicio particular por Cristo, juez de vivos y muertos."*

Según la anterior frase recibiremos lo que merecemos al momento de la muerte, sin embargo, Jesús fue claro cuando dijo:

*"Porque el Hijo del Hombre **vendrá en la gloria de su Padre** con sus ángeles, **y entonces** pagará a cada uno según sus obras."* Mateo 16:27

*"28No os maravilléis de esto; porque vendrá hora cuando **todos los que están en los sepulcros** oirán su voz; 29 y los que hicieron lo bueno, saldrán a resurrección de vida; mas los que hicieron lo malo a resurrección de condenación."* Juan 5:28,29

Tanto el exilio, como las alianzas que hicieron los israelitas con otras naciones, produjeron que el concepto de la muerte cambiara a lo largo de la historia hebrea. Lastimosamente las religiones paganas habían influenciado la misma religión judía.

"5Venid, oh casa de Jacob, y caminaremos a la luz de Jehová. 6 Ciertamente tú has dejado tu pueblo, la casa de Jacob, porque están llenos de costumbres traídas del oriente, y de agoreros, como los filisteos; y pactan con hijos de extranjeros." Isaías 2:5,6

Para la época del Nuevo Testamento, encontramos que las dos sectas judías más importantes creían cosas diferentes en lo que al tema de la muerte se refiere. Para los saduceos no había resurrección, tal y como vemos en Hechos 23:8. En cuanto a la secta de los fariseos encontramos en los escritos de Flavio Josefo (Historiador Judío nacido en el año 37 de nuestra era) que ellos creían en la inmortalidad del alma y, de hecho, la parábola de El Rico y Lázaro está basada en el concepto que tenían los fariseos de lo que sucedía después de la muerte. Frases como "El Seno de

225

Abraham" estaban incluidas dentro del léxico doctrinal farisaico relacionado con la inmortalidad del alma. La palabra "seno" era una palabra que daba la idea de cercanía a alguien, tal y como podemos ver en Juan 1: 18. Sobre el concepto de la inmortalidad del alma que tenían los fariseos encontramos lo siguiente en el libro de Flavio Josefo Antigüedades Judías XVIII 1,3:

"Los fariseos consideran la observancia de su doctrina y mandamientos como de la mayor importancia, y creen que las almas tienen poder para sobrevivir a la muerte y que reciben recompensas o castigos. Son muy influyentes entre el común de la gente, y todos los ritos del culto se llevan a cabo según sus exposiciones."

Visto de este modo, la parábola fue pronunciada en primer lugar para los fariseos. Está parábola está ligada a un segmento que empieza en Lucas 16 y termina en Lucas 17:10. En Lucas 16:13-15, justo al final de la Parábola del Mayordomo Infiel, encontramos la antesala de la parábola del Rico y Lázaro.

*"13Ningún siervo puede servir a dos señores; porque o aborrecerá al uno y amará al otro, o estimará al uno y menospreciará al otro. No podéis servir a Dios y a las **riquezas**. 14 Y oían estas cosas **los fariseos**, que eran **avaros**, y se burlaban de él. 15 Entonces les dijo: Vosotros sois los que os justificáis a vosotros mismos delante de los hombres; mas Dios conoce vuestros corazones; porque lo que los hombres tienen por sublime, delante de Dios es abominación."*

Esta parábola estaba hecha a la medida de los fariseos y, más que dar una lección relacionada con el más allá, lo que Jesús está haciendo es demostrar lo lejos que los fariseos estaban de ser realmente hijos de Dios. La prosperidad económica que ellos tenían, debido a ganancias deshonestas y no por otra cosa, era para ellos una recompensa por lo justos que eran y por eso despreciaban a los menos favorecidos, a quienes consideraban que estaban en esa situación por ser pecadores empedernidos. En más de una ocasión en los evangelios los fariseos resaltan el hecho de ser hijos carnales de Abraham, para dar a entender que esto era un requisito indispensable para alcanzar la salvación (Ver Juan 8: 39). Contario a lo que ellos pensaban, dijo Jesús en Juan 8:39: *"Si fueseis hijos de Abraham, las obras de Abraham haríais"*. Un tiempo antes Juan el Bautista hablando a los mismos fariseos dijo:

"8Haced, pues frutos dignos de arrepentimiento, 9 y no penséis: A Abraham tenemos por padre; porque yo os digo que Dios puede levantar hijos de Abraham aún de estas piedras..." Mateo 3:8,9.

Más que hijos de Abraham, los dirigentes judíos eran hijos del propio Satanás ya que eso mismo demostraban sus obras, como bien dijo Jesús en Juan 8:44:

"Vosotros sois de vuestro padre el Diablo, y los deseos de vuestro padre queréis hacer..."

Notemos que la forma de dirigirse el hombre rico a Abraham es igual a la usada por los fariseos de la época: "Padre Abraham". Además, la frase "Padre Abraham" es repetitiva como para no dejar duda de a quiénes realmente estaban dirigidas las palabras. Esto nos sugiere que el hombre rico es un símbolo de los fariseos que creían que ser hijos carnales de Abraham, y además tener prosperidad material, era importantísimo para ser justificados y ellos, al igual que la iglesia de Laodisea, opinaban de sí mismos de la siguiente manera:

"....Yo soy rico, y me he enriquecido, y de ninguna cosa tengo necesidad." Apocalipsis 3:17

Pero la triste realidad de ellos era más bien la que sigue en el mismo Apocalipsis 3:17:

"...no sabes tú que eres un desventurado, miserable, pobre, ciego y desnudo."

Los fariseos vivían de las apariencias. Esas apariencias daban una falsa idea de santidad y debido a eso Jesús los llamó en varias ocasiones hipócritas, como vemos en Mateo capítulo 23.

Contrario a ellos, venía emergiendo un grupo de personas catalogadas por los fariseos como seres humanos de segunda, y lejos de la misericordia divina por no ser descendientes de Abraham, o por ser de condición humilde. Este grupo de personas está simbolizado por Lázaro. Al igual que Lázaro comía de las migajas de la mesa del hombre rico, una mujer cananea ansiaba comer de las migajas de la bendición de Dios que dejaban los judíos para ser partícipe del Reino de los Cielos, tal y como lo menciona Mateo 15:21-28:

"21Saliendo Jesús de allí, se fue a la región de Tiro y de Sidón. 22 Y he aquí una mujer cananea que había salido de aquella región clamaba, diciéndole: ¡Señor, Hijo de David, ten misericordia de mí! Mi hija está gravemente atormentada por un demonio. 23 Pero Jesús no le respondió palabra. Entonces acercándose sus discípulos, le rogaron diciendo: Despídela pues da voces tras nosotros. 24 El respondiendo, dijo: No soy enviado sino a las ovejas perdidas de la casa de Israel. 25 Entonces ella vino y se postró ante él diciendo: ¡Señor socórreme! 26 Respondiendo él, dijo: No está bien tomar el pan de los hijos, y echarlo a los perrillos. 27 Y ella dijo: Si, Señor; pero aún los perrillos comen de las migajas que caen de la mesa de sus amos. 28 Entonces respondiendo Jesús, dijo: Oh mujer, grande es tu fe; hágase contigo como quieres. Y su hija fue sanada desde aquella hora."

Por mucho tiempo las bendiciones de Dios fueron detenidas al mundo por la indiferencia de judíos como los fariseos que lo que hacían era crear prejuicios hacia otros y, de esta forma, el conocimiento de Dios, que tenían los líderes religiosos, no era aprovechado por ellos y mucho menos por los demás.

228

"Mas ¡ay de vosotros, escribas y fariseos, hipócritas! Porque cerráis el reino de los cielos delante de los hombres: pues ni entráis vosotros ni dejáis entrar a los que están entrando." Mateo 23:13.

Otra cosa para resaltar es el hecho de que Lázaro es el único personaje de las parábolas de Jesús que tiene nombre propio. Esto es importante ya que, poco después de que Jesús contara esta parábola, Lázaro resucitaría de entre los muertos y, a pesar de lo importante del evento, los fariseos y demás dirigentes simplemente no creerían y más bien, como aparece en Juan 12:9-11, pretenderían asesinar a Lázaro:

"₉Gran multitud de los judíos supieron entonces que él estaba allí, y vinieron, no solamente por causa de Jesús, sino también para ver a Lázaro, a quien había resucitado de los muertos. ₁₀ Pero los principales sacerdotes acordaron dar muerte también a Lázaro, ₁₁ porque a causa de él muchos de los judíos se apartaban y creían en Jesús."

En la parábola de El rico y Lázaro Jesús reclama de forma anticipada la incredulidad de los fariseos ante la resurrección de Lázaro, cuando dice: *"Si no oyen a Moisés y a los profetas, tampoco se persuadirán aunque alguno se levantare de los muertos"* (Lucas 16:31). La palabra griega que se traduce como "levantare" (*anistanai*) es la misma palabra que en Lucas 24:46 se traduce como "resucitase", lo que claramente quiere decir que Jesús está haciendo mención directa a la resurrección de su amigo Lázaro, antes de que el hecho ocurriera.

Jesús hace frente a la incredulidad e hipocresía de los fariseos en su mismo terreno. Se aprovecha de una superstición propia de la secta farisea no para apoyar una doctrina, pues como vimos el concepto de muerte que tenía Jesús no era el mismo que el de los fariseos, sino para atacar los grandes defectos que tenía este grupo que tantos problemas estaba causando en las personas que trataban de entrar en el Reino de los Cielos. Ahora bien, si el hombre rico representa a los fariseos, entonces, los cinco hermanos de él simbolizan los otros movimientos judíos de la época (Zelotes,

Herodianos, Esenios, Escribas, Saduceos) que, al igual que los fariseos, estaban urgidos de una reforma religiosa que les permitiera encontrar la verdad que tenían ante sus propios ojos: Cristo el Hijo de Dios.

A pesar de ser una parábola pensada para un grupo en particular y para una época específica (quizás sean estas las razones por las cuales solo Lucas mencione esta parábola), esta parábola tiene para nuestro tiempo las siguientes enseñanzas:

1. La salvación es individual. Yo puedo ayudar a alguien, pero al final es una decisión de cada persona.

2. Todo lo que necesitamos saber en cuanto a la salvación lo encontramos en la Palabra de Dios.

3. Tenemos chance de salvarnos en tanto estemos con vida. Con la muerte se cierran las posibilidades y ya no hay nada más que hacer (ver 2 Corintios 5:10).

¿Qué pasaría si tomáramos los elementos fantásticos o ficticios de la siguiente narración como reales? De seguro estaríamos en un gran dilema si tratáramos de darles una explicación literal.

"₇Cuando se lo dijeron a Jotam, fue y se puso en la cumbre del monte de Gerizim, y alzando su voz clamó y les dijo: Oídme, varones de Siquem, y así os oiga Dios. ₈ Fueron una vez los árboles a elegir rey sobre sí, y dijeron al olivo: Reina sobre nosotros. ₉ Mas el olivo respondió: ¿He de dejar mi aceite, con el cual en mí se honra a Dios y a los hombres, para ir a ser grande sobre los árboles? ₁₀ Y dijeron los árboles a la higuera: Anda tú, reina sobre nosotros. ₁₁ Y respondió la higuera: ¿He de dejar mi dulzura y mi buen fruto, para ir a ser grande sobre los árboles? ₁₂ Dijeron luego los árboles a la vid: Pues ven tú, reina sobre nosotros. ₁₃ Y la vid les respondió: ¿He de dejar mi mosto, que alegra a Dios y a los hombres, para ir a ser grande sobre los árboles? ₁₄ Dijeron entonces todos los árboles a la zarza:

Anda tú, reina sobre nosotros. ₁₅ Y la zarza respondió a los árboles: Si en verdad me elegís por rey sobre vosotros, venid, abrigaos bajo de mi sombra; y si no, salga fuego de la zarza y devore a los cedros del Líbano." Jueces 9:7-15

Saúl y la pitonisa de Endor

"₁Aconteció en aquellos días, que los filisteos reunieron sus fuerzas para pelear contra Israel. Y dijo Aquis a David: Ten entendido que has de salir conmigo a campaña, tú y tus hombres. ₂ Y David respondió a Aquis: Muy bien, tú sabrás lo que hará tu siervo. Y Aquis dijo a David: Por tanto, yo te constituiré guarda de mi persona durante toda mi vida. ₃ Ya Samuel había muerto, y todo Israel lo había lamentado, y le habían sepultado en Ramá, su ciudad. Y Saúl había arrojado de la tierra a los encantadores y adivinos. ₄ Se juntaron, pues, los filisteos, y vinieron y acamparon en Sunem; y Saúl juntó a todo Israel, y acamparon en Gilboa. ₅ Y cuando vio Saúl el campamento de los filisteos, tuvo miedo, y se turbó su corazón en gran manera. ₆ Y consultó Saúl a Jehová; pero Jehová no le respondió ni por sueños, ni por Urim, ni por profetas. ₇ Entonces Saúl dijo a sus criados: Buscadme una mujer que tenga espíritu de adivinación, para que yo vaya a ella y por medio de ella pregunte. Y sus criados le respondieron: He aquí hay una mujer en Endor que tiene espíritu de adivinación. ₈ Y se disfrazó Saúl, y se puso otros vestidos, y se fue con dos hombres, y vinieron a aquella mujer de noche; y él dijo: Yo te ruego que me adivines por el espíritu de adivinación, y me hagas subir a quien yo te dijere. ₉ Y la mujer le dijo: He aquí tú sabes lo que Saúl ha hecho, cómo ha cortado de la tierra a los evocadores y a los adivinos. ¿Por qué, pues, pones tropiezo a mi vida, para hacerme morir? ₁₀ Entonces Saúl le juró por Jehová, diciendo: Vive Jehová, que ningún mal te vendrá por esto. ₁₁ La mujer entonces dijo: ¿A quién te haré venir? Y él respondió: Hazme venir a Samuel. ₁₂ Y viendo la mujer a Samuel, clamó en alta voz, y habló aquella mujer a Saúl, diciendo: ₁₃ ¿Por qué me has engañado? pues tú eres Saúl. Y el rey le dijo: No temas. ¿Qué has visto? Y la mujer respondió a Saúl: He visto dioses que suben de la tierra. ₁₄ Él le dijo: ¿Cuál

es su forma? Y ella respondió: Un hombre anciano viene, cubierto de un manto. Saúl entonces entendió que era Samuel, y humillando el rostro a tierra, hizo gran reverencia. 15 Y Samuel dijo a Saúl: ¿Por qué me has inquietado haciéndome venir? Y Saúl respondió: Estoy muy angustiado, pues los filisteos pelean contra mí, y Dios se ha apartado de mí, y no me responde más, ni por medio de profetas ni por sueños; por esto te he llamado, para que me declares lo que tengo que hacer. 16 Entonces Samuel dijo: ¿Y para qué me preguntas a mí, si Jehová se ha apartado de ti y es tu enemigo? 17 Jehová te ha hecho como dijo por medio de mí; pues Jehová ha quitado el reino de tu mano, y lo ha dado a tu compañero, David. 18 Como tú no obedeciste a la voz de Jehová, ni cumpliste el ardor de su ira contra Amalec, por eso Jehová te ha hecho esto hoy. 19 Y Jehová entregará a Israel también contigo en manos de los filisteos; y mañana estaréis conmigo, tú y tus hijos; y Jehová entregará también al ejército de Israel en mano de los filisteos. 20 Entonces Saúl cayó en tierra cuan grande era, y tuvo gran temor por las palabras de Samuel; y estaba sin fuerzas, porque en todo aquel día y aquella noche no había comido pan. 21 Entonces la mujer vino a Saúl, y viéndolo turbado en gran manera, le dijo: He aquí que tu sierva ha obedecido a tu voz, y he arriesgado mi vida, y he oído las palabras que tú me has dicho. 22 Te ruego, pues, que tú también oigas la voz de tu sierva; pondré yo delante de ti un bocado de pan para que comas, a fin de que cobres fuerzas, y sigas tu camino. 23 Y él rehusó diciendo: No comeré. Pero porfiaron con él sus siervos juntamente con la mujer, y él les obedeció. Se levantó, pues, del suelo, y se sentó sobre una cama. 24 Y aquella mujer tenía en su casa un ternero engordado, el cual mató luego; y tomó harina y la amasó, y coció de ella panes sin levadura. 25 Y lo trajo delante de Saúl y de sus siervos; y después de haber comido, se levantaron, y se fueron aquella noche." 1 Samuel 28:1-25

El pasaje anterior nos dice que Samuel, quien ya había fallecido, viene aparentemente del más allá en forma fantasmal y se comunica con Saúl. La Palabra de Dios es enfática al decir que los muertos nada saben y, por lo tanto, tienen que haber razonamientos de peso para conciliar este pasaje con lo que dicen las Escrituras en cuanto al estado de inconciencia de los muertos. Al principio de este capítulo encontramos los siguientes textos:

"No os volváis a los encantadores ni a los adivinos; no los consultéis, contaminándoos con ellos. Yo Jehová vuestro Dios." Levítico 19:31

"Y el hombre o la mujer que evocare espíritus de muertos o se entregare a la adivinación, ha de morir; serán apedreados; su sangre será sobre ellos." Levítico 20:27

Según estos dos versículos, Saúl era digno de muerte porque había conjurado el espíritu de un muerto por intermedio de una espiritista.

Juan 8:44 dice:

*"Vosotros sois de vuestro padre el diablo, y los deseos de vuestro padre queréis hacer. Él ha sido homicida desde el principio, y **no ha permanecido en la verdad**, porque **no hay verdad en él**. Cuando habla mentira, de suyo habla; porque **es mentiroso y padre de mentira.**"*

Exponerse a la adivinación es exponerse a la mentira y al error, y estando ahí las consecuencias pueden ser desastrosas. Hablando de la mentira dice 2 Corintios 11:14

"Y no es maravilla, porque el mismo Satanás se disfraza como ángel de luz."

No sabemos por qué, pero este supuesto Samuel en vez de venir del cielo, como dicta la tradición, sube de la tierra con otros seres a quien la adivina llama dioses y además de eso, como cualquier ser irreverente, no rechaza la adoración que le brinda Saúl. Solo la Deidad es digna de adoración y ningún ser temeroso de Dios aceptaría que se le ofrezca adoración (Apocalipsis 19:9,10, Apocalipsis 22:8,9).

"₁₃¿Por qué me has engañado? pues tú eres Saúl. Y el rey le dijo: No temas. ¿Qué has visto? Y la mujer respondió a Saúl: He visto dioses que suben de la tierra. ₁₄ Él le dijo: ¿Cuál es su forma? Y ella respondió: Un hombre anciano viene, cubierto de un manto. Saúl entonces entendió que era Samuel, y humillando el rostro a tierra, hizo gran reverencia." 1 Samuel 28:13,14

Otra cosa de resaltar es que solo la adivina fue la que vio la entidad fantasmal que se presentaba como Samuel y en base a la descripción de la bruja Saúl *"entendió que era Samuel"*, en otras palabras, a Saúl le pareció que fue Samuel el que se había presentado y desde ese momento los eventos comienzan a relatarse desde la perspectiva de Saúl. Esa es la razón por la cual en 1 Samuel 28, todas las veces que el espectro toma la palabra, dice que era Samuel y esto, por supuesto, tiende a confundir a los lectores.

Una incongruencia más que presenta esta aparición es que el supuesto Samuel, cuando le predice la muerte a Saúl, le indica que al día siguiente estaría con él, sin embargo, Samuel era un hombre santo, que de hecho es citado entre los héroes de la fe en Hebreos 11:32, en tanto que Saúl fue un hombre que vivió en rebeldía contra Dios al punto de que el Señor se alejó de él y un espíritu maligno lo posesionaba (ver 1 Samuel 16:14) y para colmo de males termina su vida con suicidio, por lo tanto, es ilógico pensar, incluso para los que creen en la inmortalidad del alma, que luego de la muerte Saúl iba a estar junto a Samuel en el más allá.

Por otro lado, si el Señor no se comunicaba con Saúl, como pudimos observar en 1 Samuel 28:13, él no podría haber conocido la voluntad de Dios por un medio que el mismo Señor había condenado.

"₁₉Si os dijeren: Preguntad a los encantadores y a los adivinos, que susurran hablando, responded: ¿No consultará el pueblo a su Dios? ¿Consultará a los muertos por los vivos? ₂₀ ¡A la ley y al testimonio! Si no dijeren conforme a esto, es porque no les ha amanecido." Isaías 8:19,20

Para terminar de entender el relato de la pitonisa de Endor debemos ir a I de Crónicas en donde encontramos las razones por las cuales Saúl murió.

*"13Así murió Saúl por su rebelión **con que prevaricó contra Jehová, contra la palabra de Jehová**, la cual no guardó, 14 **y porque consultó a una adivina**, y no consultó a Jehová; **por esta causa lo mató**, y traspasó el reino a David hijo de Isaí." I Crónicas 10:13,14*

Al final, la sentencia de muerte por participar de la adivinación y el espiritismo, que hay en Levítico 20:27, se termina cumpliendo en la vida de Saúl. Solo la Deidad tiene poder sobre la muerte. Una médium nunca podría haber traído a Samuel de la muerte, aunque hubiese tenido todo el poder de Satanás a su servicio.

"Porque como el Padre levanta a los muertos, y les da vida, así también el Hijo a los que quiere da vida." Juan 5:21.

"Y si el Espíritu de aquel que levantó de los muertos a Jesús mora en vosotros, el que levantó de los muertos a Cristo vivificará también vuestros cuerpos mortales por su Espíritu que mora en vosotros." Romanos 8:11

Ausentes del cuerpo y presentes al Señor

"6Así que vivimos confiados siempre y sabiendo que entre tanto que estamos en el cuerpo, estamos ausentes del Señor. 7 (porque por fe andamos, no por vista); 8 pero confiamos, y más quisiéramos estar ausentes del cuerpo, y presentes al Señor." 2 Corintios 5:6-8

Antes de explicar este texto vamos a recordar de nuevo lo que dijo Pedro de los escritos del apóstol Pablo:

"15Y tened entendido que la paciencia de nuestro amado Señor es para salvación; como también nuestro amado hermano Pablo, según la sabiduría que le ha sido dada, os ha escrito, 16 casi en todas sus epístolas, hablando en ellas de estas cosas; entre las cuales hay algunas difíciles de

entender, las cuales los indoctos e inconstantes tuercen, como también las otras Escrituras, para su propia perdición." 2 Pedro 3:15,16

Como vimos en este texto, Pedro no le echa la culpa a Pablo por las cosas difíciles que escribió, sino que le echa la culpa a la gente que malinterpreta los escritos de Pablo.

Para entender los textos controversiales siempre debemos prestar atención al contexto en que se escribieron los versículos a tratar. En este caso, debemos leer los versículos previos que hay antes de 2 Corintios 5, y por eso empezaremos desde 2 Corintios 4:16-18.

"16Por lo tanto no desmayamos, antes aunque este nuestro hombre exterior se va desgastando, el interior no obstante se renueva de día en día. 17 Porque esta leve tribulación momentánea produce en nosotros un cada vez más excelente y eterno peso de gloria; 18 no mirando nosotros las cosas que se ven, sino las cosas que no se ven; pues las cosas que se ven son temporales, pero las que no se ven son eternas."

En estos textos el apóstol Pablo está contrastando la vida presente con la vida futura. Él empieza diciendo que, a pesar de que nuestro cuerpo se va desgastando, con el tiempo también la vida espiritual se va renovando día a día.

II Corintios 5 sigue con esa misma temática, y el versículo 1 dice de la siguiente manera:

"Porque sabemos que si nuestra morada terrestre, este tabernáculo, se deshiciere, tenemos de Dios un edificio, una casa hecha de manos, eterna en los cielos." 2 Corintios 5:1

Mientras el pueblo de Israel vagó en el desierto habitó en tiendas de campaña, o tabernáculos, y no fue hasta que entraron en Canaán cuando tuvieron casas estables para habitar de forma permanente. Esta es la comparación que está haciendo el apóstol con el cuerpo que nosotros tenemos que es débil y frágil, como una tienda de campaña, y en el cual moramos mientras estamos en este mundo, pero el Señor tiene reservado para nosotros un cuerpo perfecto y no corruptible que nos dará cuando él venga.

El aposto Pedro también hace esta misma comparación en 2 Pedro 1:13-15.

"13Pues tengo por justo, en tanto que estoy en este cuerpo, el despertaros con amonestación; 14 sabiendo que en breve debo abandonar el cuerpo, como nuestro Señor Jesucristo me ha declarado. 15 También yo procuraré que después de mi partida vosotros podáis en todo momento tener memoria de estas cosas."

La palabra "cuerpo" en este versículo es tabernáculo o tienda de campaña, en el texto griego, y esto se ve más claramente en la versión Latinoamericana, que dice de la siguiente forma:

"13Me parece bueno avivar su memoria mientras esté en la presente morada, 14 sabiendo que pronto será desarmada esta tienda mía, según me lo ha manifestado nuestro Señor Jesucristo. 15 Por eso procuro hacer todo lo necesario para que, después de mi partida, recuerden constantemente estas cosas." 2 Pedro 1:13-15 Versión Latinoamericana

Cuando en las Escrituras se utiliza la frase "no hecha de manos", como en 2 Corintios 5:1, quiere decir que no es de este mundo, o de esta creación, como lo podemos confirmar en los siguientes versículos:

"Nosotros le oímos decir: Yo derribaré este templo hecho a mano, y en tres días edificaré otro hecho sin mano." Marcos 14:58

"Pero estando ya presente Cristo, sumo sacerdote de los bienes venideros, por el más amplio y perfecto tabernáculo, no hecho de manos, es decir, no de esta creación." Hebreos 9:11

En otras palabras, el cuerpo que tendrá para nosotros el Señor en su segunda venida no será como el que tenemos en esta creación, ya que nuestros cuerpos serán completamente transformados. Cristo cuando resucitó lo hizo con un cuerpo incorruptible, que no estaba sujeto a degradación.

"39Mirad mis manos y mis pies, que yo mismo soy, palpad y ved; porque un espíritu no tiene carne ni huesos, como veis que yo tengo. 40 Y diciendo esto, les mostró las manos y los pies. 41 Y como todavía ellos, de gozo, no lo creían, y estaban maravillados, les dijo: ¿Tenéis aquí algo de comer? 42 Entonces le dieron parte de un pez asado; y un panal de miel. 43 Y él lo tomó y comió de ellos." Lucas 24:39-43

Sigamos adelante ahora con 2 Corintios 5:2,3.

"2Y Por esto también gemimos, deseando ser revestidos de aquella nuestra habitación celestial; 3 pues así seremos hallados vestidos y no desnudos." 2 Corintios 5:2,3

La frase ser "hallados vestidos" ser refiere a la glorificación de nuestros cuerpos y el estar desnudo equivale a morir, porque si morimos nuestros cuerpos, o vestidos donde moramos, desaparecen y, por eso Pablo, anhelaba ser revestido de la habitación celestial, o de su cuerpo glorificado. Como se ve aquí, y como veremos posteriormente, el apóstol Pablo no quería morir sino estar vivo a la hora de ser glorificado. Ahora surge la pregunta, ¿Cuándo anhelaba Pablo ser revestido o glorificado? La respuesta la encontramos en los siguientes textos en los que claramente Pablo expresa que es en la Segunda Venida de Cristo.

"22Porque sabemos que toda la creación gime a una, y a una está con dolores de parto hasta ahora; 23 y no sólo ella, sino también nosotros mismos, que tenemos las primicias del Espíritu, nosotros también gemimos dentro de nosotros mismos, esperando la adopción, la redención de nuestro cuerpo." Romanos 8:22,23

"20Mas nuestra ciudadanía está en los cielos, de donde también esperamos al Salvador, al Señor Jesucristo; 21 el cual transformará el cuerpo de la humillación nuestra, para que sea semejante al cuerpo de la gloria suya, por el poder con el cual puede también sujetar a sí mismo todas las cosas." Filipenses 3:20,21

"50Pero esto digo, hermanos: que la **carne y la sangre** *no pueden heredar el reino de Dios, ni la corrupción hereda incorrupción. 51 He aquí, os digo un misterio:* **No todos dormiremos**; *pero todos seremos transformados, 52 en un momento, en un abrir y cerrar de ojos, a la final trompeta; porque se tocará trompeta, y los muertos serán resucitados incorruptibles, y nosotros seremos transformados. 53 Porque es necesario que esto corruptible se vista de incorrupción, y esto mortal se vista de inmortalidad. 54 Y cuando esto* **corruptible se haya vestido de incorrupción**, *y esto mortal se haya vestido de inmortalidad, entonces se cumplirá la palabra que está escrita: Sorbida es la muerte en victoria." 1 Corintios 15:50-54*

Avanzando con el tema, en 2 Corintios 5:4 leemos:

"Porque asimismo los que estamos en este tabernáculo gemimos con angustia; porque no quisiéramos ser desnudados, sino revestidos, para que lo mortal sea absorbido por la vida."

Pablo nos plantea que como humanos solo tenemos tres opciones:

1. Estar en el tabernáculo terrenal, o nuestro cuerpo actual.

2. Estar desnudos, refiriéndose a la muerte.

3. Ser revestidos de inmortalidad en su segunda venida con el tabernáculo, o cuerpo especial que Dios tiene para los salvos (1 Corintios 15:53).

Estas mismas opciones las menciona Pablo en 1 Corintios 15:50-54, y pueden ser fácilmente identificables pues las resalté anteriormente en el texto.

En 2 Corintios 5:5, Pablo nos dice que, a pesar de que vivimos en un cuerpo corruptible, el Señor nos ha dado una esperanza en esta vida que nos garantiza la transformación futura de nuestros cuerpos.

"Mas el que nos hizo para esto mismo es Dios, quien nos ha dado las arras del Espíritu." 2 Corintios 5:5

De momento el Señor nos da el Espíritu Santo que es la garantía de nuestra futura inmortalidad. Arras significa garantía, cuota inicial o prima.

"21Y el que nos confirma con vosotros en Cristo, y el que nos ungió, es Dios, 22 el cual nos ha sellado, y nos ha dado las arras del Espíritu en nuestros corazones." 2 Corintios 1:21,22

"13En él también vosotros, habiendo oído la palabra de verdad, el evangelio de vuestra salvación, y habiendo creído en él, fuisteis sellados con el Espíritu Santo de la promesa. 14 que es las arras de nuestra herencia hasta la redención de la posesión adquirida, para alabanza de su gloria." Efesios 1:13,14

El Espíritu Santo es la garantía de nuestra redención, ya que el mismo Espíritu que vivificó a Cristo será el mismo que vivifique nuestros cuerpos mortales.

"Y si el Espíritu de aquel que levantó de los muertos a Jesús mora en vosotros, el que levantó de los muertos a Cristo vivificará también vuestros cuerpos mortales por su Espíritu que mora en vosotros." Romanos 8:11

Los textos que siguen a continuación son los textos conflictivos, pero con el contexto explicado se nos hará fácil comprender lo que Pablo realmente quiso decir.

"6Así que vivimos confiados siempre y sabiendo que entre tanto que estamos en el cuerpo, estamos ausentes del Señor. 7 (porque por fe andamos, no por vista); 8 pero confiamos, y más quisiéramos estar ausentes del cuerpo, y presentes al Señor." 2 Corintios 5:6-8

Dios está en los cielos y nosotros en la tierra, y, por lo tanto, mientras estemos en este mundo, en nuestro cuerpo mortal, andaremos por fe y mediante esa misma fe damos por hecho que Dios nos dará, cuando él venga, un cuerpo glorificado.

"Es, pues, la fe la certeza de lo que se espera, la convicción de lo que no se ve." Hebreos 11:1

"Porque en esperanza fuimos salvos; pero la esperanza que se ve no es esperanza; porque lo que alguno ve ¿a qué esperarlo?" Romanos 8:24

A 2 Corintios 5:8 muchos le añaden que Pablo está diciendo que una vez que se llega a la muerte la gente va al cielo en forma fantasmal, o espiritual, a la presencia del Señor y eso no es así. Pablo lo que quiso decir, conforme al contexto, es que él quería ser despojado de su cuerpo mortal para estar presente al Señor en un momento específico, sin embargo, Pablo no esperaba estar presente al Señor en el momento de su muerte sino en la Segunda Venida de Cristo.

"16Porque el Señor mismo con voz de mando, con voz de arcángel, y con trompeta de Dios, descenderá del cielo; y los muertos en Cristo resucitarán primero. 17 Luego nosotros los que vivimos, los que hayamos quedado, seremos arrebatados juntamente con ellos en las nubes para recibir al Señor en el aire, y así __estaremos__ para siempre con el Señor." 1 Tesalonicenses 4:16,17

En 2 Corintios 5:9 el apóstol Pablo dice lo siguiente, manteniendo el mismo lenguaje simbólico que caracteriza el capítulo 5:

"Por lo tanto procuramos también, o ausentes o presentes serle agradables."

En otras palabras, ya sea ausentes de este cuerpo terrenal o en esta vida; ya sea transformados o en la vida futura, lo importante es agradar al Señor.

Hay que resaltar algo muy importante en 2 Corintios 5:10, que nos ayudará a dejar más claro el tema:

"Porque es necesario que todos nosotros comparezcamos ante el tribunal de Cristo, para que cada uno reciba según haya hecho mientras estaba en el cuerpo sea bueno o sea malo."

Aquí, es de notar, que la palabra "comparezcamos" está a futuro, ya que siempre en Las Escrituras el juicio está en el futuro y no en el momento en que morimos y, por lo tanto, en estos instantes ningún muerto podría estar en un Infierno siendo castigado por ser impío o alguien por ahí en el Paraíso por ser justo.

"Por cuanto ha establecido un día en el cual juzgará al mundo con justicia, por aquel varón a quien designó, dando fe a todos con haberle levantado de los muertos." Hechos 17:31

Cristo nos da la garantía de la vida eterna si le recibimos como Señor.

"De cierto, de cierto os digo: El que oye mi palabra, y cree al que me envió, tiene vida eterna y no vendrá más a condenación, mas ha pasado de muerte a vida." Juan 5:24

"Y esta es la voluntad del que me ha enviado: Que todo aquel que ve al Hijo, y cree en él, tenga vida eterna; y yo le resucitaré en el día postrero." Juan 6:40

La vida eterna se encuentra en Cristo Jesús y no en ninguna supuesta alma inmortal, ya que tal cosa no existe.

"₁₁Y este es el testimonio: que Dios nos ha dado vida eterna; y esta vida está en su Hijo. ₁₂ El que tiene al Hijo, tiene la vida, el que no tiene al Hijo no tiene la vida." 1 Juan 5:11,12

El anhelo de Pablo

"...₂₀conforme a mi anhelo y esperanza de que en nada seré avergonzado; antes bien con toda confianza, como siempre, ahora también será magnificado Cristo en mi cuerpo, o por vida o por muerte. ₂₁ Porque para mí el vivir es Cristo y el morir es ganancia. ₂₂ Mas si el vivir en la carne resulta para mí en beneficio de la obra; no sé entonces que escoger. ₂₃ Porque de ambas cosas estoy puesto en estrecho, teniendo deseo de partir y estar con Cristo, lo cual es muchísimo mejor; ₂₄ pero quedar en la carne es más necesario por causa de vosotros." Filipenses 1:20-24

Es importante tener en cuenta que cuando Pablo escribió esta carta estaba preso por primera vez en Roma. Cuando Pablo escribe la carta no sabía si al final iba a ser liberado, cosa que al final sucedió. Es en la segunda encarcelación que Pablo ya no fue liberado.

Para confirmar que Pablo estaba preso cuando escribió esta epístola, leamos Filipenses 1:7,13,14, no sin antes explicar que, en donde se lee "prisiones", deberíamos tener como mejor traducción "cadenas".

"...₇como me es justo sentir esto de todos vosotros por cuanto os tengo en el corazón; y en mis prisiones, y en la defensa y confirmación del evangelio, todos vosotros sois participantes conmigo de la gracia. ...₁₃ de tal manera que mis prisiones se han hecho patentes en Cristo en todo el pretorio, y a todos los demás. ₁₄ Y la mayoría de los hermanos, cobrando ánimo en el Señor con mis prisiones, se atreven mucho más a hablar la palabra sin temor."

Teniendo en cuenta el marco histórico en el cual se escribió la epístola a los Filipenses, podemos entrar en materia leyendo Filipenses 1:21.

"Porque para mí el vivir es Cristo, y el morir es ganancia."

A algunas personas les deja la impresión que Pablo quería morir para estar inmediatamente con Cristo, sin embargo, en estos momentos Pablo se plantea que en su situación de preso solo tenía dos opciones: Vivir en Cristo o morir.

En Filipenses 1:22 Pablo se cuestiona, teniendo en cuenta su situación personal y las necesidades de la obra: ¿qué será mejor? ¿será mejor vivir o morir?

"Mas si el vivir en la carne resulta para mí en beneficio de la obra no sé entonces que escoger."

Ahora en Filipenses 1:23, aparte de vivir o morir, Pablo presenta una tercera opción: *"Partir para estar con Cristo"*. Pablo aquí no está diciendo que él quiere morir para en ese momento estar con Cristo. Sencillamente quiere partir para estar con Cristo.

"Porque de ambas cosas estoy puesto en estrecho, teniendo deseo de partir y estar con Cristo, lo cual es muchísimo mejor."

Ahora surge la siguiente pregunta: ¿Cuándo esperaba Pablo partir para estar con Cristo? Para responder a esto regresemos de nuevo a Filipenses 1:20.

"...conforme a mi anhelo y esperanza de que en nada seré avergonzado; antes bien con toda confianza, como siempre, ahora también será magnificado Cristo en mi cuerpo, o por vida o por muerte."

Sobresalen en este versículo dos palabras claves: "Anhelo" y "Esperanza" y nos preguntamos: ¿Cuál era el anhelo y la esperanza de Pablo? La respuesta la encontramos en otra carta de Pablo, la Epístola a los Romanos.

*"19Porque el **anhelo** ardiente de la creación es el aguardar la manifestación de los hijos de Dios. 20 Porque la creación fue sujetada a vanidad, no por su propia voluntad, sino por causa del que la sujetó en **esperanza**; 21 porque también la creación misma será libertada de la esclavitud de corrupción, a la libertad gloriosa de los hijos de Dios. 22 Porque toda la creación gime a una, y a una está con dolores de parto hasta ahora; 23 y no sólo ella, sino que también nosotros mismos, que tenemos las primicias del Espíritu, nosotros también gemimos dentro de nosotros mismos, esperando la adopción, la redención de nuestro cuerpo." Romanos 8:19-23*

La naturaleza entera tiene un anhelo y una esperanza que es la libertad gloriosa de los hijos de Dios y la redención de nuestros cuerpos. El momento de la redención se da en la Segunda Venida de Cristo. La esperanza del apóstol Pablo era, junto con la creación, la redención final sobre la corrupción.

Al final de Filipenses 1:20 Pablo nos dice que quiere magnificar a Cristo, ya sea viviendo o muriendo. El nombre de Cristo es magnificado mientras vivimos a través del testimonio y la predicación del evangelio, pero ¿cómo podía magnificar Pablo el nombre de Cristo mediante su muerte? Pues a través del testimonio del martirio y la consecuente conversión de otras personas.

*"18De cierto, de cierto te digo: Cuando eras más joven, te ceñías, e ibas a donde querías; mas cuando ya seas viejo, extenderás tus manos, y te ceñirá otro, y te llevará a donde no quieras. 19 Esto dijo, dando a entender con qué muerte había de **glorificar** a Dios. Y dicho esto, añadió: Sígueme." Juan 21:18,19*

Filipenses 1:21 es uno de los versículos más populares de la Palabra de Dios por su inspirador mensaje.

"Porque para mí el vivir es Cristo, y el morir es ganancia."

¿En qué sentido sería ganancia para Pablo morir en una eventual ejecución mientras estaba preso? Pues Pablo descansaría de los trajines y problemas de su vida. Pablo tuvo una vida realmente complicada.

"23¿Son ministros de Cristo? (Como si estuviera loco hablo.) Yo más; en trabajos más abundante; en azotes sin número; en cárceles más; en peligros de muerte muchas veces. 24 De los judíos cinco veces he recibido cuarenta azotes menos uno. 25 Tres veces he sido azotado con varas; una vez apedreado; tres veces he padecido naufragio; una noche y un día he estado como náufrago en alta mar. 26 en caminos muchas veces; en peligros de ríos, peligros de ladrones, peligros de los de mi nación, peligros de los gentiles, peligros en la ciudad, peligros en el desierto, peligros en el mar, peligros entre falsos hermanos; 27 en trabajo y fatiga, en muchos desvelos, en hambre y sed, en muchos ayunos, en frío y en desnudez; 28 y además de otras cosas, lo que sobre mí se agolpa cada día, la preocupación por todas las iglesias." 2 Corintios 11:23-28

"Oí una voz que desde el cielo me decía: Escribe: Bienaventurados de aquí en adelante los muertos que mueren en el Señor. Sí, dice el Espíritu, descansarán de sus trabajos, porque sus obras con ellos siguen." Apocalipsis 14:13

¿Qué quiso decir Pablo con la expresión: "vivir en la carne", en Filipenses 1:22?"

"Mas si el vivir en la carne resulta para mí en beneficio de la obra, no sé entonces que escoger." Filipenses 1:22

Vivir en la carne significa estar vivo en nuestro cuerpo mortal y corruptible.

"Pero esto digo, hermanos: que la carne y la sangre no pueden heredar el reino de Dios, ni la corrupción hereda incorrupción." 1 Corintios 15:50

Pablo no dice que en el cielo no vayamos a vivir sin cuerpo físico, sino que habla de nuestra decadente situación actual. Para cambiar esa situación es que se nos dará otro cuerpo.

"51He aquí, os digo un misterio: No todos dormiremos; pero todos seremos transformados. 52 en un momento, en un abrir y cerrar de ojos, a la final trompeta; porque se tocará trompeta, y los muertos serán resucitados incorruptibles, y nosotros seremos transformados. 53 Porque es necesario que esto corruptible se vista de incorrupción, y esto mortal se vista de inmortalidad." 1 Corintios 15:51-53

Hebreos 5:7 nos dice que Cristo, mientras estuvo en este mundo, tuvo un cuerpo igual al nuestro.

"Y Cristo, en los días de su carne, ofreciendo ruegos y súplicas con gran clamor y lágrimas al que le podía librar de la muerte, fue oído a causa de su temor reverente." Hebreos 5:7

Sin embargo, en su resurrección Cristo tuvo un cuerpo incorruptible, aunque también de carne y hueso.

"Así que, por cuanto los hijos participaron de carne y sangre, él también participó de lo mismo, para destruir por medio de la muerte al que tenía el imperio de la muerte, esto es, al diablo." Hebreos 2:14

"Mirad mis manos y mis pies, que yo mismo soy; palpad, y ved; porque un espíritu no tiene carne ni huesos, como veis que yo tengo." Lucas 24:39

¿Qué "beneficio de la obra" (la palabra "beneficio" en griego es literalmente fruto) habría de Pablo en un cuerpo mortal? El beneficio sería la conversión de otros por medio de la predicación de Pablo.

*"...5a causa de la esperanza que os está guardada en los cielos, de la cual ya habéis oído por la palabra verdadera del evangelio. 6 que ha llegado hasta vosotros, así como a todo el mundo, y lleva **fruto** y crece también en*

vosotros, desde el día que oísteis y conocisteis la gracia de Dios en verdad,...” Colosenses 1:5,6

Ya vimos que Pablo no sabía si escoger vivir por la obra o glorificar a Cristo mediante su muerte, sin embargo, es llamativo, como se mencionó antes, que en Filipenses 1:23 Pablo presenta una tercera opción.

“Porque de ambas cosas estoy puesto en estrecho, teniendo deseo de partir y estar con Cristo, lo cual es muchísimo mejor.” Filipenses 1:23

La otra opción que se plantea Pablo es *“partir y estar con Cristo”* lo cual, según sus propias palabras, es *“muchísimo mejor”*, dicho de otro modo, estar con vida cuando viniera Cristo y lo llevara al cielo. Pablo en ningún lado dice que él quería morir para que su alma inmortal saliera y se fuera al cielo, como la gran mayoría de la gente agrega e interpreta. ¿Cuándo esperaba Pablo partir para estar con Cristo? Cuando Cristo viniera en su Segunda Venida.

*“...10a fin de **conocerle**, y el poder de su **resurrección**, y la participación de sus padecimientos, llegando a ser semejantes a él en su muerte, 11 si en alguna manera llegase a la resurrección de entre los muertos.” Filipenses 3:10,11*

*“13Tampoco queremos, hermanos, que ignoréis acerca de los que **duermen** para que no os entristezcáis como los otros que no tienen esperanza. 14 Porque si creemos que Jesús murió y resucitó, así también <u>traerá</u> Dios con Jesús a los que durmieron en él.” 1 Tesalonicenses 4:13,14*

Cabe aclarar que Cristo **no traerá** del cielo a los salvos que ya habían muerto, como muchos creen. Los versículos anteriores de 1 Tesalonicenses están haciendo una comparación entre lo que sucedió con Cristo y lo que sucederá con los salvos, quienes estarán descansando en sus tumbas cuando Cristo regrese. Entre otras, la siguiente versión nos confirma esta realidad.

"Porque si creemos que Jesús murió y que resucitó, de la misma manera Dios llevará consigo a quienes murieron en Jesús." 1 Tesalonicenses 4:14 Biblia de Jerusalén

En su primera venida el Padre no vino con Cristo, sino que Cristo fue enviado por su Padre. Recordemos que Cristo dijo: *"Padre nuestro que estás en los cielos"* (Mateo 6:9) y que cuando murió volvió al Padre.

"Porque el Padre me envió, conmigo está; no me ha dejado solo el Padre, porque yo hago siempre lo que le agrada." Juan 8:29

"Salí del Padre, y he venido al mundo; otra vez dejo el mundo, y voy al Padre." Juan 16:28

Cristo murió, resucitó y fue llevado al cielo y de esa misma manera sucederá con los justos. Cristo vendrá de nuevo y <u>traerá</u> a los escogidos al Padre.

"1No se turbe vuestro corazón; creéis en Dios, creed también en mí. 2 En la casa de mi Padre muchas moradas hay; si así no fuera, yo os lo hubiera dicho; voy, pues, a preparar lugar para vosotros. 3 Y si me fuere y os preparare lugar, vendré otra vez, y os tomaré a mí mismo, para que donde yo estoy, vosotros también estéis." Juan 14:1-3

La carta de 2 Timoteo fue escrita por Pablo en Roma, durante su segunda encarcelación, y allí él ya sabía que iba a morir, pues Dios ya se lo había revelado. Leamos lo que dijo Pablo en 2 Timoteo 4:6-8.

*"6Porque yo ya estoy para ser sacrificado, y el tiempo de mi partida está cercano. 7 He peleado la buena batalla, he acabado la carrera, he guardado la fe. 8 Por lo demás, me está **guardada** la corona de justicia, la cual me dará el Señor, juez justo, **en aquel día**; y no sólo a mí, sino también a todos los que aman **su venida**."*

La retribución va a ser cuando Cristo vuelva y no antes.

*"Porque el Hijo del Hombre vendrá en la gloria de su Padre con sus ángeles, **y entonces** pagará a cada uno conforme a sus obras."* Mateo 16:27

*"Amados, ahora somos hijos de Dios, y aún no se ha manifestado lo que hemos de ser; pero sabemos que cuando **él se manifieste** seremos semejantes a él, **porque le veremos tal como él es.**"* 1 Juan 3:2

Pablo concluye creyendo que al final, seguir viviendo, era lo mejor por el bien de la iglesia.

"... pero quedarme en la carne es más necesario por causa de vosotros." Filipenses 1:24

Las almas bajo el altar

"₉Cuando abrió el quinto sello, vi bajo el altar las almas de los que habían sido muertos por causa de la palabra de Dios y por el testimonio que tenían. ₁₀ Y clamaban a gran voz, diciendo: ¿Hasta cuándo, Señor, santo, y verdadero, no juzgas y vengas nuestra sangre en los que moran en la tierra? ₁₁ Y se les dieron vestiduras blancas, y se les dijo que descansasen todavía un poco de tiempo, hasta que se completara el número de sus consiervos y sus hermanos, que también habían de ser muertos como ellos." Apocalipsis 6:9-11

El relato de las almas bajo el altar corresponde al quinto de los siete sellos de Apocalipsis. Los sellos van en paralelo con las siete iglesias y las siete trompetas y, por lo tanto, forman parte de la historia de la Iglesia.

Debido a que estos textos mencionan el altar, están haciendo alusión directa al ritual expiatorio del Antiguo Testamento. Como vimos antes, la ley ritual se da después de la aparición del pecado y ya en épocas tan lejanas, como las de Caín y Abel, se ofrecían sacrificios al Señor.

"₃Y aconteció que andando el tiempo, que Caín trajo del fruto de la tierra una ofrenda a Jehová. ₄ Y Abel trajo también de los primogénitos de sus ovejas, de lo más gordo de ellas. Y miró Jehová con agrado a Abel y a su

ofrenda; 5 pero no miró con agrado a Caín y a la ofrenda suya, Y se ensañó Caín en gran manera, y decayó su semblante." Génesis 4:3-5

El problema entre Caín y Abel tenía que ver con la forma de adoración, una correcta y otra incorrecta. Los sacrificios representaban el futuro sacrificio de Cristo, y eran el medio por el cual el pecador expresaba fe en el Salvador del mundo y, por eso, se debían ofrecer animales en sacrificio y no vegetales (Hebreos 11:4, Números 18:17). Debido a que la ofrenda y la adoración que ofreció Caín no fue aceptada, en su enojo, Caín mató a su hermano Abel.

*"Y dijo Caín a su **hermano** Abel: Salgamos al campo. Y aconteció que estando ellos en el campo, Caín se levantó contra su **hermano** Abel y lo mató." Génesis 4:8*

Esta es una batalla entre el justo y el impío, y muy importante también es que fue una batalla entre hermanos. Los peores enemigos de los hijos de Dios han sido aquellos que se consideran religiosos y adoradores del Dios verdadero.

*"No como Caín, que era del maligno y mató a su hermano. ¿Y porque causa le mató? Porque sus obras eran malas, y las de su **hermano** justas." 1 Juan 3:12*

Esta batalla es el inicio de todas las batallas entre los impíos contra los hijos de Dios, y esta misma historia se repetirá a lo largo de las Escrituras. En Génesis 4:10, este acto vil que se cometió clama por justicia de la siguiente manera:

"Y él le dijo: ¿Qué has hecho? La voz de la sangre de tu hermano clama a mí desde la tierra." Génesis 4:10

Hay que recalcar que la voz de la sangre de Abel clama en forma figurativa por justicia. Hay una necesidad aquí de vengar una injusticia.

Diagrama del santuario

por Luis Barboza

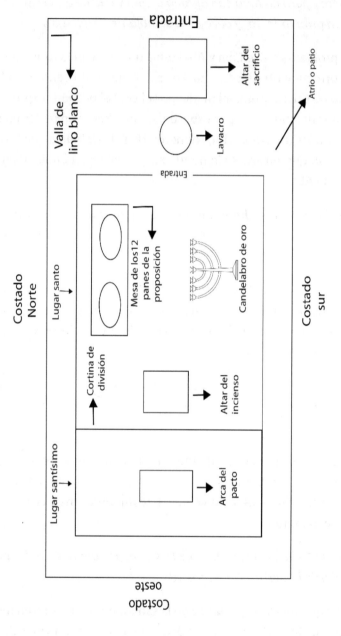

Costado Norte

Costado sur

Costado oeste

Entrada

Entrada

Valla de lino blanco

Lugar santo

Lugar santísimo

Altar del sacrificio

Lavacro

Atrio o patio

Mesa de los 12 panes de la proposición

Candelabro de oro

Cortina de división

Altar del incienso

Arca del pacto

Apocalipsis 6:9-11 hace una referencia directa del altar del sacrificio. En el Tabernáculo, y posteriormente en el Templo, había dos altares: El altar del incienso y el altar del holocausto, pero como veremos en el siguiente texto, el altar aludido en esta ocasión es el altar del holocausto.

*"Y el sacerdote pondrá de esa sangre sobre los cuernos del altar del incienso aromático, que está en el tabernáculo de reunión delante de Jehová; **y echará el resto de la sangre del becerro al pie del altar del holocausto**, que está a la puerta del tabernáculo de reunión." Levítico 4:7*

La sangre que se derramaba abajo del altar del sacrificio era la sangre de las víctimas inocentes a manos de los pecadores. Al igual que Caín mató al inocente Abel, las almas de Apocalipsis seis derramaron su sangre por culpa de los impíos, y es la sangre de ellos la que está clamando por justicia debajo del altar.

En Apocalipsis la palabra "alma" se traduce del griego, idioma en que fue escrito el Nuevo Testamento, sin embargo, al estar haciendo referencia a eventos del Antiguo Testamento debemos ir a las raíces hebreas. Es importante conocer que hay diferentes formas de traducir la palabra hebrea "Nefesh", que equivale a alma en Apocalipsis 6:9-11. En Levítico 17:11, por ejemplo, esta palabra se traduce de tres maneras diferentes:

*"Porque la **vida** (Nefesh) de la carne en la sangre está, y yo os la he dado para hacer expiación sobre el altar para vuestras **almas** (Nefesh); y la misma sangre hará expiación de la **persona** (Nefesh)."*

La palabra hebrea "*Nefesh*" puede traducirse, como se nota aquí, como vida, alma y persona, pero, en Deuteronomio 12:23 encontramos que el "*Nefesh*" está en la sangre o que la sangre es el "*Nefesh*", que es lo mismo.

*"Solamente que te mantengas firme en no comer carne; porque la sangre es la **vida** (Nefesh), y no comerás la **vida** (Nefesh) juntamente con su carne." Deuteronomio 12:23*

En el caso de Abel, lo que clamaba por justicia era la sangre, y lo mismo se aplica al texto que estamos analizando. En el quinto sello lo que clama por justicia es la sangre de ciertas personas y no almas espirituales como la gente lo visualiza, ya que esta sangre está bajo el altar como sucedía con la sangre del altar del sacrificio del santuario terrenal. En este caso, no se hace referencia al santuario terrenal sino al Santuario Celestial ya que el santuario terrenal dejó de ser hace casi dos mil años, y además de eso en el santuario terrenal no se hacían sacrificios humanos.

Siendo que el santuario aludido es el celestial, debemos entender que el altar del sacrificio no puede estar en el cielo sino en la tierra pues Cristo murió aquí, lo que quiere decir que la sangre que se muestra en el quinto sello fue derramada aquí en la tierra, y desde aquí clama por justicia. El verdadero atrio, o patio del Santuario Celestial lo marca el lugar donde murió Cristo, ya que los sacrificios del santuario terrenal se realizaban fuera del templo, en el atrio o patio.

Las vidas de Caín y Abel también son simbólicas de dos periodos de persecución que ocurrirían en la iglesia. En Daniel capítulo siete se nos describen cuatro bestias que representan los diferentes reinos que dominarían la tierra desde la época del profeta hasta el fin del mundo. La primera bestia era un león, que representa a Babilonia, la segunda bestia es un oso, y representa al reino de los medos y los persas, la tercera bestia es un leopardo, que representa al imperio griego y la cuarta bestia, que no se parece a nada que se conoce, representa a la Roma imperial. Esta última bestia, o imperio tiene varias evoluciones, primero, como mencioné, es la Roma Imperial, luego los diez cuernos de esta bestia representan a la Roma dividida en diez tribus, de las que descienden las naciones europeas actuales y, por último, encontramos a la Roma Papal representada por el cuerno pequeño. Precisamente es este último poder quien, en Daniel 7:21, persigue a los hijos de Dios.

"Y veía yo que este cuerno hacía guerra contra los santos y los vencía." Daniel 7:21

En Apocalipsis 13:2 encontramos mencionadas las mismas bestias de Daniel 7 pero en un orden inverso debido a que Juan está viendo los reinos, que estas bestias representan, desde su presente hacia el pasado; recordemos que Juan vivió en la época del Imperio Romano. Además, Apocalipsis 13:2 nos dice que la primera bestia de Apocalipsis 13 recibe el poder del dragón (el dragón que es la cuarta bestia de Daniel 7 y que representa a la Roma imperial y también a Satanás) y, por lo tanto, la bestia y el cuerno pequeño son lo mismo. Daniel 7:25, dice que el cuerno pequeño quebrantaría, o haría la vida imposible a los hijos de Dios durante tiempo, tiempos y la mitad de un tiempo.

"Y hablará palabras contra el Altísimo, y a los santos del Altísimo quebrantará, y pensará en cambiar los tiempos y la ley; y serán entregados en su mano hasta tiempo, tiempos, y medio tiempo." Daniel 7:25.

De acuerdo con Daniel 4, podemos inferir que un tiempo es un año y, de conformidad con el pensamiento hebreo antiguo, cuando no se menciona un número específico antes de la palabra "tiempos" se da por entendido que son dos tiempos o dos años. Siendo esto así, Daniel 7:25 nos está diciendo que este poder político-religioso, conocido como la Roma Papal, actuaría contra los hijos de Dios durante 3 ½ años, y aquí debemos hacer notar que en profecía un día equivale a un año (ejemplo Ezequiel 4:5,6). Esto quiere decir que este poder actuaría con saña contra los hijos de Dios durante 1260 años ya que el mes bíblico es de 30 días, como podemos verificar al comparar Génesis 7:11 con Génesis 8:3,4. La Nueva Versión Internacional traduce Daniel 7:25 de la siguiente manera:

"Hablará en contra del Altísimo y oprimirá a sus santos; y tratará de cambiar las festividades y también las leyes, y los santos quedarán bajo su poder durante tres años y medio."

Esto es algo importante ya que la bestia de Apocalipsis 13 también tiene poder durante 42 meses, que son los mismos tres años y medio de Daniel 7:25. Durante 1260 años la Roma Papal, que decía creer en Dios y que pretendía servirle, persiguió (al igual que Caín a Abel) a sus pares, o hermanos que sirvieron a Dios y que se aferraron a lo que su Palabra decía.

"₅También se le dio boca que hablaba grandes cosas y blasfemias; y se le dio autoridad para actuar cuarenta y dos meses. ₆ Y abrió su boca en blasfemias contra Dios, para blasfemar de su nombre, de su tabernáculo, y de los que moran en el cielo. ₇ Y se le permitió hacer guerra contra los santos, y vencerlos. También se le dio autoridad sobre toda tribu, pueblo, lengua y nación." Apocalipsis 13:5-7

Sin embargo, Apocalipsis 13:3 dice que la bestia tendría una herida mortal pero que esa herida sería sanada. La herida mortal fue dada al final de los 1260 años, en el año 1798, cuando el General Berthier, de Napoleón, toma preso al Papa Pio VI y con esto la Iglesia Católica pierde el poder político privilegiado que tuvo desde el año 538, y que le fue casualmente otorgado por los mismos Francos. El mismo poder civil, o político que utilizó la Iglesia Católica durante 1260 años fue el que también le dio la herida mortal al final de ese periodo, tal y como lo predijo Apocalipsis 13:9,10.

"₉ Si alguno tiene oído oiga. ₁₀ Si alguno lleva en cautividad, va en cautividad; si alguno mata a espada, a espada debe ser muerto. Aquí está la paciencia de los santos." Apocalipsis 13:9,10

En las Escrituras hay elementos que pueden significar una o varias cosas, y tal es el caso de "la espada". La "espada" representa la Palabra de Dios en Hebreos 4:12, pero, en Romanos 13:1-4, la espada representa también el poder civil.

"₁Sométase toda persona a las autoridades superiores; porque no hay autoridad sino de parte de Dios, y las que hay, por Dios han sido establecidas. ₂ De modo que quien se opone a la autoridad, a lo establecido por Dios

resiste; y los que resisten, acarrean condenación para sí mismos. 3 Porque los magistrados no están para infundir temor al que hace el bien, sino al malo. ¿Quieres, pues, no temer la autoridad? Haz lo bueno, y tendrás alabanza de ella; 4 porque es servidor de Dios para tu bien. Pero si haces lo malo, teme; porque no en vano lleva la espada, pues es servidor de Dios, vengador para castigar al que hace lo malo." Romanos 13:1-4

El periodo profético del cuarto sello, que es parte del intervalo de tiempo del periodo en donde murieron las almas que claman por justicia, es el mismo periodo de la Iglesia de Tiatira.

"20Pero tengo unas pocas cosas contra ti: que toleras que esa mujer Jezabel, que se dice profetisa, enseñe y seduzca a mis siervos a fornicar y a comer cosas sacrificadas a los ídolos. 21 Y le he dado tiempo para que se arrepienta, pero no quiere arrepentirse de su fornicación. 22 He aquí, yo la arrojo en cama, y en gran tribulación a los que con ella adulteran, si no se arrepienten de las obras de ella. 23 Y a sus hijos heriré de muerte, y todas las iglesias sabrán que yo soy el que escudriña la mente y el corazón, y os daré a cada uno según sus obras." Apocalipsis 2:20-23

Tiatira representa parte del periodo de los 1260 años. La Jezabel de Tiatira es simbólica, ya que la literal existió en la época del profeta Elías. Una mujer virgen y pura en profecía representa a la Iglesia de Dios (2 Corintios 11:2) pero como esta mujer Jezabel es fornicaria quiere decir que es una iglesia falsa que se ha prostituido, espiritualmente hablando (ver Ezequiel 16:15,16, Jeremías 3:20). Se nos dice que a Jezabel se le dio tiempo para arrepentirse y, como hemos visto antes, ese periodo de tiempo fue de 1260 años.

Para entender el simbolismo de Jezabel debemos saber cómo era la Jezabel literal y, por lo tanto, vamos a leer 2 Reyes 9:22.

"Cuando vio Joram a Jehú, dijo: ¿Hay paz, Jehú? Y él respondió: ¿Qué paz, con las fornicaciones de Jezabel tu madre, y sus muchas hechicerías?"

Como vemos aquí, esta mujer de origen pagano se dedicaba a la religión falsa y además estaba casada con el poder civil, pues su esposo era el rey Acab de Israel y, por lo tanto, vivía en una relación ilícita. Esto nos recuerda la prostituta del Apocalipsis 17:1,2, que representa a la misma entidad que es simbolizada por Jezabel, y que tiene una relación ilícita con los reyes de la tierra, que no es más que una relación entre iglesia y estado. Esta mezcla entre iglesia y estado la sancionó Cristo, como se aprecia en Lucas 20:24,25.

Jezabel también era una mujer que derramó la sangre inocente de los siervos de Dios, como se aprecia en 2 Reyes 9:7.

"Herirás la casa de Acab tu señor, para que yo vengue la sangre de mis siervos los profetas, y la sangre de todos los siervos de Jehová, de la mano de Jezabel." 2 Reyes 9:7

Interesante notar que, según Lucas 4:25 y Santiago 5:17, el periodo de sequía que hubo en la tierra de Israel en tiempos de Elías, y que corresponde al periodo de tiempo en que la Jezabel histórica estuvo detrás de Elías para matarlo, fue de 3 ½ años, o sea, 1260 días que son la misma cantidad de días, pero proféticos, en que la Jezabel simbólica persiguió a los hijos de Dios. Y no es coincidencia que la prostituta de Apocalipsis 17 haya hecho esto mismo ya que representa a la misma entidad religiosa. Esta misma organización, simbolizada por la gran prostituta, ha derramado tanta sangre de los santos que está completamente ebria con esa sangre.

"Vi la mujer ebria de la sangre de los santos, y de la sangre de los mártires de Jesús; y cuando la vi, quedé asombrado con gran asombro." Apocalipsis 17:6

Toda la sangre de estos mártires, que murieron durante los 1260 años de persecución, es la que clama debajo del altar por justicia, al igual que clamó por justicia la sangre de Abel. A este grupo, como veremos más adelante en este libro cuando toquemos el tema del Día de Expiación, se les declarará justos en un momento en particular y de ahí que, en el quinto sello, se les dan vestiduras blancas. Ellos serán declarados completamente justos al principio del Juicio que se da a los santos y que, según Daniel capítulos 8 y 9, empezó en 1844.

Debemos tener en cuenta que en el quinto sello aparecen dos grupos de mártires: 1.- El que sufrió persecución durante los 1260 años y 2.- Los que pasarán persecución antes de la venida de Cristo.

*"Y se les dieron vestiduras blancas, y se les dijo que descansasen todavía un poco de tiempo, **hasta que se completara el número de sus consiervos y sus hermanos que también habían de ser muertos como ellos.**"* Apocalipsis 6:11

Descansar es permanecer en la tumba, en el periodo intermedio que hay entre la muerte y la Segunda Venida de Cristo. Al primer grupo de mártires todavía no le serían vengados sus agravios, ya que estos serían vengados con los agravios que también sufriría el segundo grupo de mártires al final de los tiempos.

La primera bestia de Apocalipsis 13, como vimos, recibió una herida de muerte, sin embargo, el mismo capítulo de Apocalipsis deja en claro que esa herida sería sanada. Esta herida sería sanada por otra bestia, o nación que aparece después en Apocalipsis 13 y, que de acuerdo con las características que se dan de ella, es Estados Unidos de Norteamérica.

Si notamos, tanto la primera Bestia de Apocalipsis 13, como las Bestias de Daniel 7, suben o surgen del mar y el mar, o las aguas, representan pueblos, muchedumbres y lenguas (Apocalipsis 17:15, Isaías 17:12). Pero en este caso la segunda Bestia surge de la tierra, o sea que hay ausencia de aguas, o muchedumbres. Esta segunda bestia surge en un lugar grandemente despoblado y aparece cuando la primera bestia recibe la herida mortal en el año 1798.

"₁₀Si alguno lleva en cautividad, va en cautividad; si alguno mata a espada, a espada debe ser muerto. Aquí está la paciencia y la fe de los santos. ₁₁ **Después** *vi a otra bestia que subía de la tierra; y tenía dos cuernos semejantes a los de un cordero, pero hablaba como dragón."* *Apocalipsis 13:10-11*

Es interesante ver como las fechas más importantes del surgimiento de Estados Unidos como nación, giran en torno al año 1798:

- ❖ 1776: Declaración de independencia de los Estados Unidos de Norteamérica.
- ❖ 1787: Se redacta la Constitución de Estados Unidos de Norteamérica.
- ❖ 1798: Francia es el primer país en el mundo en reconocer a Estados Unidos como nación.

Esta segunda bestia debe tener una influencia económica que permea al resto del mundo ya que, en Apocalipsis 13:17, ella dicta quién puede comprar y quién puede vender. Además, tiene un poder político que controlará a las otras naciones, pues hace matar a todo aquel que no adora a la primera bestia (Apocalipsis 13:15). Por otro lado, hace una imagen, o un reflejo de la primera bestia, y recordemos que la primera bestia es un poder político-religioso que pretende servir a Dios, pero que en realidad se le opone, y esto es algo que precisamente tendrá que hacer la segunda bestia.

Las iglesias protestantes de Estados Unidos, conforme pasa el tiempo, adquieren más influencia política y esto irá en aumento hasta que Estados Unidos de Norteamérica sea un reflejo de la Roma Papal y, cuando esto suceda, la segunda bestia le devolverá a la primera bestia la espada del poder civil que había perdido cuando recibió su herida mortal (Apocalipsis 13:14). Las iglesias protestantes se unirán a la Roma Papal en puntos de común acuerdo y se perseguirá a aquellos que simplemente protesten por esta alianza que terminará imponiendo una forma de adorar que va en contra de lo que Dios originalmente instituyó, y que marca o sella a los seguidores de Dios como su pueblo (Éxodo31:16,17, Ezequiel 20:20). Este es el segundo grupo de mártires que menciona Apocalipsis 6.11. Este grupo sufrirá lo que sufrieron los hijos de Dios desde el año 538 hasta el año 1798. Apocalipsis 17:1,6 nos habla del resurgir de la gran ramera.

*"₁Vino entonces uno de los siete ángeles que tenían las siete copas, y habló conmigo diciéndome: Ven acá y te mostraré la **sentencia** contra la gran ramera, la que está sentada sobre muchas aguas... ₆ Vi a la mujer ebria de la sangre de los santos, y de la sangre de los mártires de Jesús; y cuando la vi, quedé asombrado con gran asombro." Apocalipsis 17:1,6*

En estos textos vemos que ya hay una sentencia contra la ramera y que ahora los mártires que han muerto, tanto en la primera etapa de persecución como en la segunda, serán vindicados. La gran ramera será juzgada por los horrores que cometió cuando empiecen las siete plagas.

"₅Y oí al ángel de las aguas, que decía: Justo eres tú, oh Señor, el que eres y el que eras, el Santo, porque has juzgado estas cosas. ₆ Por cuanto derramaron la sangre de los santos y de los profetas, también tú les has dado a beber sangre; pues lo merecen." Apocalipsis 16:5,6

Estos mismos dos grupos de mártires, cuando estén en los cielos, declararán que Dios les ha hecho justicia por todas las cosas que pasaron por culpa de la gran ramera.

"₁Después de esto oí una gran voz de gran multitud en el cielo que decía: ¡Aleluya! Salvación y honra y gloria y poder son del Señor Dios nuestro; ₂ porque sus juicios son verdaderos y justos; pues ha juzgado a la gran ramera que ha corrompido a la tierra con su fornicación, y ha vengado la sangre de sus siervos de la mano de ella." Apocalipsis 19:1,2

Cosa interesante es que estos mismos mártires serán, en el cielo y durante el milenio, los jueces de quienes los condenaron una vez en la tierra.

"Y vi tronos, y se sentaron sobre ellos los que recibieron la facultad de juzgar, y vi las almas de los decapitados por causa del testimonio de Jesús y por la Palabra de Dios, los que no habían adorado a la bestia ni a su imagen, y que no recibieron la marca en sus frentes ni en sus manos, y vivieron y reinaron con Cristo mil años." Apocalipsis 20:4

Estos dos grupos fueron declarados totalmente justos porque así fueron dictaminados en el juicio que empezó en 1844 (ver el capítulo titulado Yom Kippur o Dia de expiación).

"₁Me mostró al sumo sacerdote Josué, el cual estaba delante del ángel de Jehová, y Satanás estaba a su mano derecha para acusarle. ₂ Y dijo Jehová a Satanás: Jehová te reprenda, oh Satanás; Jehová que ha escogido a Jerusalén te reprenda. ¿No es éste un tizón arrebatado del incendio? ₃ Y Josué estaba vestido de vestiduras viles, y estaba delante del ángel. ₄ Y habló el ángel, y mandó a los que estaban delante de él, diciendo: Quitadle esas vestiduras viles. Y a él le dijo: Mira que he quitado de ti tu pecado, y te he hecho vestir ropas de gala." Zacarías 3:1-4

"En gran manera me gozaré en Jehová, mi alma se alegrará en mi Dios; porque me vistió con vestiduras de salvación, me rodeó de manto de justicia, como a novio me atavió, y como a novia adornada con sus joyas." Isaías 61:10

"Porque todos los que habéis sido bautizados en Cristo, de Cristo estáis revestidos." Gálatas 3:27

Es importante ver como en la parábola de la fiesta de bodas, que se encuentra en Mateo 22:1-14, los vestidos de bodas, que son los mantos de justicia, se entregan antes que empiece la fiesta, o sea antes de la Segunda Venida de Cristo. Al cielo nadie irá sin antes ser justificado en el juicio que empezó en 1844.

Antes de la Segunda Venida de Cristo se reversarán los juicios contra los hijos de Dios.

El evangelio predicado a los muertos

"Porque por esto también ha sido predicado el evangelio a los muertos, para que sean juzgados en carne según los hombres pero vivan en espíritu según Dios." 1 Pedro 4:6

Según el contexto del capítulo 4, los muertos del pasaje anterior son hermanos, miembros de iglesia, que ya habían muerto y previamente juzgados por el testimonio de Jesucristo, ya sea a través de un tribunal, o ya sea por medio de calumnias y el oprobio social.

La expresión "juzgados en la carne" significa juzgados en esta vida, en nuestro cuerpo mortal, como lo podemos notar en el siguiente texto que nos habla de Cristo mientras estuvo como hombre en este mundo.

"Y Cristo, en los días de su carne, ofreciendo ruegos y súplicas con gran clamor y lágrimas al que le podía librar de la muerte, fue oído a causa de su temor reverente." Hebreos 5:7

1 Pedro 4:1 es bastante claro cuando dice que así como Cristo padeció en la carne nosotros también debemos, por el mismo testimonio, pasar lo mismo.

"Puesto que Cristo ha padecido por nosotros en la carne, vosotros también armaos del mismo pensamiento; pues quien ha padecido en la carne, terminó con el pecado." 1 Pedro 4:1

El apóstol Pedro nos dice también que en algún momento la gente que vive su vida en desenfreno, y sin tener a Dios en consideración, tendrá que dar cuenta de sus actos en un juicio.

"A éstos les parece cosa extraña que vosotros no corráis con ellos en el mismo desenfreno de disolución y os ultrajan; ₅ pero ellos darán cuenta al que está preparado para juzgar a los vivos y a los muertos." 1 Pedro 4:4,5

Para el Señor nada pasa desapercibido y todo acto de injusticia quedará vengado. Lo importante es que los hijos de Dios tienen asegurado su galardón.

Es relevante tener en cuenta que la palabra "espíritu", en las lenguas indoeuropeas, tiene otro significado más de los que ya hemos venido hablando en este libro. La palabra "espíritu" involucra la personalidad del hombre, su forma de ser, que a la hora de la muerte de alguna forma queda registrada por el Señor. Cuando una persona muere no solo regresa el aliento de vida a Dios, sino también el registro que lo caracteriza individualmente. Este registro es de nuevo activado en la resurrección de modo que cuando los muertos resuciten, aunque no estén hechos de la misma materia, tendrán la misma personalidad que tuvieron aquí en la tierra. Debido a que de esta tierra lo único que nos queda es el carácter es importante someternos a la influencia del Espíritu Santo, para que él sea quien nos pula y transforme.

Sabiendo Dios que los justos cuando mueren tienen su resurrección asegurada, el Señor los considera como vivos aun cuando estén muertos.

"Pero en cuanto a que los muertos han de resucitar, aun Moisés lo enseñó en el pasaje de la zarza, cuando llama al Señor, Dios de Abraham, Dios de Isaac y Dios de Jacob. Porque Dios no es Dios de muertos, sino de vivos, pues para él todos viven." Lucas 20:37,38

En la vida cotidiana es entendible cuando alguien dice que esta o aquella persona tiene un "espíritu combativo" o es de "espíritu alegre". Cuando oímos estas expresiones nos damos cuenta que se refieren a la personalidad, y no a otra cosa. Por eso los siguientes versículos expresan en la palabra "espíritu" algo más que el aliento de vida; algo que nosotros llamamos carácter o personalidad.

"*54Más él tomándola de la mano, clamó diciendo: Muchacha, levántate. 55 Entonces **su espíritu** volvió, e inmediatamente se levantó; y él mandó que se le diese de comer.*" Lucas 8:54,55

"*Entonces Jesús, clamando a gran voz, dijo: Padre, en tus manos encomiendo **mí espíritu**. Y habiendo dicho esto, expiró.*" Lucas 23:46

"*Y apedreaban a Esteban, mientras él invocaba y decía: Señor Jesús, recibe **mí espíritu**.*" Hechos 7:59

Sabemos que los muertos nada saben, y esto es persistente a lo largo de la Palabra de Dios. Ya que esto es así, entonces, los únicos muertos a los que les podemos predicar el evangelio son todos aquellos que viven muertos en sus pecados, pero esto no tiene nada que ver con los muertos literales de 1 Pedro 4:6.

"*1Y él os dio vida a vosotros, **cuando estabais muertos en vuestros delitos y pecados**, 2 en los cuales anduvisteis en otro tiempo, siguiendo la corriente de este mundo, conforme al príncipe de la potestad del aire, el espíritu que ahora opera en los hijos de desobediencia, 3 entre los cuales también todos nosotros vivimos en otro tiempo en los deseos de nuestra carne, haciendo la voluntad de la carne y de los pensamientos, y éramos por naturaleza hijos de ira, lo mismo que los demás. 4 Pero Dios, que es rico en misericordia, por su gran amor con que nos amó, 5 aun **estando nosotros muertos en pecados**, nos dio vida juntamente con Cristo (por gracia sois salvos), ...*" Efesios 2:1-5

"*... ni tampoco presentéis vuestros miembros al pecado como instrumentos de iniquidad, sino presentaos vosotros mismos a Dios **como vivos de entre los muertos**, y vuestros miembros a Dios como instrumentos de justicia.*" Romanos 6:13

"Mas era necesario hacer fiesta y regocijarnos porque este tu hermano era muerto y ha revivido; se había perdido y es hallado." Lucas 15: 32

Como vemos para Dios hay vivos que en realidad están muertos y muertos que para Dios están vivos.

Los muertos de pie delante de Dios

"Y vi a los muertos, grandes y pequeños, de pie ante Dios; y los libros fueron abiertos, y otro libro fue abierto, el cual es el libro de la vida; y fueron juzgados los muertos por las cosas que estaban escritas en los libros, según sus obras." Apocalipsis 20:12

Debido a que este texto es parte del capítulo 20, en donde se relata el Milenio, es importante resaltar que para un mejor entendimiento es necesario leer primero el último de los títulos de este libro que se llama "La segunda venida de Cristo y el Milenio". Básicamente, los versículos de Apocalipsis 20:11-15 son un resumen de lo que acontece en el Milenio.

El evento que da inicio al Milenio es la Segunda Venida de Cristo, y este evento es relatado de la siguiente manera en el sexto sello:

*"y decían a los montes y a las peñas: Caed sobre nosotros, y escondednos del rostro de aquel que está **sentado sobre el trono**, y de la ira del Cordero." Apocalipsis 6:16*

Notemos que Apocalipsis 20:11 empieza precisamente de ese mismo modo:

*"Y vi un gran **trono blanco y al que estaba sentado en él**, delante del cual huyeron la tierra y el cielo, y ningún lugar se encontró para ellos."*

La destrucción del planeta empieza con las siete plagas, y culmina con la Segunda Venida de Cristo. Cuando Cristo vuelva los hombres impíos, que estén muertos, no resucitarán y los hombres impíos, que se encuentren vivos, morirán. En cuanto a los justos muertos, estos resucitan y van a ser glorificados y transportados por Cristo a la casa del Padre junto con los justos vivos, que serán transformados también. Los justos estarán por mil años realizando una obra de juicio en contra de los impíos, incluyendo a Satanás y sus ángeles. Satanás y sus ángeles, en el Milenio, estarán en este mundo presos y tendrán un tiempo de actuar cuando los impíos resuciten al final de los mil años, precisamente en el momento en que los justos vuelvan para tomar posesión de la tierra.

Ahora surge la inquietud de que si los impíos están durante el milenio descansando en sus tumbas ¿cómo es que estos muertos, que van a ser juzgados durante el milenio, están de pie delante de Dios como dice Apocalipsis 20:12?

Podemos notar que Apocalipsis 20:12 menciona que durante el juicio primeramente se abren "los libros" y luego dice que se abrió otro libro, que es el libro de la vida. El libro de la vida es básicamente un libro de nombres. Como información adicional mencionaré que los nombres que se encuentran en el libro de la vida son los nombres de los salvos, pero, esos nombres pueden ser borrados también del libro, si descuidamos nuestra vida espiritual.

"Asimismo te ruego también a ti, compañero fiel, que ayudes a éstas que combatieron juntamente conmigo en el evangelio; con Clemente también, y los demás colaboradores míos, cuyos nombres están en el libro de la vida." Filipenses 4:3

"31Entonces volvió Moisés a Jehová, y dijo: Te ruego, pues este pueblo ha cometido un gran pecado, porque se hicieron dioses de oro, 32 que perdones ahora su pecado, y si no, ráeme ahora de tu libro que has escrito. 33 Y Jehová respondió a Moisés: Al que pecare contra mí, a éste raeré yo de mi libro." Éxodo 32:31-33

"El que venciere será vestido de vestiduras blancas; y no borraré su nombre del libro de la vida, y confesaré su nombre delante de mi Padre, y delante de sus ángeles." Apocalipsis 3:5

En el texto difícil anterior sobre el estado de los muertos, que lleva por título "El evangelio predicado a los muertos", vimos como la identidad de una persona cuando muere es conservada. Esa identidad también quedará registrada en lo que Apocalipsis 20:12 llama "libros". Esos libros son los que analizarán los escogidos para juzgar a los impíos durante el Milenio. Un caso similar vemos en Daniel 7:9,10, nada más que en este caso se refiere al juicio de los justos.

*"9Estuve mirando hasta que fueron puesto tronos, y se sentó un Anciano de días, cuyo vestido era blanco como la nieve, y el pelo de su cabeza como lana limpia; su trono llama de fuego, y las ruedas del mismo fuego ardiente. 10 Un rio procedía y salía delante de él; millares de millares le servían, y millones de millones asistían delante de él; el juez se sentó y los **libros fueron abiertos**."* Daniel 7:9,10

Los impíos que estén vivos cuando Cristo regrese en su Segunda Venida estarán de pie, pero serán destruidos en el acto, sin embargo, los impíos de todas las épocas, durante el milenio, estarán delante de Dios a través de sus registros, o sus libros, que exactamente muestran quienes son ellos.

El juicio de los impíos se realiza durante el milenio, pero al final de ese periodo todos ellos estarán literalmente de pie delante del Señor para recibir el veredicto de ese juicio, no sin antes reconocer a Cristo como Rey de reyes y Señor de señores.

"11Porque escrito está: Vivo yo, dice el Señor, que ante mí se doblará toda rodilla, y toda lengua confesará a Dios. 12 De manera que cada uno de nosotros dará a Dios cuenta de sí." Romanos 14:11,12

"Y la muerte y el Hades fueron lanzados al lago de fuego. Esta es la muerte segunda. Y el que no se halló inscrito en el libro de la vida fue lanzado al lago de fuego." Apocalipsis 20:14

"₁Porque he aquí, viene el día ardiente como un horno, y todos los soberbios y todos los que hacen maldad serán estopa; aquel día que vendrá los abrasará, ha dicho Jehová de los ejércitos, y no les dejará ni raíz ni rama. ₂ Mas a vosotros los que teméis mi nombre, nacerá el sol de justicia, y en sus alas traerá salvación; y saldréis y saltaréis como becerros de la manada. ₃ Hollaréis a los malos, los cuales serán ceniza bajo la planta de vuestros pies, en el día en que yo actúe, ha dicho Jehová de los ejércitos." Malaquías 4:1-3

El bautismo por los muertos

"De otro modo, ¿Qué harán los que se bautizan por los muertos, si en ninguna manera los muertos resucitan? ¿Por qué, pues, se bautizan por los muertos?" 1 Corintios 15:29

Definitivamente este versículo es todo un misterio y hay aproximadamente 40 interpretaciones para este texto que van desde las más descabelladas hasta las más sensatas. Una interpretación podría ser que Pablo estaba comentando algo que solo él y los hermanos de Corinto sabían. Podría tratarse de alguna práctica pagana o alguna herejía que no detalla Pablo, y que se pudo dar en algún momento.

Lo cierto es que es imposible que los cristianos se bautizaran en nombre de otros para que por medio de ese acto se salvaran los que habían fallecido. La Palabra de Dios es clara cuando dice que la salvación es individual (Hechos 2:38, Ezequiel 18:20-24) y que nadie puede librar a otro del pecado (Salmo 49:7, Ezequiel 14:14). Además de todo esto, la muerte señala la terminación del tiempo de gracia y luego de la muerte ya no se puede hacer nada (Eclesiastés 9:5,6, Hebreos 9:27, 2 Corintios 5:10).

No temáis a los que no pueden matar el alma

"Y no temáis a los que matan el cuerpo, mas el alma no pueden matar, temed más bien a aquel que puede destruir el alma y el cuerpo en el infierno." Mateo 10:28

269

Anteriormente vimos que la palabra griega *"Psykjé"* se traduce como alma en el Nuevo Testamento y que esta palabra debemos interpretarla de acuerdo con su equivalente hebreo *"Nefesh"*, para darle la interpretación correcta en las Sagradas Escrituras. Vimos también que la palabra *"Nefesh"* está relacionada con vida y que se traduce tanto como vida, persona y alma pero que este último término, en nuestra cultura, tiene una connotación ligada a lo inmortal que viene de las religiones paganas y que introdujo la Iglesia Católica en el cristianismo. Un ejemplo de cómo se traduce esta palabra de diferentes formas es Levítico 17:11

*"Porque la **vida** (Nefesh) de la carne en la sangre está, y yo os la he dado para hacer expiación sobre el altar para vuestras **almas** (Nefesh); y la misma sangre hará expiación de la **persona** (Nefesh)."*

El significado que deberíamos darle a la palabra alma en Mateo 10:28 es vida, por motivos del contexto del capítulo; si no lo hacemos así incluso los que creen que el alma es inmortal tendrían problemas ya que la parte final del texto dice bien claro que el alma se puede destruir. Desde Mateo 10:16, Cristo viene hablando de las persecuciones venideras que sus seguidores sufrirían por causa de la predicación del evangelio.

"16He aquí yo os envío como ovejas en medio de lobos; sed, pues, prudentes como serpientes, y sencillos como palomas. 17 Y guardaos de los hombres, porque os entregarán a los concilios, y en sus sinagogas os azotarán; 18 y aun ante gobernadores y reyes seréis llevados por causa de mí, para testimonio de ellos y a los gentiles. 19 Mas cuando os entreguen, no os preocupéis por cómo o qué hablaréis; porque en aquella hora os será dado lo que habéis de hablar. 20 Porque no sois vosotros los que habláis, sino el Espíritu de vuestro Padre que habla en vosotros. 21 El hermano entregará a la muerte al hermano, y el padre al hijo; y los hijos se levantarán contra los padres, y los harán morir. 22 Y seréis aborrecidos de todos por causa de mi nombre, mas el que persevere hasta el fin, éste será salvo." Mateo 10:16-22

Evidentemente en Mateo 10:28 los que matan el cuerpo son los perseguidores de los hijos de Dios, pero el Señor tiene garantizada la vida de sus hijos y, por eso, a ellos ese privilegio nadie se los arrebatará.

"Y esta es la voluntad del que me ha enviado: Que todo aquel que ve al Hijo, y cree en él, tenga vida eterna; y yo le resucitaré en el día postrero." Juan 6:40

Al final de los tiempos los hombres de todas las épocas van a resucitar, pero los impíos no tendrán el derecho a la vida eterna pues serán destruidos y para siempre dejarán de ser cuando sean totalmente incinerados. Esta explicación está más ampliada en la sección del libro que trata el tema del Milenio.

*"₁Porque he aquí viene el día ardiente como un horno, y todos los soberbios y todos los que hacen maldad serán estopa; aquel día que vendrá los abrasará, ha dicho Jehová de los ejércitos, y no les dejará **ni raíz ni rama** (ver Ez 28:18,19). ₂ Mas a vosotros los que teméis mi nombre, nacerá el sol de justicia, y en sus alas traerá salvación; y saldréis y saltaréis como becerros de la manada. ₃ Hollaréis a los malos, los cuales serán **ceniza** bajo la planta de vuestros pies, en el día que yo actúe, ha dicho Jehová de los ejércitos." Malaquías 4:1-3*

Por razones obvias, al que debemos temer, ya que puede destruir no solo el cuerpo sino también nuestra esperanza de vida en el más allá, es al Señor.

"Horrenda cosa es caer en manos del Dios vivo". Hebreos 10:31

La versión Santa Biblia Popular, segunda edición, traduce mejor el sentido de Mateo 10:28.

"No tengan miedo de los que pueden darles muerte pero no pueden disponer de su destino eterno, teman más bien al que puede darles muerte y también puede destruirlos para siempre en el infierno."

Aunque fue un tema estudiado, la palabra que se traduce como infierno es "Gehenna", que era un botadero de basura que se mantenía encendido y donde se tiraban, además de los desechos comunes, cuerpos de animales y de personas que eran desamparadas. Este basurero era un símbolo del destino final de los impíos.

En el cuerpo o fuera del cuerpo

"₂Conozco a un hombre en Cristo, que hace catorce años (si en el cuerpo, no lo sé; si fuera del cuerpo, no lo sé; Dios lo sabe) fue arrebatado hasta el tercer cielo. ₃ Y conozco al tal hombre (si en el cuerpo, o fuera del cuerpo, no lo sé; Dios lo sabe). ₄ que fue arrebatado al paraíso, donde oyó palabras inefables que no le es dado al hombre expresar." 2 Corintios 12:2-4

La frase problemática en los anteriores versículos es la que dice "fuera del cuerpo" ya que muchos interpretan que Pablo está diciendo que el hombre que fue al tercer cielo, que al final termina siendo Pablo, lo hizo en forma espiritual dejando su cuerpo inerte por un momento, sin embargo, el término "espíritu" no aparece en estos textos por lo cual no deberíamos agregarlo a la hora de hacer la interpretación del pasaje.

La expresión "fuera del cuerpo" es utilizada una vez más por Pablo en 1 Corintios 6:18.

"Huid de la fornicación. Cualquier otro pecado que el hombre cometa, está fuera del cuerpo; mas el que fornica, contra su propio cuerpo peca."

Es lógico que en el texto anterior Pablo no está diciendo que todos los pecados, aparte de la fornicación, son cometidos por una entidad incorpórea o fantasmal que está contenida en nuestro cuerpo, lógicamente el cuerpo está involucrado en todos los pecados. Lo que Pablo está diciendo es que hay pecados en los cuales el cuerpo no está tan involucrado como si lo puede estar en el acto de la fornicación, y la misma relación aplica al viaje que realizó Pablo al tercer cielo.

De lo que realmente habla Pablo en 2 Corintios 12:2-4 es que él no estaba seguro si fue transportado físicamente al tercer cielo o si lo que tuvo fue una visión bastante real. La evidencia bíblica nos dice que, como en el caso de Felipe, el Espíritu puede transportar físicamente a alguien, sin embargo, casi la totalidad de las veces en que alguien ha sido transportado, por medio del Espíritu, a otros lugares ha sido por medio de visiones.

"Cuando subieron del agua, el Espíritu del Señor arrebató a Felipe; y el eunuco no le vio más, y siguió gozoso su camino." Hechos 8:39

"Luego me levantó el Espíritu y me volvió a llevar en visión del Espíritu de Dios a la tierra de los caldeos a los cautivos. Y se fue de mí la visión que había visto." Ezequiel 11:24

En ningún lugar de la Biblia a nadie le han sacado un ser espiritual interior o fantasma para transportarlo de un lugar a otro y, por eso, hay que poner 2 Corintios 12:2-4 en el contexto general de las Escrituras.

Capítulo V: Eventos proféticos del fin

Yom Kippur o Día de Expiación

No sé cuál sea la idea que tenga de los rituales del Antiguo Testamento, lo cierto es que casi nadie se toma el tiempo para entenderlos. Dios tomó su tiempo, su valioso tiempo, y diseñó una serie de rituales que estaban contenidos en las llamadas leyes de Moisés. Estos rituales tenían como propósito principal detallar el ministerio del Mesías, y eran también una oportunidad para que el pecador pudiera expresar su fe en las promesas hechas por Dios. Es por eso que, entre otras cosas, esa ley ya no la guardamos pues Cristo, nuestro cordero y nuestra pascua, ya fue sacrificado cumpliendo así con lo que había sido prometido. La ley ritual era en sí misma un sistema de profecías dramatizadas y algunas de esas profecías todavía están en desarrollo y, por lo tanto, es importante estudiarlas con el fin de sacar las enseñanzas que tienen y, de esta forma, entender mejor las profecías y el ministerio de Cristo.

El corazón del sistema ritual judío era el santuario. Solo ahí se podían realizar las ofrendas y sacrificios y eran solo los sacerdotes, descendientes de Aarón, los que estaban autorizados para oficiar en él. El santuario estaba dividido en tres partes: El atrio, el Lugar Santo y el Lugar Santísimo. En el atrio, o patio, estaba el altar del sacrificio y también un lavatorio de bronce en donde los sacerdotes se lavaban antes de entrar al templo. En la primera parte del templo, llamada Lugar Santo, se encontraban la mesa de los panes de la proposición, el candelero de oro y el altar del incienso. La primera y la segunda parte del edificio quedaban separadas por una cortina y en la segunda sección, llamada Lugar Santísimo, se encontraba una caja de madera cubierta con oro llamada Arca del Pacto, ya que dentro de ella se encontraban los diez mandamientos. La misma presencia de Dios estaba en el Lugar Santísimo y solo el sumo sacerdote, una vez al año y el día de la expiación, podía entrar sin morir. La tapa del arca, llamada propiciatorio, simbolizaba el mismo trono de Dios ya que desde allí Dios manifestaba su voluntad.

El sistema ceremonial de expiación, o eliminación del pecado, se componía de dos partes. El primero se conocía con el nombre de sacrificio continuo y estaba relacionado con el perdón. El sacrificio continuo se realizaba dos veces al día. El sacerdote sacrificaba un cordero en la mañana y otro cordero por la tarde y, de esta forma, la víctima inocente moría por el pecado del culpable pagando, simbólicamente, el precio que la ley exigía, o sea la muerte (Romanos 6:23). Luego el sacerdote llevaba en su dedo índice la sangre del sacrificio y rociaba con esa sangre siete veces hacia la cortina que dividía el Lugar Santo del Lugar Santísimo y, de esta manera, el pecado era transferido figurativamente al Santuario. (Ver Éxodo 29:38-46 y Levítico capítulo 4). La sangre se salpicaba hacia el velo detrás del cual estaba el arca que contenía la ley que el pecador había transgredido. Había también otros tipos de sacrificios en los que el sacerdote recogía la sangre y la ponía sobre los cuernos del altar del sacrificio, o sobre los cuernos del altar del incienso y otras veces la sangre no era llevada al lugar santo pero el sacerdote debía comer de la carne para llevar, en sí mismo, la maldad del pueblo (Levítico 6:24-26). En cualquier caso, ceremonialmente hablando, se transfería el pecado al santuario y, de esta forma, se concedía el perdón y Dios se responsabilizaba temporalmente por esos pecados hasta la penúltima fiesta ceremonial del año.

Estos pecados quedaban perdonados pero no eliminados pues permanecían registrados, en forma alegórica, en la cortina y los altares.

Quiero resaltar el hecho de que algunos pecados se remitían directamente al santuario, sin la intervención de sacerdote alguno. Estos pecados eran los pecados de rebelión o *"pesha"*

"₂Dirás asimismo a los hijos de Israel: Cualquier varón de los hijos de Israel, o de los extranjeros que moran en Israel, que ofreciere alguno de sus hijos a Moloc, de seguro morirá; el pueblo de la tierra lo apedreará. ₃ Y yo pondré mi rostro contra tal varón, y lo cortaré de entre su pueblo, por

*cuanto dio sus hijos a Moloc, **contaminando mi santuario** y profanando mi santo nombre." Levítico 20:2,3*

*"Y el que fuere inmundo, y no se purificare, la tal persona será cortada de entre la congregación, por cuanto **contaminó el tabernáculo de Jehová**; no fue rociada sobre él el agua de la purificación; es inmundo." Números 19:20*

La contaminación automática del santuario se ve en ciertos pecados gravísimos en los que no había expiación disponible. Menciono esta clase de pecados en particular ya que serán de análisis más adelante. Las otras dos palabras para pecado en hebreo son *"hatta´t",* que se traduce mayormente como pecado, y *"awon"* que se traduce como iniquidad. Al final todas las clases de pecado contaminaban el santuario.

"Y pondrá Aarón sus dos manos sobre la cabeza del macho cabrío, y confesará sobre él todas las iniquidades (awon) de los hijos de Israel, todas sus rebeliones (pesha) y todos sus pecados (hatta´t), poniéndolos así sobre la cabeza del macho cabrío, y lo enviará al desierto por mano de un hombre destinado para esto." Levítico 16:21

Ese registro de los pecados contaminaba el santuario mismo por lo cual una vez al año, en el Día de Expiación (Levítico 16) o Yom Kippur que es la segunda parte del sistema de expiación, el sacerdote purificaba el santuario. El perdón de los pecados se hacía durante todo el año pero la eliminación de esos pecados, que contaminaban el santuario, se hacía una vez al año. Ese día el sacerdote entraba directamente al Lugar Santísimo e intercedía por el pueblo ante la misma presencia de Dios.

Diagrama del santuario
por Luis Barboza

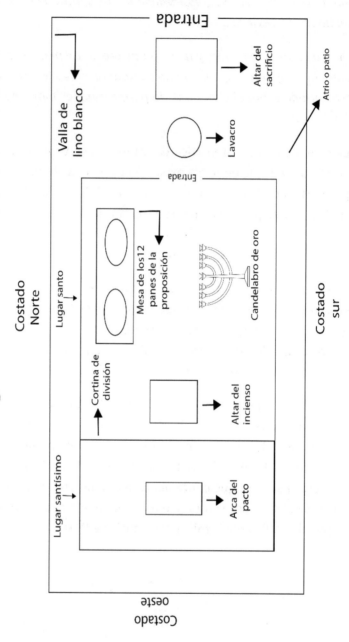

Costado Norte

Valla de lino blanco

Entrada

Altar del sacrificio

Lavacro

Atrio o patio

Entrada

Lugar santo

Mesa de los12 panes de la proposición

Candelabro de oro

Cortina de división

Lugar santísimo

Altar del incienso

Arca del pacto

Costado sur

Costado oeste

El día de expiación se ofrecían cinco animales: un becerro, dos machos cabríos y dos carneros. Todos estos animales eran sacrificados menos uno de los machos cabríos. Entre los dos machos cabríos se echaba suerte y uno de ellos era sacrificado, el que era para Dios y al otro, el de Azazel, se le transferían simbólicamente los pecados que habían cometido los hijos de Israel durante todo el año y era llevado por un hombre, previamente seleccionado, al desierto para que muriera y, de esta forma, el pueblo tenía una purificación extra. El macho cabrío de Azazel no era una ofrenda sino un vehículo para llevarse el pecado. La palabra hebrea que se traduce como demonio, en [1]Levítico 17:7, es *"sair" y* se puede traducir también como macho cabrío, o siervo macho, tal y como sucede en [2]Levítico 16:21. Azazel era identificado por los antiguos intérpretes judíos como Satanás.

Cabe destacar que esta expiación, o juicio como también se le considera, era exclusivamente para el pueblo de Dios y al final de ese juicio solo había dos clases de personas: las justas y las injustas y estas últimas eran sacadas del campamento y ya no se consideraban parte del pueblo de Dios.

Profecía de las 70 Semanas

La profecía de las setenta semanas se encuentra en el libro de Daniel. Daniel vivió unos 600 años antes de Cristo. A Daniel, que vivió durante los imperios de Babilonia y Medo Persia, se le reveló el futuro desde su época hasta el nacimiento de un mundo nuevo. Sus profecías declaran con tremenda precisión la sucesión de imperios que habría desde Babilonia hasta Roma y más allá. La sucesión de imperios como la historia confirma, es la siguiente: Babilonia, Medo-Persia, Grecia y Roma. Estos imperios tienen la característica de haber influido en la historia de los hijos de Dios.

Esta profecía es importante para comprender los eventos del tiempo del fin y es parte de una profecía más larga que se menciona en Daniel

---

[1] Ver análisis textual al final de la obra, grupo 1.
[2] Ver análisis textual al final de la obra, grupo 1.

8:14, que está ligada con el Día de Expiación. Para que tenga una idea más clara de esta profecía es conveniente que lea los capítulos 8 y 9 de Daniel. En Daniel capítulo 8, al profeta se le da un resumen de lo que acontecerá a lo largo de la historia. Los imperios terrenales están representados por una serie de animales relacionados con los sacrificios del santuario, y en especial con los de la fiesta de Yom Kippur, y eso no es coincidencia como veremos. Gran parte de la visión de Daniel 8 se descifra fácilmente ya que el ángel Gabriel le revela a Daniel una parte. El ángel Gabriel le dice al profeta que el carnero representa al Imperio Medo-Persa y que el macho cabrío es Grecia y el gran cuerno que tiene el macho cabrío es el primer rey, o sea Alejandro Magno. Luego, este gran cuerno se quiebra y en su lugar salen cuatro cuernos que representan la división de Grecia después de la muerte de Alejandro Magno. Grecia se divide en cuatro ya que los cuatro generales de Alejandro se reparten entre ellos el reino. La confusión comienza con la interpretación del cuerno pequeño, que emerge luego de la aparición de los cuatro cuernos anteriores.

*"8Y el macho cabrío se engrandeció sobremanera; pero estando en su mayor fuerza, aquel cuerno fue quebrado, y en su lugar salieron otros cuatro cuernos notables hacia los cuatro vientos del cielo. 9 **Y de unos de ellos** salió un cuerno pequeño que creció mucho al sur, al oriente, y hacia la tierra gloriosa." Daniel 8:8,9*

Para muchos intérpretes, el cuerno pequeño corresponde al rey Antíoco Epífanes IV, ya que dan por un hecho que este cuerno sale de uno de los cuatro cuernos anteriores, pero en realidad el cuerno no sale de ninguno de los cuernos anteriores sino de uno de los cuatro vientos, o de algún punto de la rosa de los vientos, como mejor se aprecia en el idioma original. Esto no es extraño ya que en Daniel 11:4 se dice, por ejemplo, que el reino griego fue "repartido hacia los cuatro vientos del cielo," refiriéndose a la división del imperio griego después de Alejandro Magno.

"Pero cuando se haya levantado, su reino será quebrantado y repartido hacia los cuatro vientos del cielo; no a sus descendientes, ni según el dominio con que él dominó; porque su reino será arrancado, y será para otros fuera de ellos." Daniel 11:4.

Este cuerno pequeño tiene primero un crecimiento horizontal que se representa en los puntos cardinales y esto nos describe muy bien la expansión horizontal del imperio romano, ya que el sur y el oriente fueron los puntos cardinales de mayor expansión de dicho imperio. Esta expansión evidentemente no aplica al reino de Antíoco Epífanes IV, que no creció mucho ni tampoco en todas las direcciones que menciona Daniel 8:9. Luego el cuerno pequeño pretende un crecimiento vertical pues la emprende contra el cielo, la tierra gloriosa (ver Isaías 14:13 y Salmo 48:1,2 y Apocalipsis 21:2), y en esta fase el cuerno pequeño coincide a la perfección con el mismo cuerno pequeño de Daniel 7, que representa a la Iglesia Católica Romana. La visión, como dijo el ángel Gabriel al profeta en Daniel 8:17, es para el tiempo del fin y evidentemente esto tampoco aplica a Antíoco Epífanes IV, de la dinastía griega seléucida, que gobernó del 215 A.C al 164 A.C. Sin embargo, esto si calza con la metamorfosis que iba a tener el imperio romano, y que fue predicha muy bien por el libro de Daniel. El imperio romano, que gobernó después del imperio griego, pasó de ser un poder político para convertirse en un poder político y religioso, conocido como Iglesia Católica Romana, que estará vigente hasta el tiempo del fin, según la evidencia bíblica.

Este cuerno, nos dice Daniel 8:10-12, se engrandeció o atacó:

1. El ejército y las estrellas.
2. El príncipe del ejército.
3. El Santuario.
4. Los rituales del Santuario.

"10Y se engrandeció hasta el ejército del cielo; y parte del ejército y de las estrellas echó por tierra, y las pisoteó. 11 Aun se engrandeció contra el

príncipe de los ejércitos, y por él fue quitado el continuo sacrificio, y el lugar de su santuario fue echado por tierra. Y a causa de la prevaricación le fue entregado el ejército junto con el continuo sacrificio; y echó por tierra la verdad, e hizo cuanto quiso, y prosperó." Daniel 8:10-12

El ejército y las estrellas representan a los hijos de Dios, que evidentemente fueron perseguidos por el sistema papal durante gran parte de la edad media (Éxodo 7:3,4, Apocalipsis 1:20). El príncipe es un ser divino, quien no puede ser otro que Cristo Jesús, y el santuario es el Santuario Celestial donde Cristo intercede ahora por nosotros como sumo sacerdote, como iremos viendo a medida que avancemos en el tema. Con respecto al ataque del Santuario Celestial y su servicio, para nadie es un secreto que el papado sustituyó la intercesión de Cristo por "santos" y "vírgenes" y, además de eso, el sistema procura perdonar pecados y, a través de las misas, pretenden sacrificar a Cristo diariamente, como si el sacrificio que realizó Cristo no fuera suficiente (Hebreos 10:11,12). La palabra hebrea que se traduce como "continuo sacrificio" es *"tamid"* y se debería solo traducir como "continuo". El "continuo" no solo tiene que ver con el sacrificio de Cristo sino con toda la obra intercesora que realiza el Señor en favor de sus hijos.

Para entender cuál fue la verdad que echó por tierra este sistema, según leemos en Daniel 8:12, hay que analizar las tres definiciones bíblicas de la palabra verdad en relación con lo que hizo esta organización en contra de esas verdades.

En primer lugar, Cristo es la verdad, según vemos en Juan 14:6.

"Jesús le dijo: Yo soy el camino, y la verdad, y la vida; nadie viene al Padre, sino por mí."

Esta verdad involucra, como vimos, que Cristo, mediante su sacrificio, fue el que nos reconcilió con Dios y no hay otro fuera de él que pueda hacer esa reconciliación. Por medio de la fe en ese sacrificio es que somos salvos.

"Porque en el evangelio la justicia de Dios se revela por la fe y para fe, como está escrito: Mas el justo por la fe vivirá." Romanos 1:17

"Porque hay un solo Dios; y un solo redentor entre Dios y los hombres; Jesucristo hombre." 1 Timoteo 2:5

"Y por medio de él reconciliar consigo todas las cosas, así las que están en la tierra como las que están en los cielos, haciendo la paz mediante la sangre de su cruz." Colosenses 1:20

A pesar de esto, la Iglesia Católica echa por tierra esta verdad de la siguiente manera:

"Entregando a Pedro y a sus sucesores las llaves del Reino de los Cielos, Cristo les entregó el tesoro de sus méritos y de los méritos de los santos que dependen de los suyos. Los papas pueden sacar de este tesoro para beneficiar a los miembros débiles de la Iglesia con los méritos superabundantes de los santos. Por el sacramento de la Reconciliación, la Iglesia perdona las faltas; mediante las indulgencias paga las deudas que resultan de las faltas." ECWIKI Enciclopedia Católica online

"Cualquiera que diga que los pecados son justificados por la fe solamente, como queriendo decir que no se requiere nada más para obtener la gracia de la justificación, que sea anatema (maldito)." (Canon x,xi) (sexta sesión del concilio de Trento) Nota: Palabra "maldito" añadida entre paréntesis con fines explicativos.

La Palabra de Dios, también nos dicen las Escrituras, es la verdad.

"Santifícalos en tu verdad; tu palabra es verdad." Juan 17:17

Sobre las formas en la que la Iglesia Católica ha despreciado esta verdad podemos decir mucho como, por ejemplo, que la Iglesia Católica ha utilizado fuentes poco confiables para la traducción de la Palabra de Dios o que incluyó varios libros y anexos de libros que nunca fueron considerados inspirados o que por siglos tuvo a los feligreses fuera del conocimiento total de las Sagradas Escrituras, etc. Es de destacar también que la Iglesia Católica aparenta reconocer la autoridad del Canon Sagrado, sin embargo, a la par de las Escrituras está lo que ellos llaman La Tradición, que es la transmisión de la verdad mediante el Espíritu Santo al Magisterio de la Iglesia. Esta supuesta revelación, llamada La Tradición, tiene la misma validez de la Biblia, aunque en repetidas ocasiones la contradice.

"La sagrada Escritura es la palabra de Dios, en cuanto escrita por inspiración del Espíritu Santo. La Tradición recibe la palabra de Dios, encomendada por Cristo y el Espíritu Santo a los Apóstoles, y la transmite integra a sus sucesores; para que ellos, iluminados por el Espíritu de la verdad, la conserven, la expongan y la difundan fielmente en su predicación." Catecismo de la iglesia católica, numeral 81

"De ahí resulta que la iglesia, a la cual está confiada la transmisión y la interpretación de la Revelación no saca exclusivamente de la Escritura la certeza de todo lo revelado. Y así las dos se han de recibir y respetar con el mismo espíritu de devoción." Catecismo de la iglesia católica, numeral 82

Por último, la verdad que también echó por tierra este sistema es la ley de Dios, los diez mandamientos, que han pretendido alterar al quitar algunos de los mandamientos sustituyéndolos con cosas que a ellos les parece.

*"Tu justicia es justicia eterna, y **tu ley la verdad.**" Salmo 119:142.*

Sobre el cambio de los mandamientos, dice el catecismo católico:

"La división y numeración de los diez mandamientos ha variado en el curso de la historia. El presente catecismo sigue la división de los mandamientos establecida por San Agustín y que ha llegado a ser tradicional en la Iglesia Católica. Es también la de las confesiones luteranas. Los Padres griegos hicieron una división algo distinta que se usa en las iglesias

ortodoxas y las comunidades reformadas." Catecismo de la Iglesia Católica numeral 2066.

Los diez mandamientos, conforme a La Tradición católica, son totalmente diferentes a los estipulados en las Sagradas Escrituras. Comparemos los Diez mandamientos de acuerdo con la Palabra de Dios, con los mandamientos conforme al Catecismo de la Iglesia Católica:

Diez mandamientos en las Sagradas Escrituras. (Éxodo 20:1-17, Deuteronomio 5:1-21)

1. No tendrás dioses ajenos delante de mí.
2. No te harás imagen ni ninguna semejanza de lo que está arriba en el cielo ni abajo en la tierra.
3. No tomarás el nombre de Dios en vano.
4. Acuérdate del día sábado para santificarlo.
5. Honra a padre y madre.
6. No matarás.
7. No adulterarás.
8. No robarás.
9. No mentirás.
10. No codiciarás.

Diez mandamientos de acuerdo con el Catecismo de la Iglesia Católica.

1. No habrá para ti otros dioses delante de mí.
2. No tomarás el nombre de Dios en vano.
3. Santificarás las fiestas.
4. Honra a tu padre y a tu madre.
5. No matarás.
6. No cometerás actos impuros.
7. No robarás.
8. No dirás falso testimonio ni mentiras.
9. No consentirás pensamientos impuros.

10. No codiciarás los bienes ajenos.

Todo esto hizo el cuerno pequeño y en todo le fue bien, ya que dice Daniel 8:12 que "prosperó".

Todos estos ataques contra el santuario hicieron que alguien se preguntara en Daniel 8:13: *"¿Hasta cuándo durará la visión del continuo sacrificio, y la prevaricación asoladora entregando el santuario y el ejército para ser pisoteados?"* Y la respuesta a la pregunta se da en Daniel 8:14: *"Hasta dos mil trescientas tardes y mañanas; luego el santuario será purificado."*

Ya que durante el dominio de la iglesia católica en la edad media no existía el templo de Jerusalén, quiere decir que el santuario que se contaminó por las cosas que hizo este sistema es el Santuario Celestial. Pero ¿cómo se iba a contaminar el Santuario Celestial por las cosas que hizo el cuerno pequeño sin que Cristo, el verdadero sacerdote, transfiriera esas faltas dentro del santuario a través del perdón? La respuesta a esta pregunta ya la vimos antes. Todos estos pecados del cuerno pequeño son pecados de rebelión (*pesha*) y esos pecados de rebelión, recordemos, contaminan el santuario automáticamente por no haber expiación disponible para esos pecados.

Y también vale la pena preguntarnos si lo que había de purificarse en el santuario celestial, después de 2300 días ¿eran solo las rebeliones del cuerno pequeño o también los pecados que los hijos de Dios habían cometido y que, a través del perdón, fueron transferidos al santuario celestial? Esta profecía es una alusión directa al día de Yom Kippur y, ya que en ese día se expiaban todos los tipos de transgresiones, en el santuario celestial ocurriría lo mismo.

El gran problema que se presenta en esta visión es que Gabriel no puede terminar de explicar esta profecía a Daniel, pues este primeramente se desmaya y cuando es levantado el ángel no puede darle tantos detalles. La explicación de cuando van a comenzar los 2300 días queda en secreto.

La pregunta que se hace en Daniel 8:13 empieza diciendo: *"¿Hasta cuándo durará la visión…?"* Sabemos que la visión es la visión de Daniel 8 y que esta profecía es para el tiempo del fin (Daniel 8:17) y que además la profecía empieza con el Imperio Medo-Persa y, ya que esto es así, quiere decir que los 2300 días no pueden ser días literales, ya que 2300 días son poco más de 6 años y solo el imperio de los medos y los persas duró 208 años y, por lo tanto, tenemos que usar el método de interpretación de día por año, que es utilizado no solo en la Palabra de Dios sino también en la literatura hebrea antigua. En este caso, entonces, tenemos un periodo de tiempo profético de 2300 años.

En profecía se utiliza comúnmente el término "día" para referirse a años, por ejemplo:

",₁Tú, hijo de hombre, tómate un adobe, y ponlo delante de ti, y diseña sobre él la ciudad de Jerusalén. ₂ Y pondrás contra ella sitio, y edificarás contra ella fortaleza, y sacarás contra ella baluarte, y pondrás delante de ella campamento, y colocarás contra ella arietes alrededor. ₃ Tómate también una plancha de hierro, y ponla en lugar de muro de hierro entre ti y la ciudad; afirmarás luego tu rostro contra ella, y será en lugar de cerco, y la sitiarás. Es señal a la casa de Israel. ₄ Y tú te acostarás sobre tu lado izquierdo y pondrás sobre él la maldad de la casa de Israel. El número de los días que duermas sobre él, llevarás sobre ti la maldad de ellos. ₅ Yo te he dado los años de su maldad por el número de los días, trescientos noventa días; y así llevarás tú la maldad de la casa de Israel. ₆ Cumplidos éstos, te acostarás sobre tu lado derecho segunda vez, y llevarás la maldad de la casa de Judá **cuarenta días; día por año, día por año te lo he dado."** *Ezequiel 4:1-6*

En algunos casos, como el de Isaías 21:16, se hace una aclaración cuando se está hablando de un año literal en una profecía:

"Porque así me ha dicho Jehová: De aquí a un año, semejante a años de jornalero, toda la gloria de Cedar será desecha."

El ángel Gabriel vuelve a Daniel en el capítulo 9 en donde encontramos la profecía de las 70 semanas, más o menos unos once años después, para terminar de explicar la profecía a Daniel.

*"aún estaba hablando en oración, cuando el varón Gabriel, **a quien había visto en la visión al principio**, volando con presteza, vino a mí como a la hora del sacrificio de la tarde."* Daniel 9:21

La última visión de Daniel, y en la que precisamente estaba presente Gabriel, fue la del capítulo 8. Como lo único que quedó por explicar en el capítulo ocho era la fecha de inicio de los 2300 años es evidente que Gabriel, en la profecía de las setenta semanas (490 años, día por año), le va a dar esa información a Daniel y le va a detallar los primeros años de ese periodo.

De acuerdo con Daniel 9:25, las 70 semanas empiezan con un decreto de reconstrucción de la ciudad de Jerusalén, la cual había sido destruida por los babilonios, y ese decreto debía darse en la época de los medos y persas, pues ahí arrancaba la profecía de Daniel capítulo 8.

"Sabe, pues, y entiende que desde la salida de la orden para restaurar y edificar a Jerusalén hasta el Mesías príncipe, habrá siete semanas, y sesenta y dos semanas; se volverá a edificar la plaza y el muro en tiempos angustiosos." Daniel 9:25

Básicamente, encontramos tres decretos en el libro de Esdrás que son candidatos para ser la fecha de arranque de la profecía de las 70 semanas.

✓ Decreto de Ciro (538 A.C/537 A.C) Esdras 1:2-4.
✓ Decreto de Darío (520 A.C) Esdras 6:3-12.
✓ Decreto de Artajerjes I (457 A.C) Esdras 7:12-26.

Algunos cuentan como decreto las cartas que pidió Nehemías a Artajerjes I en el año 444 A.C (Nehemías 2:7-9) pero esto no es así ya que no se trató de un decreto real sino de cartas que fueron dirigidas a los gobernadores del otro lado del río Éufrates para que ayudaran a Nehemías en el camino a Jerusalén y le proveyeran madera para los trabajos. Por otro lado, tenemos el problema de que si tomamos el año 444 A.C para hacer el cálculo de la profecía tendríamos que Cristo empezó su ministerio en el año 40 D.C y esta fecha simplemente no cuadra, ya que es muy posterior al regreso de Cristo al cielo.

Pero ¿cuál de los decretos mencionados deberíamos tomar para saber exactamente cuándo empieza la profecía de las setenta semanas?

El primer decreto, el de Ciro, es un decreto que autorizó a los judíos, que así lo desearan, que se devolvieran a Jerusalén para edificar el templo pero en ningún lugar se menciona la reconstrucción de Jerusalén ni tampoco es un decreto que da a los judíos independencia política, por lo tanto, no debería ser considerado el decreto de arranque de la profecía de las setenta semanas.

El siguiente decreto es el de Darío, sin embargo, este decreto se da en respuesta a una carta de un hombre llamado Tatnai, quien era un gobernador del otro lado del rio Éufrates, que se oponía a los judíos y que cuestionaba si era conveniente que se reconstruyera el templo y se levantaran los muros de Jerusalén. El decreto de Darío es básicamente la reconfirmación del decreto de Ciro y no presenta ninguna novedad en cuanto a lo que realmente nos interesa, que es la reconstrucción de Jerusalén, de manera que tampoco puede ser tomado como el decreto que inicia la profecía de las setenta semanas.

El tercer decreto es el de Artajerjes I quien reinó del 465 A.C hasta el 424 A.C. Este decreto no tiene que ver con la reconstrucción del templo ya que el templo, para esa época, se había reconstruido hacía muchos años atrás. Este decreto les restaura la vida política a los judíos y eso es bastante importante (Esdras 7:25). Es de reconocer, sin embargo, que este decreto no menciona la reconstrucción física de Jerusalén pero cabe destacar que la palabra hebrea que se traduce como "restaurar" *(lehashiv)*, en [3]Daniel 9:25, en varias partes del Antiguo Testamento se usa para referirse también a la restauración política, o civil, de un territorio cuando este se devuelve a sus dueños originales, como acontece en [4]1 Reyes 20:34 y [5]2 Samuel 9:7. De hecho, *"lehashiv"* se puede traducir como restablecer, reconstruir, restaurar, reintegrar, volver a traer, hacer volver, devolver y restituir.

"Y le dijo Ben-adad: Las ciudades que mi padre tomó al tuyo, **yo las restituiré** *(ashiv); y haz plazas en Damasco para ti, como mi padre las hizo en Samaria. Y yo, dijo Acab, te dejaré partir con este pacto. Hizo, pues, pacto con él, y le dejó ir." 1 Reyes 20:34*

"Y le dijo David: No tengas temor, porque yo a la verdad haré contigo misericordia por amor de Jonatán tu padre, y **te devolveré** *(vahashivotí) todas las tierras de Saúl tu padre; y tú comerás siempre a mi mesa." 2 Samuel 9:7*

El libro de Esdras no es un libro que tiene un orden cronológico y, por eso, en el capítulo 4 encontramos que los judíos tuvieron que detener la obra de reconstrucción de la ciudad de Jerusalén que fue autorizada en la época de Artajerjes I, aunque esta reconstrucción no se menciona en el decreto que aparece en capítulo 7. El hecho de que en Esdras 7:12-26 no se mencione la orden para una reconstrucción física de la ciudad no indica que ese decreto no contemplara esta reconstrucción, ya que el autor como sacerdote se enfocó en las cosas que a él en ese momento le parecían más importantes. Para corroborar esto, basta con ver que el decreto de Ciro, que aparece tanto en el capítulo 1 como en el capítulo 7 de Esdras, tiene

---

[3] Ver análisis textual al final de la obra, grupo 2.
[4] Ver análisis textual al final de la obra, grupo 2.
[5] Ver análisis textual al final de la obra, grupo 2.

dos versiones diferentes y eso no quiere decir que en el documento original no hayan estado juntas las ideas de las dos versiones.

Cabe destacar, sin embargo, que el libro de Nehemías habla categóricamente de la reconstrucción del muro de Jerusalén y de sus puertas. A Nehemías se le da un informe del deplorable estado del muro de Jerusalén que corresponde al periodo posterior en el que Artajerjes I emitió el decreto del año 457 A.C. En Esdras 4 hay una historia parentética, que va del versículo 6 hasta el versículo 23, en donde se relata que, por influencia de los enemigos de los judíos, Artajerjes I dejó sin efecto su mismo decreto hasta que él mismo revisara si las acusaciones que se hacían eran ciertas o no. En Esdras 4:12,13 los que se oponían a la reconstrucción le escriben al rey Artajerjes I lo siguiente:

*"₁₂Sea notorio al rey, que los judíos **que subieron de ti** a nosotros vinieron a Jerusalén; **y edifican la ciudad rebelde y mala y levantan los muros y reparan los fundamentos**. ₁₃ Ahora sea notorio al rey, que si aquella ciudad fuere **reedificada, y los muros fueren levantados**, no pagarán tributo, y el erario de los reyes será menoscabado."*

Durante el tiempo que la reconstrucción de Jerusalén se mantuvo detenida la infraestructura se deterioró grandemente y esto hizo que Nehemías se atreviera a hablar al rey Artajerjes I para que este le ayudara a reconstruir de nuevo la ciudad.

*"Y dije al rey: Si le place al rey, y tu siervo ha hallado gracia delante de ti, envíeme a Judá, a la ciudad de los sepulcros de mis padres, y **la reedificaré**." Nehemías 2:5*

Lo que posteriormente hace el rey Artajerjes I es darle cartas a Nehemías para que los gobernadores del otro lado del río Éufrates ayuden en su empeño a Nehemías y, de esta forma, el decreto que él mismo dio en el año 457 A.C vuelve a activarse.

Como podemos observar, la mejor fecha para el inicio de la profecía de las 70 semanas es el año 457 A.C, pero también podríamos decir que el decreto fue dado en partes y que fue completado con el decreto de Artajerjes en el año 457 A.C.

"Y los ancianos de los judíos edificaban y prosperaban, conforme a la profecía del profeta Hageo y de Zacarías hijo de Iddo. Edificaron, pues, y terminaron por orden del Dios de Israel, y por mandato de Ciro, de Darío, y de Artajerjes rey de Persia." Esdras 6:14.

El año 457 A.C es, de hecho, la fecha que coincide perfectamente con la época del ministerio de Cristo. Ya que son setenta semanas, o 490 años, la profecía terminaría en el año 34 D.C. Al hacer el cálculo no debemos olvidar que, debido a que entre el año 1 A.C y el año 1 D.C no hay año cero, debemos añadir un año a la cuenta.

La preocupación principal del profeta, como vemos en Daniel 9:1-19, era Israel y de Israel comienza a hablar Gabriel en Daniel 9:24, diciendo: *"setenta semanas están **determinadas** para tu pueblo"*. La palabra hebrea que se traduce como "determinadas" es *hatak,* que en hebreo antiguo literalmente significa *"cortar".* Es de entenderse, entonces, que esas 70 semanas, o 490 años, serían cortadas de los 2300 años de Daniel 8:14, en otras palabras, *los primeros cuatrocientos noventa años de la profecía de las setenta semanas son los primeros años de los 2300 años de la profecía de Daniel 8:14,* y están destinados enteramente a Israel con un propósito.

Dios había llamado a Abraham para formar un pueblo, por medio del cual serían benditas **todas** las naciones de la tierra.

"₁Pero Jehová había dicho a Abram: Vete de tu tierra y de tu parentela, y de la casa de tu padre, a la tierra que te mostraré. ₂ Y haré de ti una nación grande, y te bendeciré, y engrandeceré tu nombre, y serás bendición. ₃ Bendeciré a los que te bendijeren, y a los que te maldijeren

*maldeciré; **y serán benditas en ti todas las familias de la Tierra.**" Génesis 12:1-3*

Dios no hace acepción de personas.

"17Porque Jehová vuestro Dios es Dios de dioses y Señor de señores, Dios grande, poderoso y temible, que no hace acepción de personas, ni toma cohecho; 18 que hace justicia al huérfano y a la viuda; que ama también al extranjero dándole pan y vestido. 19 Amaréis, pues, al extranjero; porque extranjeros fuisteis en la tierra de Egipto." Deuteronomio 10:17-19

Lo que hizo Dios con Israel fue utilizarlo como instrumento de salvación a las otras naciones, ya que a través del linaje de Abraham vendría el Mesías. Ese conocimiento que tenía Abram sería heredado a sus hijos (Ver Génesis 18:17-19) y sus hijos debían compartirlo con los demás, tal y como Cristo lo ordenó a su iglesia. El conocimiento de Dios y el linaje de donde vendría el Mesías era lo que hacía especial a Israel.

Pocos fueron los casos en los que personas de otras religiones y culturas se convirtieron al judaísmo, debido al mal testimonio que los hijos de Israel daban y a la falta de interés de estos por compartir la verdad. Entre los pocos casos sobresale el siguiente:

"Y en cada provincia y en cada ciudad donde llegó el mandamiento del rey, los judíos tuvieron alegría y gozo, banquete y día de placer. Y muchos de entre los pueblos de la tierra se hacían judíos, porque el temor de los judíos había caído sobre ellos." Ester 8:17

De Israel y su misión de compartir la luz de la salvación a la humanidad tenemos muchísimos versículos en el Antiguo Testamento.

*"Cantad a Jehová, que habita en Sion; **publicad entre los pueblos sus obras.**" Salmos 9:11*

*"Estad quietos, y conoced que yo soy Dios; **seré exaltado entre las naciones**; enaltecido seré en la tierra." Salmos 46:10*

*"₄₁Asimismo el extranjero, que no es de tu pueblo Israel, que viniere de lejanas tierras a causa de tu nombre ₄₂ (pues oirán de tu gran nombre, de tu mano fuerte y de tu brazo extendido), y viniere a orar a esta casa, ₄₃ tú oirás en los cielos, en el lugar de tu morada, y harás conforme a todo aquello por lo cual el extranjero hubiere clamado a ti, **para que todos los pueblos de la tierra conozcan tu nombre y te teman, como tu pueblo Israel**, y entiendan que tu nombre es invocado sobre esta casa que yo edifiqué. ₅₉ Y estas mis palabras con que he orado delante de Jehová, estén cerca de Jehová nuestro Dios de día y de noche, para que él proteja la causa de su siervo y de su pueblo Israel, cada cosa en su tiempo; ₆₀ **a fin de que todos los pueblos de la tierra sepan que Jehová es Dios, y que no hay otro.**" 1 Reyes 8:41-43,59,60.*

*"₁Dios tenga misericordia de nosotros, y nos bendiga; haga resplandecer su rostro sobre nosotros; Selah. ₂ **Para que sea conocido en la tierra tu camino, en todas las naciones tu salvación.** ₃ Te alaben los pueblos, oh Dios; todos los pueblos te alaben. ₄ Alégrense y gócense las naciones, porque juzgarás los pueblos con equidad, y pastorearás las naciones en la tierra. Selah. ₅Te alaben los pueblos, oh Dios; todos los pueblos te alaben. ₆ La tierra dará su fruto; nos bendecirá Dios, el Dios nuestro. ₇ Bendíganos Dios, y témanlo todos los términos de la tierra." Salmo 67*

*"₁₀**Vosotros sois mis testigos**, dice Jehová, y mi siervo que yo escogí, para que me conozcáis y creáis, y entendáis que yo mismo soy; antes de mí no fue formado dios, ni lo será después de mí. ₁₁ Yo, yo Jehová, y fuera de mí no hay quien salve. ₁₂ Yo anuncié, y salvé, e hice oír, y no hubo entre vosotros dios ajeno. Vosotros, pues, sois mis testigos, dice Jehová, que yo soy Dios. ₂₁ **Este pueblo he creado para mí; mis alabanzas publicará.**" Isaías 43:10-12, 21*

"₁Ahora pues, oye, Jacob, siervo mío, y tú, Israel, a quien yo escogí. ₈ No temáis, ni os amedrentéis; ¿no te lo hice oír desde la antigüedad, y te lo dije? ₉ **Luego vosotros sois mis testigos.** *No hay Dios sino yo. No hay Fuerte; no conozco ninguno." Isaías 44:1,8,9*

*"₂₂***Mirad a mí, y sed salvos, todos los términos de la tierra, porque yo soy Dios,** *y no hay más. ₂₃ Por mí mismo hice juramento, de mi boca salió palabra en justicia, y no será revocada:* **Que a mí se doblará toda rodilla, y jurará toda lengua."** *Isaías 45:22,23*

"Dice: Poco es para mí que tú seas mi siervo para levantar las tribus de Jacob, y para que restaures el remanente de Israel; **también te di por luz de las naciones, para que seas mi salvación hasta lo postrero de la tierra."** *Isaías 49:6*

Sin embargo, dice la Palabra de Dios:

"Pero mi pueblo no oyó mi voz, e Israel no me quiso a mí." Salmos 81:11

Esta situación tenía un límite y si Israel no quería dar buenos frutos al Señor, iban a venir otros que si los iban a dar.

"Fui buscado por los que no preguntaban por mí; fui hallado por los que no me buscaban. Dije a gente que no invocaba mi nombre: Heme aquí, heme aquí." Isaías 65:1

Juan el Bautista tenía conocimiento de esto y al respecto dijo:

"₈Haced, pues, frutos dignos de arrepentimiento, ₉ y no penséis decir dentro de vosotros mismos: A Abraham tenemos por padre; porque yo os digo que Dios puede levantar hijos a Abraham aun de estas piedras. ₁₀ Y ya también el hacha está puesta a la raíz de los árboles; por tanto, todo árbol que no da buen fruto es cortado y echado en el fuego." Mateo 3: 8-10

Las setenta semanas, o 490 años, que Dios tenía determinado para que Israel siguiera siendo el pueblo que llevara la luz al mundo, se cumplirían en el año 34 de nuestra era. Para la época en que Jesús empieza su ministerio, lo que quedaba para que se cumpliera ese plazo era realmente poco. El mensaje de las buenas nuevas debía ser predicado primeramente a los judíos para que estos tomaran su decisión final, y es por eso que tenemos frases de Jesús como las siguientes:

"5A estos doce envió Jesús, y les dio instrucciones, diciendo: Por camino de gentiles no vayáis, y en ciudad de samaritanos no entréis, 6 sino id antes a las ovejas perdidas de la casa de Israel." Mateo 10:5,6

Y Jesús, al igual que Juan, también profetizó:

"5Entrando Jesús en Capernaum, vino a él un centurión, rogándole, 6 y diciendo: Señor, mi criado está postrado en casa, paralítico, gravemente atormentado. 7 Y Jesús le dijo: Yo iré y le sanaré. 8 Respondió el centurión y dijo: Señor, no soy digno de que entres bajo mi techo; solamente di la palabra, y mi criado sanará. 9 Porque también yo soy hombre bajo autoridad, y tengo bajo mis órdenes soldados; y digo a éste: Ve, y va; y al otro: Ven, y viene; y a mi siervo: Haz esto, y lo hace. 10 Al oírlo Jesús, se maravilló, y dijo a los que le seguían: De cierto os digo, que ni aun en Israel he hallado tanta fe. 11 Y os digo que vendrán muchos del oriente y del occidente, y se sentarán con Abraham e Isaac y Jacob en el reino de los cielos; 12 mas los hijos del reino serán echados a las tinieblas de afuera; allí será el lloro y el crujir de dientes." Mateo 8: 5-12

A propósito de eso, tenemos una parábola muy interesante en donde Jesús deja en claro lo que hemos venido diciendo:

"33Oíd otra parábola: Hubo un hombre, padre de familia, el cual plantó una viña, la cercó de vallado, cavó en ella un lagar, edificó una torre, y la arrendó a unos labradores, y se fue lejos. 34 Y cuando se acercó el tiempo de los frutos, envió sus siervos a los labradores, para que recibiesen sus

frutos. ₃₅ Mas los labradores, tomando a los siervos, a uno golpearon, a otro mataron, y a otro apedrearon. ₃₆ Envió de nuevo otros siervos, más que los primeros; e hicieron con ellos de la misma manera. ₃₇ Finalmente les envió su hijo, diciendo: Tendrán respeto a mi hijo. ₃₈ Mas los labradores, cuando vieron al hijo, dijeron entre sí: Este es el heredero; venid, matémosle, y apoderémonos de su heredad. ₃₉ Y tomándole, le echaron fuera de la viña, y le mataron. ₄₀ Cuando venga, pues, el señor de la viña, ¿qué hará a aquellos labradores? ₄₁ Le dijeron: A los malos destruirá sin misericordia, y arrendará su viña a otros labradores, que le paguen el fruto a su tiempo. ₄₂ Jesús les dijo: ¿Nunca leísteis en las Escrituras: La piedra que desecharon los edificadores, ha venido a ser cabeza del ángulo. El Señor ha hecho esto, y es cosa maravillosa a nuestros ojos? ₄₃ Por tanto os digo, que el reino de Dios será quitado de vosotros, y será dado a gente que produzca los frutos de él." Mateo 21:33-43*

El padre de familia es Dios y su viña es Israel.

*"Ciertamente **la viña de Jehová de los ejércitos es la casa de Israel**, y los hombres de Judá planta deliciosa suya. Esperaba juicio, y he aquí vileza; justicia, y he aquí clamor." Isaías 5:7*

Dios, a través de sus profetas, una y otra vez mandó sus mensajes a los labradores, o sea los líderes religiosos y políticos, para que la viña diera abundante fruto, pero, los profetas fueron rechazados y hasta asesinados. Al final Dios, el dueño de la viña, envió a su hijo Jesucristo y, como sabemos, también él fue rechazado y asesinado.

La respuesta que se da a la pregunta de Mateo 21:40,41 es contundente:

*"₄₀Cuando venga, pues, el señor de la viña, ¿qué hará a aquellos labradores? ₄₁ Le dijeron: A los malos destruirá sin misericordia, y **arrendará su viña a otros labradores**, que le paguen el fruto a su tiempo."*

Dos verdades ocultas bajo el polvo de la indiferencia

En el año 34 D.C muere el primer mártir de la cristiandad, Esteban, seguido a esto Pablo se convierte al cristianismo y empieza la predicación a los gentiles. Lo que Dios siempre había pretendido, que era llevar la salvación hasta lo último de la tierra, se comenzó a dar a partir de esa fecha. A Ananías el Señor le dice, en relación con Pablo:

"El Señor le dijo: Ve, porque instrumento escogido me es éste, para llevar mi nombre en presencia de los gentiles, y de reyes, y de los hijos de Israel,..." Hechos 9:15

Otro texto concerniente a lo mismo dice:

*"46Entonces Pablo y Bernabé, hablando con denuedo, dijeron: A vosotros a la verdad era necesario que se os hablase **primero** la palabra de Dios; **mas puesto que la deseecháis, y no os juzgáis dignos de la vida eterna, he aquí, nos volvemos a los gentiles.** 47 Porque así nos ha mandado el Señor, diciendo: **Te he puesto para luz de los gentiles,** a fin de que seas para salvación **hasta lo último de la tierra.** 48 Los gentiles, oyendo esto, se regocijaban y glorificaban la palabra del Señor, y creyeron todos los que estaban ordenados para vida eterna."* Hechos 13:46-48

La salvación comenzó a ofrecerse ampliamente a todos los hombres.

*"6No que la palabra de Dios haya fallado; **porque no todos los que descienden de Israel son israelitas,** 7 **ni por ser descendientes de Abraham, son todos hijos;** sino: En Isaac te será llamada descendencia. 8 Esto es: **No los que son hijos según la carne son los hijos de Dios, sino que los que son hijos según la promesa** son contados como descendientes."* Romanos 9:6-8

La profecía de las 70 semanas es la última profecía que incluye a los judíos como nación. Después de esto, contrario a lo que piensan muchos, Israel como nación desaparece de las profecías. La amenaza latente que plantea esta profecía sobre el mismo judaísmo es tan evidente que por mucho tiempo se ha coaccionado a los practicantes de esa religión (so pena de maldición) para que no estudien Daniel 9, lo cual nos demuestra que las autoridades religiosas judías comprenden perfectamente el significado de la profecía, aunque lo eluden.

"Que los huesos de las manos y los huesos de los dedos se pudran y se descompongan de él si pasa las páginas de Daniel para averiguar el tiempo de Daniel 9:24-27 y que su memoria se pudra de la faz de la tierra para siempre" Ley talmúdica página 78, sección 2, línea 28

Hemos visto hasta aquí de lo que se habla en Daniel 9:24 cuando se dice: *"Setenta semanas están determinadas para tu pueblo"*. Durante los 490 años de la profecía de las setenta semanas iban a ocurrir otra serie de acontecimientos que se detallan en Daniel 9:24-27.

1.- "Terminar la prevaricación, y poner fin al pecado, y expiar la iniquidad, para traer la justicia perdurable."

Como resultado de la muerte de Cristo, y del juicio de los justos, el dominio del mundo se le otorgará a Cristo. Cuando el mundo entero se someta totalmente a Cristo, entonces, se dará la justicia perdurable, y, a pesar de que esto todavía no ocurre, ya Jesús hablaba de eso como una realidad (Mateo 4:17). La justicia, que vendrá con la Segunda Venida de Cristo, es una realidad cuando aceptamos a Jesús en nuestras vidas.

2.- "Sellar la visión y la profecía".

Algunos dirán que lo anterior corresponde al cumplimiento de la profecía de las 70 semanas, sin embargo, la frase corresponde más bien a las profecías concernientes al Mesías, que vendría en el transcurso de esos 490 años. De hecho, los antiguos judíos, que descifraron parcialmente la profecía, sabían que las profecías relativas al Mesías estaban por cumplirse en la época del ministerio de Jesús y, por eso, durante esa época aparecieron una serie de falsos mesías que trataron de sacar provecho de la expectativa del pueblo. (Ver Hechos 21:37,38).

En hebreo esta frase dice literalmente: *"sellar visión y profeta"*, sin artículos, y algunos eruditos dicen que también esta frase podría referirse a la visión que tuvo Esteban antes que muriera apedreado, ya que esto literalmente sella la profecía de las setenta semanas.

3.- *"Ungir al Santo de los santos".*

El Mesías es ungido en este periodo. Cristo, el Mesías, por medio del bautismo es ungido por Juan el Bautista.

*"37Vosotros sabéis lo que se divulgó por toda Judea, comenzando desde Galilea, después del bautismo que predicó Juan: 38 **Como Dios ungió con el Espíritu Santo y con poder a Jesús de Nazaret**, y como éste anduvo haciendo bienes y sanando a todos los oprimidos por el diablo, porque Dios estaba con él."* Hechos 10:37,38

Es interesante que en hebreo "santo de los santos", *Qodesh Qodeshim*, aparece más de 40 veces en el Antiguo Testamento y en cada una de esas veces se refiere al santuario, y no a personas, por lo que también esta frase estaría haciendo alusión, según algunos, al ungimiento del Santuario Celestial cuando Cristo inaugura ese santuario como sacerdote, al final de las setenta semanas cuando asciende al cielo. En todo caso tengamos presente que el santuario era símbolo de Dios entre su pueblo, o sea Dios con nosotros (Isaías 7:14, Mateo 1:23, Isaías 8:13,14, Apocalipsis 21:2,3).

Analicemos los últimos versículos de la profecía de las setenta semanas:

*"25Sabe, pues, y entiende, que desde la salida de la orden para restaurar y edificar a Jerusalén hasta el Mesías Príncipe, habrá **siete semanas**, y **sesenta y dos semanas**; se volverá a edificar la plaza y el muro en tiempos angustiosos. 26 Y después de las sesenta y dos semanas se quitará la vida al Mesías, mas no por sí; y el pueblo de un príncipe que ha de venir destruirá*

*la ciudad y el santuario; y su fin será con inundación, y hasta el fin de la guerra durarán las devastaciones. ₂₇ Y por **otra semana** confirmará el pacto con muchos; **a la mitad de la semana** hará cesar el sacrificio y la ofrenda. Después con la muchedumbre de las abominaciones vendrá el desolador, hasta que venga la consumación, y lo que está determinado se derrame sobre el desolador." Daniel 9:25-27*

Las frases anteriormente resaltadas nos dan las 70 semanas. Las primeras siete semanas son 49 años, que corresponden al tiempo que duró la reconstrucción de Jerusalén y que terminó en el 408 A.C. Las siguientes 62 semanas, o 434 años, nos llevan al año 27 de nuestra era, que es el año del ungimiento o bautismo de Cristo. Hasta aquí tenemos 69 semanas y nos falta una. La última semana, o 7 años, termina en el año 34 de nuestra era y, como vimos, se abre el evangelio a los gentiles. El texto dice que a la mitad de esa semana, o sea en el año 31 de nuestra era, *"cesará el sacrificio y la ofrenda"*; el sacrificio y la ofrenda cesan ese año pues Cristo muere en la cruz y con su muerte se termina aboliendo la ley ritual.

"₅₀Mas Jesús, habiendo otra vez clamado a gran voz, entregó el espíritu. ₅₁ Y he aquí, el velo del templo se rasgó en dos, de arriba abajo; y la tierra tembló, y las rocas se partieron." Mateo 27:50,51

Cristo, a través de su sacrificio nos abrió camino hacia la presencia de Dios. Cristo dejó de ser la ofrenda o víctima, y se convirtió en nuestro sumo sacerdote.

"Porque sólo hay un Dios, y un solo mediador entre Dios y los hombres, Jesucristo hombre." 1 Timoteo 2:5

Si bien es cierto, la destrucción de Jerusalén, en el año 70 aproximadamente, no es parte de los 490 años de la profecía de las 70 semanas, este evento igualmente se registra en Daniel 9:26,27. Cristo hablando de la destrucción de Jerusalén, dijo en Mateo 24:15,16:

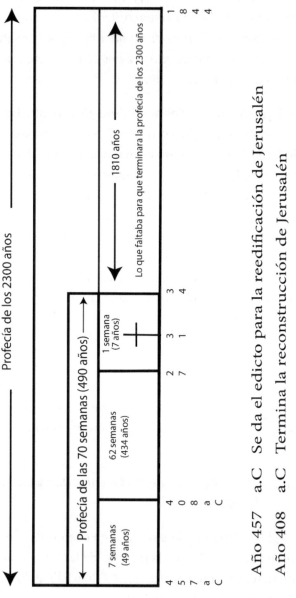

Profecía de los 2300 años

Profecía de las 70 semanas (490 años)

7 semanas (49 años)	62 semanas (434 años)	1 semana (7 años)

1810 años

Lo que faltaba para que terminara la profecía de los 2300 años

Año 457   a.C   Se da el edicto para la reedificación de Jerusalén

Año 408   a.C   Termina la reconstrucción de Jerusalén

Año 27   d.C   Año del ungimiento o bautismo de Cristo

Año 31   d.C   Año de la muerte de Cristo

Año 34   d.C   Año de la muerte de Esteban por lapidación

Año 1844 d.C   Terminan los 2300 años de Daniel 8:14

"₁₅Por tanto, cuando veáis en el lugar santo la abominación desoladora de que habló el profeta Daniel (el que lee entienda), ₁₆ entonces los que estén en Judea, huyan a los montes."

Lucas 21:20 describe la "abominación desoladora" con palabras más entendibles.

*"Pero cuando vieres a Jerusalén rodeada de ejércitos, sabed entonces que su **destrucción** ha llegado."*

La destrucción de Jerusalén fue el castigo de los judíos por haber rechazado a Cristo al final del periodo profético de las 70 semanas y, por eso, se menciona este evento en Daniel 9:26,27 sin ser parte del periodo específico de los 490 años de la profecía. Evidentemente, el príncipe que se menciona en Daniel 9:26 es el General Tito, hijo del emperador romano Vespasiano, quien lideró las fuerzas romanas que destruyeron la ciudad y el Templo, tal y como Cristo lo había profetizado en Mateo 24. Más tarde Tito también fue emperador de Roma.

*"₄₀ Él respondiendo, les dijo: Os digo que si éstos callaran, las piedras clamarían. ₄₁Y cuando llegó cerca de la ciudad, al verla, lloró sobre ella. ₄₂diciendo: ¡Oh, si también tú conocieses, a lo menos en este tu día, lo que es para tu paz! Mas ahora está encubierto de tus ojos. ₄₃Porque vendrán días sobre ti, cuando tus enemigos te rodearán con vallado, y te sitiarán, y por todas partes te estrecharán, ₄₄y te derribarán a tierra, y a tus hijos dentro de ti, y no dejarán en ti piedra sobre piedra, **por cuanto no conocieron el tiempo de tu visitación.**"* Lucas 19:40-44

"A lo suyo vino, y los suyos no le recibieron." Juan 1:11

La profecía de las 70 semanas, o 490 años, termina en el año 34 de nuestra era, sin embargo, recordemos que la profecía completa es de 2300 años. Faltan 1810 años para completar los 2300 años de Daniel 8:14 y eso nos lleva hasta el año 1844 de nuestra era, y específicamente al día 22 de octubre de ese año que, de acuerdo con el calendario judío caraíta, cuya secta sigue el calendario hebreo acorde a las especificaciones del ritual del templo (lunas llenas, maduración de cosechas, etc), era el día de expiación. En esa fecha Cristo comenzó la segunda etapa del sistema de expiación. Ahí empieza el juicio intercesor en favor de los hijos de Dios.

Cuando a Moisés se le habló, acerca de la construcción del santuario terrenal, se le dijo:

*"Mira y **hazlos conforme al modelo que te ha sido mostrado** en el monte." Éxodo 25:40*

Sobre esto, dijo Esteban en Hechos 7:44.

*"Tuvieron nuestros padres el tabernáculo del testimonio en el desierto, como había ordenado Dios cuando dijo a Moisés que **lo hiciese conforme al modelo que había visto.**"*

Según estos dos versículos, lo que hizo Moisés fue solo una copia de algo que ya existía. O sea, que el verdadero santuario no era el terrenal sino el celestial. Hablando de esto el libro de Hebreos dice:

*"₁Ahora bien, el punto principal de lo que venimos hablando es que tenemos tal sumo sacerdote, el cual se sentó a la diestra del trono de la Majestad en los cielos, ₂ **ministro del santuario, y de aquel verdadero tabernáculo que levantó el Señor, y no el hombre.**" Hebreos 8:1,2*

*"Porque no entró Cristo en el santuario hecho de mano, **figura del verdadero**, sino en el cielo mismo para presentarse ahora por nosotros ante Dios." Hebreos 9:24*

La profecía de los 2300 días dice que ese santuario debía ser purificado, pero, si el santuario verdadero está en el cielo ¿tendrá este que purificarse? Sí, y lo que contamina ese santuario es lo mismo que contaminaba el santuario terrenal, o sea, el registro de los pecados que han sido perdonados a los hijos de Dios. Leamos Hebreos 9:23,24.

*"23Fue, pues, necesario que **las figuras de las cosas celestiales fuesen purificadas así; pero las cosas celestiales mismas, con mejores sacrificios que estos.** 24 Porque no entró Cristo en el santuario hecho de mano, **figura del verdadero,** sino en el cielo mismo para presentarse ahora por nosotros ante Dios."*

Recordemos que la limpieza del santuario correspondía a la segunda parte del sistema de expiación del Antiguo Testamento, que tenía que ver con la eliminación del pecado (Día de Expiación o Yom Kippur). Los pecados de Israel quedaban simbólicamente grabados en el velo que separaba el Lugar Santo del Lugar Santísimo y en los altares. A través del velo entraba el sacerdote al lugar santísimo a interceder por todas las faltas que el pueblo había cometido durante el año, para así justificarlos definitivamente delante de Dios. Ese velo representa a Cristo, de acuerdo con Hebreos 10:19,20.

"19Así que, hermanos, teniendo libertad para entrar en el Lugar Santísimo por la sangre de Jesucristo, 20 por el camino nuevo y vivo que él nos abrió a través del velo, esto es, de su carne."

La primera etapa de la expiación, o perdón, ya la realizó Jesucristo al morir por nosotros y de hecho todavía la sigue realizando, ya que el perdón todavía es una realidad. Hasta la fecha, todos los pecados perdonados se transfieren al santuario celestial. Cristo murió en la tierra, que es el verdadero atrio, y luego subió al cielo, adonde está el verdadero santuario o templo, y en el lugar santo se presentó no como víctima sino como sacerdote a ofrecer su misma sangre ante el Señor para beneficio de los pecadores y, a través del perfume de su justicia (simbolizado en el altar del incienso), presenta las oraciones de los justos. La sangre ofrecida por Cristo asegura el perdón y la aceptación del Padre pero, a pesar de eso, los pecados perdonados permanecen grabados en los libros del registro celestial.

"₁₁Mas estando ya presente Cristo, pontífice de los bienes que habían de venir, por el más amplio y más perfecto tabernáculo, no hecho de manos, es a saber, no de esta creación; ₁₂ y no por sangre de machos cabríos ni de becerros, mas por su propia sangre, entró una sola vez en el santuario, habiendo obtenido eterna redención." Hebreos 9:11,12 Reina Valera 1909

En estos momentos, Cristo está en el cielo intercediendo por cada uno de sus hijos en un juicio que se da ya no en el lugar santo, sino en el lugar santísimo del santuario celestial, tal y como el sacerdote hacía en el lugar santísimo del santuario terrenal, cuando intercedía por la eliminación de los pecados que habían quedado grabados simbólicamente durante todo el año en el velo del templo que dividía el lugar santo del lugar santísimo, y también en los altares, en el día de expiación o Yom Kippur.

Si el arca del pacto (específicamente el propiciatorio), que estaba detrás del velo, simboliza el mismo trono de Dios y si Cristo se sentó a la diestra del Padre (Hebreos 1:3), entonces, ¿qué tan válido es decir que Cristo entró en el Lugar Santísimo hasta 1844?

En primer lugar, diré que sentarse en el trono, en el pensamiento hebreo antiguo, era una cuestión de categoría (2 Crónica 6:3,10) y, por otro lado, es de resaltar que el trono de Dios en Daniel 7, en donde se describe el juicio celestial, tiene ruedas lo que sugiere un tipo de locomoción.

¿Realmente son borrados nuestros pecados en el Juicio Investigador que está llevando a cabo Cristo? o ¿estos se borran cuando los confesamos y pedimos perdón? Los siguientes versículos realmente nos ponen a pensar en el asunto.

"Yo soy el que borro tus rebeliones por amor de mí mismo, no me acordaré de tus pecados." Isaías 43:25

"₁Ten piedad de mí, oh Dios, conforme a tu misericordia; conforme a la multitud de tus piedades borra mis rebeliones. ₉ Esconde tu rostro de mis pecados, y borra todas mis maldades." Salmo 51:1,9

Estos dos versículos sugieren que Dios borra nuestros pecados cuando los confesamos, pero, Isaías 44:22 nos dice que Dios no solo borraba los pecados de Israel sino que también **redimía al pueblo,** lo cual es sumamente extraño ya que la redención, legalmente hablando, no se había dado pues Cristo todavía no había muerto en la cruz.

"Yo deshice como una nube tus rebeliones, y como niebla tus pecados; vuélvete a mí, porque yo te redimí."

La respuesta a estas interrogantes la encontramos en Romanos 4:17, donde dice que Dios llama a las cosas que no son como si fuesen.

"(como está escrito: Te he puesto por padre de muchas gentes) delante de Dios, a quién creyó, el cual da vida a los muertos, y llama a las cosas que no son, como si fuesen."

Dios habla de las cosas futuras como si estuvieran en el presente para darle seguridad a su pueblo. La eliminación del registro de los pecados perdonados, en los libros de cada uno de los hijos de Dios, ocurriría en el juicio investigador al final de los 2300 años, sin embargo, Dios ya le daba a su pueblo la certeza de esa eliminación hablando en presente a cada generación.

Este juicio es para todos aquellos que alguna vez hayan profesado el nombre de Cristo (2 Corintios 5:10). Recordemos que el juicio se realizaba en el pueblo que invocaba el nombre de Dios, a través de los sacrificios que representaban a Cristo. Por medio de ese juicio seremos declarados dignos de la vida eterna al ser justificados plenamente delante del Padre mediante la eliminación del registro de nuestros pecados. Cada uno de los pecados, que una vez fueron confesados y perdonados, entran al Santuario

Celestial y cada caso, de los que una vez clamaron a Dios por perdón, está siendo analizado para saber si al final este o aquel individuo sometieron sus vidas a la influencia del Espíritu Santo para vencer el pecado. Dios todo lo sabe, pero sus criaturas no. El juicio es para dejar claro al universo que en todo se actuó con justicia y al final cada uno eligió su camino. El juicio para los impíos todavía no ha tenido lugar ya que, como veremos, tendrá su ejecución durante el milenio. El profeta Daniel deja en claro que el primer juicio es el de los hijos de Dios.

"... hasta que vino el Anciano de días y se dio el juicio a los santos del Altísimo..." Daniel 7:22

Y Pedro, hablando del juicio de los hijos de Dios dice:

"Porque es tiempo de que el juicio empiece por la casa de Dios; y si primero comienza por nosotros, ¿Cuál será el fin de aquellos que no obedecen al evangelio de Dios?." 1 Pedro 4:17.

En forma simbólica, cada uno tendrá que llegar ante el tribunal celestial como lo hizo el sacerdote Josué en Zacarías 3:1-4.

"₁Me mostró al sumo sacerdote Josué, el cual estaba delante del ángel de Jehová, y Satanás estaba a su mano derecha para acusarle. ₂ Y dijo Jehová a Satanás: Jehová te reprenda, oh Satanás, Jehová que ha escogido a Jerusalén te reprenda. ¿No es éste un tizón arrebatado del incendio? ₃ Y Josué estaba vestido de vestiduras viles, y estaba delante del ángel. ₄ Y habló el ángel y mandó a los que estaban delante de él, diciendo: Quitadle esas vestiduras viles. Y a él le dijo: Mira que he quitado de ti tu pecado, y te he hecho vestir ropas de gala."

Así como Satanás reclamó el cuerpo de Moisés (Judas 9) también reclama a todos los hijos de Dios como suyos, pero, Cristo los limpió con su sangre y los justifica plenamente durante el juicio, y, por lo tanto, los hace dignos delante de su Padre. "Por gracia sois salvos" dice Pablo en Efesios 2:8.

El Evangelio Eterno

*"₆Vi volar por en medio del cielo a otro ángel, que tenía el **evangelio eterno** para predicarlo a los moradores de la tierra, a toda nación, tribu, lengua y pueblo, ₇ diciendo a gran voz: **Temed a Dios**, y dadle gloria, **porque la hora de su juicio ha llegado**; y adorad a aquel que hizo el cielo y la tierra, el mar y las fuentes de las aguas. ₈ Otro ángel le siguió, diciendo: Ha caído, ha caído Babilonia, la gran ciudad, porque ha hecho beber a todas las naciones del vino del furor de su fornicación. ₉ Y el tercer ángel los siguió, diciendo a gran voz: Si alguno adora a la bestia y a su imagen, y recibe la marca en su frente o en su mano, ₁₀ él también beberá del vino de la ira de Dios, que ha sido vaciado puro en el cáliz de su ira; y será atormentado con fuego y azufre delante de los santos ángeles y del Cordero."* Apocalipsis 14:6-10.

Habrá muchas señales antes de la segunda venida de Cristo, sin embargo, la que precede su advenimiento será la predicación del evangelio.

*"Y será predicado este **evangelio** del reino en todo el mundo, para testimonio a todas las naciones; **y entonces vendrá el fin.**"* Mateo 24:14

A pesar de que hay muchas iglesias que dicen tener la verdad, solo un grupo la tiene. Esto se debe a que solo hay un evangelio. Muchas iglesias equivalen a muchos diferentes tipos de mensajes o evangelios. Si el evangelio tiene que ser predicado al mundo entero, entonces, la iglesia que lo predique debe contar con presencia en todos los países y en la mayoría de los pueblos y ciudades. Una presencia internacional es vital para llevar el evangelio a todo el planeta. Este requisito de universalidad lo poseen solo las siguientes iglesias:

✓ Iglesia Católica.

✓   La Iglesia de Jesucristo de los Santos de los últimos días (mormones).

✓   Testigos de Jehová.

✓   Iglesia Adventista del Séptimo Día.

Estas iglesias pueden ser encontradas en prácticamente todo el planeta y poseen una organización bien estructurada. Definitivamente, un estudio de estas iglesias, a la luz de las verdades expuestas en esta obra, nos dará como resultado saber quién realmente posee la verdad. Las cuatro iglesias mencionadas poseen doctrinas únicas que las diferencian entre sí y con cualquier otra secta o religión. Es de resaltar que la salvación es individual y que pertenecer a la iglesia que tenga la verdad no garantiza la salvación. Cada individuo tendrá que dar cuenta de sus propios actos a Dios.

Contrario a estas iglesias tenemos una serie de iglesias cristianas, que tienen una cobertura mundial muy pobre, o nula, pero que se parecen doctrinalmente hablando y lo que las diferencia entre sí es más bien su forma de culto. Algunas tienen una forma de culto más extrovertida que otras, por ejemplo. A este grupo conocido como iglesias evangélicas pertenecen, entre otras, las siguientes: Iglesias Pentecostales, Iglesias Bautistas, Iglesias Metodistas, etc. Estos grupos están totalmente fraccionados, aunque lleven el mismo nombre. Usted podrá encontrar, por ejemplo, varias iglesias Bautistas, o Pentecostales, en una misma ciudad que no tienen relación alguna entre sí.

Esa confusión que tiene la gente por las miles de iglesias que existen queda reducida, como ya vimos, a cinco categorías. Mirando de este modo el problema no es tan enorme como a simple vista parece.

Es de resaltar que la Iglesia que tiene la verdad se caracteriza por el mensaje que tiene que predicar, **ya que ese mensaje es en esencia la verdadera doctrina**. Esto ha de tenerse muy en cuenta ya que una de las señales del tiempo del fin es la proliferación de falsos profetas y maestros que proclamarán tener la verdad. Nunca han existido tantos falsos profetas y maestros como en nuestros días, ya que estamos viviendo los últimos tiempos.

"Porque se levantarán falsos Cristos, y falsos profetas, y harán grandes señales y prodigios, de tal manera que engañarán, si fuere posible, aun a los escogidos." Mateo 24:24.

Ni siquiera los milagros o cosas fuera de lo común, hechos por ciertos grupos religiosos, pueden tomarse como una señal de que son la verdadera iglesia.

*"₂₁No todo el que me dice: Señor, Señor, entrará en el reino de los cielos, **sino el que hace la voluntad de mi Padre** que está en los cielos. ₂₂ Muchos me dirán en aquel día: Señor, Señor, ¿no **profetizamos** en tu nombre, y en tu nombre **echamos fuera demonios**, y en tu nombre **hicimos muchos milagros**? ₂₃ Y entonces les declararé: Nunca os conocí, apartaos de mí hacedores de maldad." Mateo 7:21-23*

El grupo al cual Cristo dirige tan duras palabras profetizaba, echaba demonios y realizaba múltiples milagros, no en el nombre de Satanás sino, en el nombre de Cristo. Si esta gente hacía milagros en el nombre de Cristo y fueron rechazados, entonces ¿quién realmente les estaba dando este poder? La respuesta es fácil: El mismo Satanás (Ver Lucas 11:23). En las cosas espirituales no hay punto medio; se está de parte de Dios, o de parte de Satanás (Ver Apocalipsis 3:15,16).

Lo que realmente distingue a los verdaderos hijos de Dios y por ende a la verdadera iglesia, como vimos en Mateo 7: 21-23, es **hacer la voluntad de Dios**. Hacer la voluntad de Dios es guardar los 10 mandamientos incluyendo, como hemos estudiado, el cuarto mandamiento que tiene que ver con la observación del sábado. De hecho, la traducción más apegada al texto griego de Mateo 7:23 la encontramos en la siguiente versión de las Escrituras y dice acertadamente:

*"Pero yo les responderé: Nunca los conocí. Aléjense, ustedes, que **violan las leyes de Dios**." Mateo 7:23 Biblia Nueva Traducción Viviente*

Sobre esto nos dicen los próximos dos textos.

"El hacer tu voluntad, Dios mío, me ha agradado, y tu ley está en medio de mi corazón." Salmo 40:8

"Si me amáis, guardad mis mandamientos." Juan 14:15

Ahora bien, nos dice el apóstol Pablo en Gálatas 1:6,7:

*"6Estoy maravillado de que tan pronto os hayáis alejado del que os llamó por la gracia de Cristo, para seguir un evangelio diferente. 7 **No que haya otro**, sino que hay algunos que os perturban y quieren pervertir el evangelio de Cristo."*

Todo el mundo habla de predicar el evangelio, sin embargo, no todos saben qué es realmente el evangelio. A la luz de Apocalipsis nos daremos cuenta cuál es ese mensaje especial que debe ser predicado.

En Mateo 28:19,20 vemos que Cristo encomendó la predicación del evangelio a su iglesia.

"19Por tanto, id, y haced discípulos a todas las naciones, bautizándolos en el nombre del Padre, y del Hijo, y del Espíritu Santo; 20 enseñándoles que guarden todas las cosas que os he mandado; y he aquí yo estoy con vosotros todos los días, hasta el fin del mundo. Amén."

El evangelio fue dado para ser predicado por los seguidores de Jesús y, por lo tanto, el ángel que tiene el evangelio eterno, en Apocalipsis 14:6,7, es un símbolo de los hijos de Dios. Ellos tienen la misión de llevar el evangelio a todo el mundo. De hecho, la palabra ángel significa "mensajero" y eso es lo que debería ser cada hijo de Dios. Aquellos que llevan el evangelio se caracterizan por dos cosas muy importantes: Guardar los mandamientos de Dios y tener la fe de Jesús.

*"Aquí está la paciencia de los santos, los que **guardan los mandamientos de Dios** y tienen la fe de Jesús." Apocalipsis 14:12.*

El primer mensaje que distingue la predicación de los últimos días se divide, como vemos en Apocalipsis 14:6,7, en tres partes. La primera parte contiene un llamado a guardar los mandamientos de Dios, luego se enfoca en el juicio y por último hace énfasis en el cuarto mandamiento, que tiene que ver con el sábado, el cual ha sido pisoteado por los cristianos a través del tiempo.

Primeramente, el ángel dice: *"Temed a Dios".* ¿Qué es temer a Dios? El temor a Dios es guardar los mandamientos de Dios. Cuando nos sometemos a la influencia del Espíritu Santo los mandamientos de Dios se vuelven parte de nuestra vida, y se guardan en forma natural y sin esfuerzo.

"El principio de la sabiduría es el temor de Jehová; buen entendimiento tienen todos los que practican sus mandamientos; su loor permanece para siempre." Salmo 111:10

"¡Quién diera que tuviesen tal corazón, que me temiesen y guardasen todos los días todos mis mandamientos, para que a ellos y a sus hijos les fuese bien para siempre |" Deuteronomio 5:29

*"₁Estos, pues, son los mandamientos, estatutos y decretos que Jehová vuestro Dios mandó que os enseñase, para que los pongáis por obra en la tierra a la cual pasáis vosotros para tomarla; 2 **para que temas a Jehová tu Dios, guardando todos sus estatutos y sus mandamientos** que yo te mando, tú, tu hijo, y el hijo de tu hijo, todos los días de tu vida, para que tus días sean prolongados." Deuteronomio 6:1,2*

Según Apocalipsis 14:7, hay que temer a Dios porque: "**La hora de su juicio ha llegado**". El juicio de Dios a sus hijos se da antes de la Segunda

Venida de Cristo y, por lo tanto, es vital predicarlo. Recordemos que el juicio empezó en el año 1844 y a partir de ese momento es predicado el mensaje final al mundo. Durante ese tiempo, y en un momento que nadie sabe, el juicio de los hijos de Dios debe terminar y el destino de la humanidad quedará sellado para siempre. El evangelio urge a las personas a tomar una decisión antes que todo termine.

"Porque la tierra será llena del conocimiento de la gloria de Jehová, como las aguas cubren el mar." Habacub 2:14

El Día de expiación el sacerdote oficiaba dentro del lugar santísimo del santuario, en donde se encontraban los 10 mandamientos contenidos en el arca del testimonio (2 Crónicas 5:10). Es por esa ley que seremos juzgados. No puede haber juicio sin ley.

Cuando el ángel, en Apocalipsis 14:7, dice: ***"Adorad a aquel que hizo el cielo y la tierra, el mar y las fuentes de las aguas"***, está haciendo referencia al único de los diez mandamientos que nos muestra a Dios como creador y sustentador de todas las cosas, el cuarto mandamiento. Éxodo 20:8-11 dice:

*"8Acuérdate del día de reposo para santificarlo. 9 Seis días trabajarás, y harás toda su obra; 10 mas el séptimo día es reposo para Jehová tu Dios; no hagas en él obra alguna, tú, ni tú hijo, ni tu hija, ni tu siervo, ni tu criada, ni tu bestia, ni tu extranjero que está dentro de tus puertas. 11 **Porque en seis días hizo Jehová los cielos y la tierra, el mar, y todas las cosas que en ellos hay, y reposó en el séptimo día**, por tanto, Jehová bendijo el día de reposo y lo santificó."*

La observancia del sábado es un mandamiento dado a toda la humanidad. Se dio a los hombres desde el Edén (Génesis 2:1,2) y forma parte de una ley que existirá luego de la redención de la humanidad, en la tierra nueva.

"₂₂Porque como los cielos nuevos y la tierra nueva que yo hago permanecerán delante de mí, dice Jehová, así permanecerá vuestra descendencia y vuestro nombre. ₂₃ Y de mes en mes y de día de reposo en día de reposo, vendrán todos a adorar delante de mí, dijo Jehová." Isaías 66:22,23

Apocalipsis 14:8-11 contiene los mensajes de los otros dos ángeles que hacen un llamado a salir de Babilonia. Dicha Babilonia, en la antigüedad, era un lugar que fomentaba la falsa doctrina y estaba contaminada por el error. Estaba cargada de dioses falsos y hechicería. Babilonia es un símbolo de la religión falsa que combina verdad con paganismo. Es primeramente el poder católico, descrito en Daniel capítulos 7 y 8, pero además simboliza a todas aquellas religiones que se contaminaron con las doctrinas falsas del catolicismo como lo son: la "inmortalidad del alma" y el "falso día de reposo."

*"Siendo que el sábado y no el domingo se especifica en la Biblia, ¿no es curioso que los que no son católicos, quienes profesan tomar su religión directamente de la Biblia y no de la iglesia, observen el domingo en vez del sábado? Sí, claro que es inconsciente; pero este cambio se hizo unos 15 siglos antes que naciera el protestantismo, y para ese tiempo la costumbre se observaba ya universalmente. Ellos (los protestantes) han continuado la costumbre aun cuando descansa sobre la autoridad de la Iglesia Católica y no sobre un texto explícito de la Biblia. Dicha observancia permanece como un recordatorio de la **iglesia madre** de donde se separaron las sectas no católicas. Es como un niño que se fuga de su casa pero aún lleva, en el bolsillo, una foto de su **madre** o una trenza de su cabello."* John A O´Brien, The Faith of Millions (Londres: W.H. Allen, 1958, first cheap edition), pp 543, 544.

Al predicarse el evangelio eterno se hace un llamado al mundo para salir de Babilonia, para no recibir el castigo de la ira de Dios a través de sus plagas. Dios tiene mucho pueblo en Babilonia y a todos los que se esfuerzan en buscar la verdad Dios los está llamando.

Por su puesto, como en épocas pasadas cuando los hijos de Dios hagan el llamado de atención al mundo, habrá mucha oposición. Sucedió con los profetas en el antiguo Israel, le sucedió a la iglesia primitiva, sucedió durante la Inquisición Católica en la edad media y sucederá cuando los hijos de Dios den el último mensaje al mundo.

Posterior a la predicación del último mensaje, una vez que todos hayan tomado parte en un grupo u otro, Cristo dejará de interceder ante Dios y se cierra el tiempo de gracia.

El cierre de la gracia

Como cristianos, más que prepararnos para la Segunda Venida de Cristo deberíamos prepararnos para el cierre de gracia, ya que si no estamos preparados para el cierre de gracia no estaremos preparados cuando Cristo venga en poder y gloria.

El ejemplo más claro del cierre de la gracia es el relato del diluvio. Hay varias etapas del diluvio que nos muestran claramente lo que sucederá antes de la Segunda Venida de Cristo.

1.- La predicación de Noé. A pesar de que Génesis no menciona la predicación de Noé si sabemos que él tuvo un mensaje que predicar, ya que 2 Pedro 2:5 lo menciona:

*"Y si Dios no perdonó al mundo antiguo, sino que guardó a Noé, **pregonero de justicia**, con otras siete personas, trayendo el diluvio sobre el mundo de los impíos."*

El Espíritu Santo contendió con el corazón de los hombres durante los 120 años que duró la predicación de Noé.

"Y dijo Jehová: No contenderá mi espíritu con el hombre para siempre, porque ciertamente él es carne; más serán sus días ciento veinte años." *Génesis 6:3*

La puerta de la gracia estuvo abierta mientras Noé predicó bajo la influencia del Espíritu Santo. Durante el tiempo de la predicación de Noé la gente estuvo tomando decisiones, ya sea para vida o para muerte. En ese momento se estaba haciendo una separación entre las personas que escuchaban el mensaje y finalmente solo ocho personas fueron salvas.

La palabra hebrea que se traduce como "contenderá", de Génesis 6:3, se traduce, en otras partes de las Escrituras como "juicio", entonces, bien podríamos decir que hubo un juicio mientras se predicó este mensaje.

2.- Cierre de la gracia. Dios mismo cerró la puerta del arca y, por ende, la gracia también se cerró para todos aquellos que no aceptaron el mensaje de Noé.

"Y los que vinieron, macho y hembra de toda carne vinieron, como lo había mandado Dios; y Jehová cerró la puerta." Génesis 7:16

3.- Tiempo de espera. Es de resaltar que, a pesar de que la puerta se cierra, la lluvia no comienza a caer hasta siete días después.

"Y sucedió que al séptimo día las aguas del diluvio vinieron sobre la tierra." Génesis 7:10

¿Por qué fue que Dios esperó siete días para que empezara la lluvia? En ese tiempo Dios probó la fe de los que estaban en el arca. Los días pasaban y todo seguía igual. Nada de lo que había predicho Noé se había cumplido. Este tuvo que ser un periodo realmente incómodo para Noé y su familia. Es de creer que los que estaban fuera del arca pensaban que Noé y su familia estaban locos y que conforme pasaban los días, y nada sucedía, comenzarían a ser más atrevidos con las críticas y burlas, a pesar de que muchos habrían visto como el arca fue cerrada sobrenaturalmente y que los animales llegaron por sí mismos. Lo más asombroso de todo es que durante ese tiempo los impíos no se dieron cuenta que estaban perdidos y que su suerte ya estaba echada.

4.- La destrucción del mundo antediluviano. Solo cuando vino el diluvio fue que los impíos se dieron cuenta de que se habían perdido. Ellos ya tenían siete días de estar perdidos y hasta ahora se percataron de eso, y por más que tocaron a la puerta del arca esta ya no se podía abrir. En el diluvio la destrucción de los que estaban afuera fue total.

"Así fue destruido todo ser que vivía sobre la faz de la tierra, desde el hombre hasta la bestia, y las aves del cielo; y fueron raídos de la tierra, y quedó solamente Noé, y los que con él estaban en el arca." Génesis 7:23

Es importante tener en cuenta, que los únicos seres que habitaban este mundo, y que quedaron con vida sin estar en el arca, fueron Satanás y sus demonios. Ellos, al igual que sucederá en el Milenio, quedaron vivos en un mundo desordenado y en tinieblas.

Jesús comparó lo que sucederá cuando él venga en la gloria de su Padre con lo que sucedió durante el diluvio.

*"37Mas como en los días de Noé, así será también la venida del Hijo del Hombre. 38 Porque como en los días antes de diluvio estaban comiendo, bebiendo, casándose y dando en casamiento, **hasta** el día en que Noé entró en el arca, 39 y no entendieron **hasta** que vino el diluvio y se los llevó a todos, así será también la venida del Hijo del Hombre." Mateo 24:37-39*

Resalto aquí las dos palabras "hasta" que aparecen en el versículo anterior. Entre un "**hasta** y otro hay siete días en los cuales los hombres **no entendieron** que estaban perdidos "**hasta**" que vino el diluvio y, de esta manera, como dijo Cristo será la venida del Hijo del Hombre. De momento, vivimos un periodo de gracia que cuando se termine va a ser imperceptible para la gente, y no van a entender hasta que vean a Cristo en la gloria de su Padre, pero para ese tiempo será demasiado tarde. Muchos de los que se llaman cristianos también están dormidos espiritualmente y cuando despierten de su letargo ya no habrá nada que hacer.

El libro de Daniel también nos habla del fin del cierre de gracia que habrá al final del tiempo. Vimos anteriormente que, en el año 1844, empezó un juicio en el cielo para la purificación del Santuario. Mientras ese Santuario se está purificando los hijos de Dios tendrán que purificar el santuario de sus vidas.

"Y él dijo: Hasta dos mil trescientas tardes y mañanas; luego el santuario será purificado." Daniel 8:14

El día de expiación era un día solemne en donde el pueblo se reunía alrededor del santuario y estaba atento en la obra que realizaba el sumo sacerdote. Era día de ayuno y oración; el pueblo ese día no estaba comiendo, ni bebiendo, ni dándose en casamiento, como dice Jesús que estará la gente antes de su venida (Mateo 24:38). En estos momentos se está llevando a cabo el juicio que se anunciaba en el día de expiación ritual y la actitud de la mayoría de los que se dicen hijos de Dios no es la correcta y, por lo tanto, quedarán fuera de la gracia sin que se percaten. En la época del Antiguo Testamento, en el día de expiación, quien no tuviera una actitud correcta era eliminado del pueblo, tal y como lo podemos ver en Levítico 23:29.

"Porque toda persona que no afligiere su alma en este mismo día, será cortada de su pueblo." Levítico 23:29

Cuando se termine el juicio de expiación en el cielo será cerrada también la puerta de la gracia, porque ya no habrá más intercesión de parte de Cristo. Cristo dejará de ser sacerdote y se convertirá en Rey de reyes y Señor de señores.

*"1En aquel tiempo se levantará Miguel el gran príncipe que está de parte de los hijos de tu pueblo; y será **tiempo de angustia,** cual nunca fue desde que hubo gente hasta entonces; pero en aquel tiempo **será libertado tu pueblo**, todos los que se hallen escritos en el libro. 2 Y muchos de los que*

*duermen en el polvo de la tierra **serán despertados**, unos para vida eterna, y otros para vergüenza y confusión perpetua." Daniel 12:1,2*

Si comparamos estos dos versículos de Daniel con 1 Tesalonicenses 4:16 nos daremos cuenta de que Miguel es el mismo Jesús.

*"Porque el mismo Señor con voz de mandó, con voz de **arcángel**, y con trompeta de Dios, descenderá del cielo; y **los muertos en Cristo resucitarán primero**."*

La palabra "levantará", de Daniel 12:1, quiere decir "comenzar a reinar" y eso lo podemos confirmar en Daniel 11:3, en donde se profetiza el momento en que empieza a reinar Alejandro Magno.

"Se levantará luego un rey valiente, el cual dominará con gran poder y hará su voluntad."

Cristo, después de terminar su obra como sacerdote en el santuario celestial, se viste de rey. Daniel 8:14 menciona la purificación del santuario y esta es la predicación principal que debe hacerse en los últimos días. El evangelio es Cristo y su obra intercesora es la verdad presente. La verdad presente es lo que Cristo está haciendo en estos momentos en el Santuario Celestial. La invitación que debe hacer el pueblo de Dios al mundo es que los hombres purifiquen sus vidas antes de que la obra intercesora de Cristo termine.

El tiempo de angustia final también la pasará el pueblo de Dios cuando termine la gracia, pero, al igual que pasó con Noé y su familia serán librados. Los que se hallen escritos en el libro de la vida son los que en el juicio fueron mantenidos en el registro de los salvos.

Ahora veamos el cierre de la gracia desde la perspectiva de Apocalipsis. El libro de Apocalipsis nos dice que la predicación del evangelio, al final del tiempo, hará énfasis en el juicio celestial.

*"₆Vi volar por en medio del cielo a otro ángel, que tenía el evangelio eterno para predicarlo a los moradores de la tierra, a toda nación, tribu, lengua y pueblo, ₇ diciendo a gran voz: Temed a Dios, y dadle gloria, **porque la hora de su juicio ha llegado**; y adorad a aquel que hizo el cielo y la tierra, el mar y las fuentes de las aguas." Apocalipsis 14:6,7*

Más adelante los mensajes de los dos siguientes ángeles se centran en la caída de Babilonia y el castigo que recibirán los que no salgan de ese sistema. Cuando estos mensajes se prediquen ampliamente entonces el mundo quedará de nuevo dividido. Los mensajes de los tres ángeles madurarán al mundo para perdición o para salvación. Es después que se haga esta predicación que se cierra el tiempo de gracia, se derraman las siete plagas y empieza el "tiempo de angustia" predicho en el libro de Daniel (Daniel 12:1, Apocalipsis 16:1).

*"₅Después de estas cosas miré, y he aquí fue abierto en el cielo el templo (**Naos** en griego que es la palabra que se debe traducir como Lugar Santísimo) del tabernáculo del testimonio, ₆ y del templo salieron los siete ángeles que tenían las siete plagas, vestidos de lino limpio y resplandeciente, y ceñidos alrededor del pecho con cintos de oro. ₇ Y uno de los cuatro seres vivientes dio a los siete ángeles siete copas, llenas de la ira de Dios, que vive por los siglos de los siglos. ₈ Y el templo (**Naos**) se llenó de humo por la gloria de Dios, y por su poder, y nadie podía entrar en el templo hasta que se hubiesen cumplido las siete plagas de los siete ángeles." Apocalipsis 15:5-8. Nota: paréntesis añadidos con fines explicativos*

De momento, se puede entrar por medio de la fe al Santuario Celestial para que Cristo nos justifique delante del Padre (Hebreos 4:15,16, Hebreos 10:19-22, Efesios 3:12) pero cuando se cierre la puerta del Lugar Santísimo nadie podrá entrar, como sucedió en los días de Noé. La séptima plaga concluye con la venida de Cristo y en Apocalipsis 19:11-16 vemos a Cristo viniendo a este mundo vestido como rey, lo cual indica que su obra como sumo sacerdote ya habrá terminado para ese momento:

"₁₁Entonces vi el cielo abierto; y he aquí un caballo blanco, y el que lo montaba se llamaba Fiel y Verdadero, y con justicia juzga y pelea. ₁₂ Sus ojos eran como llama de fuego, y había en su cabeza muchas diademas y tenía un nombre escrito que ninguno conocía sino él mismo. ₁₃ Estaba vestido de una ropa teñida en sangre; y su nombre es: EL VERBO DE DIOS. ₁₄ Y los ejércitos celestiales, vestidos de lino finísimo blanco y limpio, le seguían en caballos blancos. ₁₅ De su boca sale una espada aguda, para herir con ella a las naciones, y las regirá con vara de hierro; y él pisa el lagar del vino del furor y de la ira del Dios Todopoderoso. ₁₆ Y en su vestidura y en su muslo tiene escrito un nombre: REY DE REYES Y SEÑOR DE SEÑORES." Apocalipsis 19:11-16

Cuando Cristo venga los hombres impíos serán destruidos y Satanás y sus ángeles serán atados de nuevo a este mundo, que para ese momento estará en tinieblas, desordenado y vacío como mencioné anteriormente.

Ahora analizaremos Mateo 24. En Mateo 24:14 se nos dice que el evangelio será predicado a todas las naciones y que después de eso vendrá el fin. Esto está en comunión con Apocalipsis 14:6-11 en donde, después de ser predicado el evangelio, se menciona también el fin.

"₁₄Y será predicado este evangelio del reino en todo el mundo, para testimonio a todas las naciones; y entonces vendrá el fin. ₁₅ Por tanto, cuando veáis en el lugar santo la abominación desoladora de que habló el profeta Daniel (el que lee entienda), ₁₆ entonces los que estén en Judea, huyan a los montes. ₁₇ El que esté en la azotea, no descienda para tomar algo de la casa; ₁₈ y el que esté en el campo, no vuelva atrás para tomar su capa. ₁₉ Mas ¡ay de las que estén en cintas, y de las que críen en aquellos días! ₂₀ Orad, pues, que vuestra huida no sea en invierno ni en día de reposo; ₂₁ porque habrá entonces gran tribulación, cual no la ha habido desde el principio del mundo hasta ahora, ni la habrá. ₂₂ Y si aquellos días no fueren acortados, nadie sería salvo, mas por causa de los escogidos, aquellos días serán acortados. ₂₃ Entonces, si alguno os dijere: Mirad, aquí está el Cristo,

*o mirad, allí está, no lo creáis. ₂₄ Porque se levantarán falsos Cristos, y falsos profetas, y harán grandes señales y prodigios, de tal manera que engañarán, si fuere posible, aun a los escogidos. ₂₅ Ya os lo he dicho antes. ₂₆ Así que si os dijeren: Mirad, está en el desierto, no salgáis, o mirad, está en los aposentos, no lo creáis. ₂₇ Porque como el relámpago sale del oriente y se muestra hasta el occidente, así **será también la venida del Hijo del Hombre**.*" *Mateo 24:14-27*

La abominación desoladora será el evento que visiblemente polarizará el mundo. En este punto ya el mundo abiertamente habrá decidido en que parte estar y la intercesión de Cristo estará a punto de terminar. Cuando esto suceda el destino de todos quedará decidido pues la puerta de la gracia, como en los días de Noé, se habrá cerrado.

"El que es injusto, sea injusto todavía; y el que es inmundo, sea inmundo todavía; y el que es justo, practique la justicia todavía; y el que es santo, santifíquese todavía." Apocalipsis 22:11

Mateo 24 abarca más que la destrucción del templo en el año 70 de nuestra era ya que, entre otras cosas, podemos notar que Mateo 24 menciona también eventos de los últimos días como la Segunda Venida de Cristo. Jesús en Mateo 24 lo que hace es contestar, en una misma disertación, la doble pregunta que le hacen sus seguidores en Mateo 24:3. Los discípulos le preguntaron en esa ocasión a Jesús tanto por la destrucción del templo como por el fin del mundo. Estos dos acontecimientos básicamente tienen las mismas características y, al ser esto así, lo que aplica a un evento aplica al otro, por lo cual, Mateo 24 es una profecía de doble cumplimiento.

"₁Jesús salió del templo y, mientras caminaba, se le acercaron sus discípulos y le mostraron los edificios del templo. ₂ Pero él les dijo: ¿Ven todo esto? Les aseguro que no quedará piedra sobre piedra, pues todo será derribado. ₃ Mas tarde estaba Jesús sentado en el monte de los Olivos, cuando llegaron los discípulos y le preguntaron en privado. ¿Cuándo sucederá esto

y cuál será la señal de tu venida y del fin del mundo?" Mateo 24:1-3 Nueva Versión Internacional

La abominación desoladora en la era apostólica tuvo que ver con el asedio de Jerusalén y la adoración al dios sol por parte de los romanos en los linderos de Jerusalén, previo a la destrucción de la ciudad y el templo. De hecho, unos cuatro años antes de la destrucción del templo las tropas romanas rodearon la ciudad con sus respectivos estandartes, pero desistieron del asedio en ese momento y a partir de ese instante los cristianos comenzaron a abandonar la ciudad, recordando las palabras de Cristo, y eso fue lo que les salvó la vida posteriormente. Según consta en documentos antiguos ningún cristiano murió cuando el templo fue destruido.

"15Por tanto, cuando veáis en el lugar santo <u>la abominación desoladora</u> de que habló el profeta Daniel (el que lee, entienda), 16 entonces los que estén en Judea, huyan a los montes." Mateo 24:15,16

"Pero cuando viereis a Jerusalén <u>rodeada de ejércitos</u>, sabed entonces que su destrucción ha llegado." Lucas 21:20

Los estandartes eran básicamente signos relacionados con el dios sol de los romanos ante los cuales los soldados se arrodillaban antes de atacar. Ya que esta profecía es de doble cumplimiento quiere decir que la abominación desoladora, al final de los tiempos, estará relacionada con algo referente a la adoración al sol. Cuando el mundo cristiano, por medio de leyes humanas, imponga el día de reposo dominical (domingo día del sol en el paganismo), cosa que se propone la Iglesia Católica **Romana** (resalto la palabra "Romana" por razones obvias) a través del ecumenismo y su influencia política, entonces, sabremos que es tiempo de huir pues esta es la señal que nos indicará que el tiempo de angustia, para los hijos de Dios, se habrá acercado. Si la señal visible de los que son hijos de Dios es el sábado (Éxodo 31:16,17, Ezequiel 20:20) entonces lo contrario, la observancia del domingo aún con una excusa religiosa piadosa, es la marca de la bestia, pues esta observancia es un desacato al cuarto mandamiento de la ley de

Dios. Jesús en Mateo 24:20 dice que oremos para que nuestra huida no sea en sábado, lo que nos indica que los verdaderos adoradores al final del tiempo, al igual que los cristianos del año 70, serán guardadores del sábado.

Mateo 25 es la ilustración de Mateo 24 y en estos momentos vamos a detallar la parábola de las diez vírgenes.

*"₁Entonces el reino de los cielos será semejante a diez vírgenes que tomando sus lámparas, salieron a recibir al esposo. ₂ Cinco de ellas eran prudentes y cinco insensatas. ₃ Las insensatas, tomando sus lámparas, no tomaron consigo aceite; ₄ mas las prudentes tomaron aceite en sus vasijas, juntamente con sus lámparas. ₅ Y tardándose el esposo, cabecearon todas y se durmieron. ₆ Y a la media noche se oyó un clamor: ¡Aquí viene el esposo; salid a recibirle! ₇ Entonces todas aquellas vírgenes se levantaron, y arreglaron sus lámparas. ₈ Y las insensatas dijeron a las prudentes: Dadnos de vuestro aceite, porque nuestras lámparas se apagan. ₉ Mas las prudentes respondieron diciendo: Para que no nos falte a nosotras y a vosotras id más bien a los que venden, y comprad para vosotras mismas. ₁₀ Pero mientras ellas iban a comprar, vino el esposo; y las que estaban preparadas entraron con él a las bodas; y se **cerró la puerta**. ₁₁ Después vinieron también las otras vírgenes, diciendo: ¡Señor, señor, ábrenos! ₁₂ Mas él, respondiendo, dijo: De cierto os digo, que no os conozco. ₁₃ Velad, pues, porque no sabéis el día y la hora en que el Hijo del Hombre ha de venir." Mateo 25:1-13*

Las lámparas de las vírgenes representan la Palabra de Dios (Salmo 119:105) y el aceite es el Espíritu Santo. Estas vírgenes con sus lámparas alumbran el camino a la casa del esposo representando así la predicación de la Palabra de Dios con el poder del Espíritu Santo. El esposo se demora más de lo que se había esperado y todas se duermen, pero cinco de las vírgenes habían hecho provisión especial de aceite. Todas al principio tenían aceite pues habían recibido la lluvia temprana del Espíritu Santo. Esta lluvia se debe recibir poco a poco, todos los días, por medio de la oración y el estudio de la Palabra. Las vírgenes insensatas descuidaron su vida espiritual y se durmieron y cuando vino la lluvia tardía esta no les pudo beneficiar. Cuando finalmente llega el esposo solo las prudentes pudieron entrar con el esposo. Esta entrada con el esposo simboliza la entrada que hacemos por fe al Lugar Santísimo donde Cristo se encuentra ministrando.

Es interesante que Cristo se casa con su iglesia en el cielo, en ausencia de esta. ¿Porque esto es así? La respuesta la encontramos en la parábola de la fiesta de bodas. En la fiesta de bodas hay un hombre que entra a la fiesta sin la vestimenta adecuada, o sea, sin la justicia de Cristo. La boda se realiza en el cielo, y esto lo sabemos, porque el esposo está haciendo la separación de los que son dignos o no de entrar en la boda, lo cual es un símbolo del trabajo que Cristo hace en el juicio celestial. Ya que el acto legal del casamiento entre Cristo y su iglesia se hace en el cielo, es imposible que alguien entre ahí físicamente. Este individuo representa a uno que profesaba seguir a Cristo pero su manto, o carácter, dice lo contrario y en el juicio celestial esta persona es considerada indigna de estar en el registro del libro de la vida. Cada uno de nosotros estará presente en el juicio celestial por medio de nuestro registro personal, como vimos en temas anteriores.

Lo mismo sucede en la parábola de las vírgenes. Las vírgenes sensatas entran a la boda antes que Jesús regrese para buscar a su pueblo. Entran con el esposo y **la puerta se cierra** y en ese punto solo quedan dos grupos: Los que están adentro y los que están afuera, igual a lo que sucedió en el diluvio. Los que están adentro están salvos y los de afuera perdidos. La parábola de las diez vírgenes no nos habla de la Segunda Venida de Jesús sino del cierre de la gracia y lo sabemos porque cuando a las cinco insensatas se les cierra la puerta todavía tienen tiempo para comprar aceite, pero ya no lo hallan pues el Espíritu Santo ha sido retirado. En ese momento, la predicación ha terminado y también la misma intercesión de Cristo en el Santuario. Cuando ellas regresan tocan desesperadamente la puerta pero, al igual que la puerta del arca, esta se encuentra cerrada y ya no se puede abrir pues la cierra el mismo esposo, Cristo Jesús.

Dios nos llama a entrar en el Lugar Santísimo para recibir el Espíritu Santo para poder llamar a otros a entrar ahí y, de esta forma, estar preparados cuando se cierre la puerta de la gracia. Nuestro mensaje está basado en la obra que realiza Cristo en estos momentos en el Lugar Santísimo.

La Segunda Venida de Cristo y El Milenio

Recordemos que la expiación por el pecado, en el antiguo Israel, constaba de dos partes. La primera de ellas tenía que ver con el perdón, la cual Cristo garantizó con su muerte en la cruz, y la segunda tenía que ver con la eliminación del pecado y esta es la que está llevando a cabo Jesucristo en estos momentos. Cuando esta última fase termine, sobre Satanás será puesto el registro de pecados que contamina el Santuario Celestial y él, al igual que el macho cabrío que se soltaba en el desierto, quedará confinado en este mundo, que para ese momento también será un desierto. Satanás y sus ángeles, así como los hombres impíos, pagarán por su iniquidad al final del periodo conocido, en el libro de Apocalipsis, como El Milenio, sin embargo, tengamos en cuenta que Satanás no solo responderá por sus propios pecados sino por los pecados que habían sido eliminados del registro del Santuario Celestial. El Milenio, como veremos, empieza con la Segunda Venida de Cristo y termina con el establecimiento de la Nueva Jerusalén, la celestial, en este mundo. Teniendo en cuenta esto leamos los siguientes textos y regresemos al principio de todo:

"₁En el principio creó Dios los cielos y la tierra. ₂ Y la tierra estaba desordenada y vacía y las tinieblas estaban sobre la faz del abismo, y el Espíritu de Dios se movía sobre la faz de las aguas." Génesis 1:1,2

De estos textos, hay que resaltar cuatro condiciones que tenía este planeta antes de la creación: El planeta estaba: desordenado, vacío, en tinieblas y era como un abismo.

En la semana de la creación Dios crea las cosas en un orden lógico.

✓ Primer día: Dios hace la luz.
✓ Segundo día: Dios hace la atmósfera.
✓ Tercer día: La tierra seca y los mares.
✓ Cuarto día: Ubica el sol y la luna para que sean funcionales.
✓ Quinto día: Llena los cielos de aves y las aguas de peces.
✓ Sexto día: Hace los animales terrestres y por último al hombre.

Ahora, cuando Dios termina la obra de la creación, la tierra está ordenada, llena, tiene luz y ya no es un abismo.

Sin embargo, las Sagradas Escrituras dicen que va a llegar el momento cuando Dios va a reversar lo que hizo en la creación, en otras palabras, Dios va a deshacer lo que hizo en la semana de la creación.

En Apocalipsis 16:1-21 hallamos la descripción de las siete plagas que van a reducir el planeta a la condición en que se encontraba antes de que Dios iniciará la semana de la creación. Estas siete plagas culminan con la Venida de Cristo, la cual se describe en Jeremías 4:19:

*"¡Mis entrañas, mis entrañas! Me duelen las fibras de mi corazón; mi corazón se agita dentro de mí; no callaré porque **sonido de trompeta** has oído, oh alma mía, **pregón de guerra**."*

Resalto, de Jeremías 4:19, las palabras "sonido de trompeta" y "pregón de guerra". Con respecto al "sonido de trompeta" el Nuevo Testamento nos dice que Cristo viene, en su Segunda Venida, acompañado del sonido de una trompeta, como podemos ver en los siguientes textos.

*"51He aquí, os digo un misterio: No todos dormiremos, pero todos seremos transformados, 52 en un momento, en un abrir y cerrar de ojos, a la final **trompeta**; porque se tocará trompeta, y los muertos en Cristo serán resucitados incorruptibles, y nosotros seremos transformados." 1 Corintios 15:51,52*

"Porque el Señor mismo con voz de mando, con voz de arcángel, y con **trompeta** *de Dios, descenderá del cielo; y los muertos en Cristo resucitarán primero." 1 Tesalonicenses 4:16*

Ahora bien ¿Por qué dice también Jeremías que ha oído pregón de guerra? Leamos Apocalipsis 19:11,14.

"₁₁Entonces vi el cielo abierto; y he aquí un caballo blanco, y el que lo montaba se llamaba Fiel y Verdadero, y con justicia juzga y pelea. ₁₄ Y los ejércitos celestiales, vestidos de lino finísimo, blanco y limpio, le seguían en caballos blancos."

El jinete del caballo blanco, que es Cristo en su Segunda Venida, viene con su ejército celestial y como se puede ver más adelante, en el versículo 19 del mismo capítulo, la bestia (que representa un imperio político-religioso estudiado en capítulos anteriores), los reyes de la tierra y sus ejércitos estarán de pie para pelear contra ellos.

"Y vi a la bestia, a los reyes de la tierra y a sus ejércitos, reunidos para **guerrear** *contra el que monta el caballo blanco, y contra su ejército." Apocalipsis 19:19*

El sonido de la trompeta será quien despierte a los muertos justos y será también el llamado de guerra contra los poderes terrenales. Durante la Segunda Venida de Cristo no habrá resurrección de impíos, salvo la de un grupo en específico. Los únicos impíos que resucitarán durante la Segunda Venida de Cristo serán los que participaron de la condenación y muerte de Cristo, para que se cumpla lo que él mismo Señor profetizó, sin embargo, estos volverán a morir ya que no podrán soportar, como el resto de los impíos que estén con vida, la manifestación de gloria y poder que se dará en ese magno evento.

*"He aquí que viene con las nubes, y todo ojo le verá, **y los que le traspasaron**; y todos los linajes de la tierra harán lamentación por él. Sí, amén."* Apocalipsis 1:7

"₆₃Mas Jesús callaba. Entonces el sumo sacerdote le dijo: Te conjuro por el Dios viviente, que nos digas si eres tú el Cristo, el Hijo del Dios viviente. ₆₄ Jesús le dijo: Tú lo has dicho; y además os digo, que desde ahora veréis al hijo del Hombre sentado a la diestra del poder de Dios, y viniendo en las nubes del cielo." Mateo 26:63,64

"₁₇ La altivez del hombre será abatida, y la soberbia de los hombres será humillada; y sólo Jehová será exaltado en aquel día. ₁₈ Y quitará totalmente los ídolos. ₁₉ Y se meterán en las cavernas de las peñas y en las aberturas de la tierra, por la presencia temible de Jehová, y por el resplandor de su majestad, cuando él se levante a castigar la tierra. ₂₀ Aquel día arrojará el hombre a los topos y murciélagos sus ídolos de plata y sus ídolos de oro, que le hicieron para que adorase. ₂₁ y se meterá en las hendiduras de las rocas y en las cavernas de las peñas, por la presencia formidable de Jehová, y por el resplandor de su majestad, cuando se levante para castigar la tierra." Isaías 2:17-21

"₉El Señor no retarda su promesa, según algunos la tienen por tardanza, sino que es paciente para con nosotros, no queriendo que ninguno perezca, sino que todos procedan al arrepentimiento. ₁₀ Pero el día del Señor vendrá como ladrón en la noche; en el cual los cielos pasarán con grande estruendo, y los elementos ardiendo serán deshechos, y la tierra y las obras que en ella hay serán quemadas." 2 Pedro 3:9,10

"₃₂Así ha dicho Jehová de los ejércitos: He aquí que el mal irá de nación en nación, y grande tempestad se levantará de los fines de la tierra. ₃₃ Y yacerán los muertos de Jehová en aquel día desde un extremo de la tierra hasta el otro; no se endecharán ni se recogerán ni serán enterrados; como estiércol quedarán sobre la faz de la tierra." Jeremías 25:32,33

Ahora veamos como Jeremías capítulo 4 presenta a la tierra después de la Segunda Venida de Cristo, en la misma condición de caos que hubo antes de la creación. Según Jeremías 4:23 la tierra estará una vez más desolada, vacía y sin luz.

"Miré la tierra, y he aquí que estaba desordenada y vacía; y a los cielos, y no había en ellos luz." Jeremías 4:23

Lo que ocasiona este caos es primeramente las siete plagas y después la segunda venida de Cristo, que como leímos se comienza a describir desde Jeremías 4:19. Durante las plagas y la venida de Cristo sucederán, entre otros, los siguientes trastornos:

- ✓ Apocalipsis 16:4,5 las fuentes de las aguas se tornan en sangre.
- ✓ Apocalipsis 16:17-20 las islas y las montañas son removidas por un gran terremoto que va a trastornar la superficie del planeta.
- ✓ Jeremías 4:26 la tierra fértil se convierte en desierto.
- ✓ En Apocalipsis 16:8-9 el sol calienta de manera extrema.
- ✓ Jeremías 4:25 dice que ya no van a haber aves ni hombres.
- ✓ Apocalipsis 16:3 dice que todos los peces van a morir.
- ✓ Jeremías 25:33 dice que los cadáveres humanos quedarán tirados sin enterrar.

Todo esto no deja duda alguna de que la tierra volverá a su condición original, y aquí uno se hace la pregunta: ¿Cómo es que alguna persona podrá vivir en estas condiciones durante el milenio, como muchos dicen?

Ahora vayamos a Isaías 24:1-4 para ver como describe este profeta la condición de la tierra durante el milenio.

"₁He aquí que Jehová vacía la tierra y la desnuda, y trastorna su faz, y hace esparcir a sus moradores. ₂ Y sucederá así como al pueblo, también al sacerdote; como al siervo, así a su amo, como a la criada, a su ama; como al que compra, al que vende; como al que presta, al que toma prestado;

como al que da a logro, así al que lo recibe. ₃ *La tierra será enteramente vaciada, y completamente saqueada; porque Jehová ha pronunciado esta palabra.* ₄ *Se destruyó, cayó la tierra; enfermó, cayó el mundo; enfermaron los altos pueblos de la tierra."*

El siguiente texto, de Isaías 24, tiene algo muy interesante a lo que debemos poner atención.

"Por esta causa la maldición consumió la tierra, y sus moradores fueron asolados, por esta causa fueron consumidos los habitantes de la tierra, y **disminuyeron** *los hombres." Isaías 24:6*

Una mejor traducción para la palabra *"disminuyeron"* (*"Shaar"* en hebreo), de [6]Isaías 24:6, sería "quedaron pocos hombres", tal y como aparece en la Nueva Versión Internacional.

"Por eso una maldición consume la tierra, y los culpables son sus habitantes. Por eso el fuego los consume, **y sólo quedan unos cuantos.** *" Isaías 24:6 Nueva Versión Internacional*

Nos preguntamos entonces, ¿quiénes son los hombres que quedarán en el milenio? Para responder a esto leamos Génesis 7:22-23:

"₂₂Todo lo que tenía aliento de espíritu de vida en sus narices, todo lo que había en la tierra, murió. ₂₃ *Así fue destruido todo ser que vivía sobre la faz de la tierra, desde el hombre hasta la bestia, los reptiles, y las aves del cielo; fueron raídos de la tierra, y* **quedó** *solamente Noé, y los que con él estaban en el arca."*

La palabra "quedó", de [7]Génesis 7:23, es la misma palabra *"disminuyeron"*, en el original hebreo de Isaías 24:6, lo que quiere decir que en el

---

[6] Ver análisis textual al final de la obra, grupo 3.
[7] Ver análisis textual al final de la obra, grupo 3.

diluvio "quedaron" Noé y su familia, o sea, los justos y que los impíos murieron.

Cristo dijo, en Mateo 24:37, que *"como en los días de Noé, así será también la venida del Hijo del Hombre"*. Cuando empezó el diluvio solo había dos grupos y de los dos grupos la mayoría, que eran los impíos, murieron y solo quedaron los pocos, o sea, los justos. Cuando venga Cristo, dice la Escritura, todos los impíos morirán y solo los pocos justos que habrá se salvarán. Ciertos grupos aplican los siguientes versículos para confirmar la doctrina del rapto secreto.

"40Entonces estarán dos en el campo; el uno será tomado, y el otro será dejado. 41 Dos mujeres estarán moliendo en un molino; la una será tomada, y la otra será dejada." Mateo 24:40,41

Para algunos, los "tomados" son los que Cristo se llevará al cielo y los impíos son los que se quedan atrás. Pero lo que enseñan las Escrituras es que los que son *"tomados"*, son tomados para destrucción y los que son "dejados" son los que son dejados con vida. Para corroborar esto basta con leer Mateo 24:37-39.

"37Mas como en los días de Noé, así será la venida del Hijo del Hombre. 38 Porque como en los días antes del diluvio estaban comiendo y bebiendo, casándose y dándose en casamiento, hasta el día en que Noé entró en el arca, 39 y no entendieron hasta que vino el diluvio y se los llevó a todos, así será también la venida del Hijo del Hombre."

En estos textos se están comparando dos eventos: La segunda venida de Cristo y el Diluvio. De la misma forma en que ocurrió en el diluvió, ocurrirá en la segunda venida de Cristo. ¿Quiénes fueron los tomados y quienes fueron los dejados en la época del Diluvio? Los dejados fueron Noé y su familia y los tomados en destrucción fueron los impíos.

"Así fue destruido todo ser que vivía sobre la faz de la tierra, desde el hombre hasta la bestia, los reptiles, y las aves del cielo; y fueron raídos de la tierra, y quedó solamente Noé, y los que con él estaban en el arca." Génesis 7:23

Ahora necesitamos resolver la siguiente pregunta: ¿Qué va a suceder con los justos cuando Cristo venga? Si la tierra esta desordenada y vacía, entonces, los justos no podrán estar en la tierra. La respuesta bíblica la encontramos en Juan 14:1-3.

"₁No se turbe vuestro corazón, creéis en Dios, creed también en mí. ₂ En la casa de mi Padre muchas moradas hay; si así no fuera, yo os lo hubiera dicho; voy, pues, a preparar lugar para vosotros. ₃ Y si me fuere y os prepararé lugar, vendré otra vez, y os tomaré a mí mismo, para que donde yo estoy, vosotros también estéis."

Los justos van a ser trasladados al cielo y llevados a la casa del Padre, como se ve en 1 Tesalonicenses 4:15-17.

"₁₅Por lo cual os decimos esto en palabra del Señor: que nosotros que vivimos, que habremos quedado hasta la venida del Señor, no precederemos a los que durmieron. ₁₆ Porque el Señor mismo con voz de mando, con voz de arcángel, y con trompeta de Dios, descenderá del cielo; y los muertos en Cristo resucitarán primero. ₁₇ Luego nosotros los que vivimos, los que **hayamos quedado**, *seremos arrebatados juntamente con ellos en las nubes para recibir al Señor en el aire, y así estaremos siempre con el Señor."*

En su Segunda venida Jesús no viene a establecer su reino sobre la tierra. Como veremos en Mateo 24:31, en su Segunda Venida Cristo permanece en el aire y los ángeles recogen a los salvos de todos los rincones de la tierra. En esta ocasión Cristo no pisa la tierra.

"Y enviará sus ángeles con gran voz de trompeta, y juntarán a sus escogidos, de los cuatro vientos, desde un extremo del cielo hasta el otro." Mateo 24:31.

Solucionaremos en estos momentos lo que pasará con Satanás, sus ángeles y todos los impíos durante el milenio. En Isaías 24:18-20 se detallan primeramente los acontecimientos que se darán durante la segunda venida de Cristo.

"₁₈Y acontecerá que el que huyere de la voz del terror caerá en el foso; y el que saliere de en medio del foso será preso en la red; porque de lo alto se abrirán ventanas, y temblarán los cimientos de la tierra. ₁₉ Será quebrantada del todo la tierra, enteramente desmenuzada será la tierra, en gran manera será la tierra conmovida. ₂₀ Temblará la tierra como un ebrio, y será removida como una choza; se agravará sobre ella su pecado, y caerá, y nunca más se levantará."

Luego, en Isaías 24:21 se nos dice que en el momento de la Segunda Venida de Cristo habrá dos grupos que van a ser castigados:

1. El ejército celestial.
2. Los reyes de la tierra.

"Acontecerá en aquel día, que Jehová castigará al ejército de los cielos en lo alto, y a los reyes de la tierra sobre la tierra." Isaías 24:21

El ejército de los cielos son Satanás y los ángeles caídos, según podemos constatar en Efesios 6:12.

"Porque no tenemos lucha contra sangre y carne, sino contra principados, contra potestades, contra gobernadores de las tinieblas de este siglo, contra huestes espirituales de maldad en las regiones celestes."

Los reyes de la tierra representan a los pueblos de la tierra que se opondrán a Cristo. Hay que tener en cuenta que los términos reyes o reinos son intercambiables en profecía, como se puede constatar en Daniel 7:17,23.

"₁₉Y vi a la bestia, a los reyes de la tierra y a sus ejércitos, reunidos para guerrear contra el que montaba el caballo, y contra su ejército. ₂₁ Y los demás fueron muertos con la espada que salía de la boca del que montaba el caballo, y todas las aves se saciaron de la carne de ellos." Apocalipsis 19:19,21

El castigo de estos dos grupos se relata en Isaías 24:22.

"Y serán amontonados como se amontona a los encarcelados en mazmorra, y en prisión quedarán encerrados, y serán castigados después de muchos días."

El castigo del ejército celestial y el de los reyes de la tierra son diferentes, sin embargo, ambos serán encerrados en prisión, o mazmorra. La palabra hebrea que se traduce como mazmorra se usa de dos maneras en el Antiguo Testamento. Esta palabra puede referirse a un lugar en donde se retiene a gente viva hasta que se decida que se va a hacer con ella, o también puede traducirse como sepulcro, y hay una razón por la cual Isaías usa esta palabra tan versátil.

La palabra hebrea "bor", que se traduce como mazmorra en [8]Isaías 24:22, se traduce en [9]Génesis 37:24,25 y en [10]Jeremías 38:6 como cisterna, e ilustra los lugares en donde estuvieron retenidos José y siglos después el profeta Jeremías, o sea, un lugar de detención temporal. Sin embargo, esta misma palabra se traduce en [11]Isaías 38:18 como sepulcro. Esto es importante ya que Apocalipsis enseña que todos los hombres impíos van a estar

---

[8] Ver análisis textual al final de la obra, grupo 4.
[9] Ver análisis textual al final de la obra, grupo 4.
[10] Ver análisis textual al final de la obra, grupo 4.
[11] Ver análisis textual al final de la obra, grupo 4.

muertos durante el milenio y que la tumba los va a retener (de hecho, el planeta entero será una gran tumba), mientras que Satanás y sus ángeles van a ser retenidos vivos en este planeta. Apocalipsis 20:3 dice que Satanás va a ser dejado en el abismo, o sea, con vida en este planeta desordenado, vacío y sin luz.

Es importante ver que Apocalipsis 20:5 dice que los "otros muertos", o sea, los malos que murieron durante la Segunda Venida de Cristo y los que ya habían muerto antes de ese evento, se levantaron después de los mil años.

"Pero los otros muertos no volvieron a vivir hasta que se cumplieron los mil años..." Apocalipsis 20:5

Durante el milenio los justos estarán en el cielo, los impíos estarán muertos y Satanás y sus ángeles estarán encadenados en la tierra. El poder de Satanás radica en el dominio que tiene sobre la gente, pero como los impíos están muertos estará amarrado circunstancialmente.

*"₁Vi a un ángel que descendía del cielo, con la llave del **abismo**, y una gran cadena en las manos. ₂ Y prendió al dragón, la serpiente antigua, que es el diablo y Satanás, y lo ató por mil años; ₃ y lo arrojó al abismo, y lo encerró, y puso su sello sobre él, para que no engañase más a las naciones, hasta que fuesen cumplidos los mil años; y después de esto debe ser desatado por un poco de tiempo." Apocalipsis 20:1-3*

Destaqué la palabra "abismo" en el texto anterior ya que cuando se describe la condición de la tierra antes de la creación, en Génesis 1:2, se utiliza la misma palabra.

*"Y la tierra estaba desordenada y vacía, y las tinieblas estaban sobre la faz del **abismo**, y el Espíritu de Dios se movía sobre la faz de las aguas."*

Vimos como Isaías 24:22 dice que los hombres impíos y los demonios estarán en mazmorra y serán castigados "después de muchos días", o sea, después del milenio. Esto quiere decir que todavía falta una etapa de castigo para ellos al final de los mil años. El castigo de los impíos se da en dos etapas, la primera etapa es durante la Segunda Venida de Cristo y la segunda al finalizar el milenio. El segundo castigo para los impíos es dejar de existir sin esperanza de más resurrección, y a este castigo las Escrituras lo identifican como "la segunda muerte".

"Bienaventurado y santo el que tiene parte en la primera resurrección; la segunda muerte no tiene potestad sobre éstos, sino que serán sacerdotes de Dios y de Cristo, y reinarán con él mil años." Apocalipsis 20:6

"₇y a vosotros que sois atribulados, daros reposo con nosotros, cuando se manifieste el Señor Jesús desde el cielo con los ángeles de su poder, ₈ en llama de fuego, para dar retribución a los que no conocieron a Dios, ni obedecen al evangelio de nuestro Señor Jesucristo; ₉ los cuales sufrirán pena de eterna perdición, excluidos de la presencia del Señor y de la gloria de su poder." 2 Tesalonicenses 1:7-9

En este punto surgen varias preguntas: ¿Que harán los justos durante los mil años?, ¿Por qué es que Cristo no acaba con los hombres impíos y los demonios de una sola vez?, ¿Por qué es que Cristo, en su Segunda Venida, encierra a los impíos y a los demonios y hasta después de mil años los destruye? La respuesta es que los justos van a juzgar a los que se perdieron y ese juicio se hará en el milenio. Por medio de ese juicio el universo entero sabrá por qué se perdieron los impíos y, como en el juicio de los justos, todos serán testigos de la justicia de Dios.

"Y vi tronos y se sentaron sobre ellos los que recibieron facultad de juzgar, y vi las almas de los decapitados por causa del testimonio de Jesús y por la palabra de Dios, los que no habían adorado a la bestia ni a su imagen, y que no recibieron la marca en sus frentes ni en sus manos; y vivieron y reinaron con Cristo mil años." Apocalipsis 20:4

"₁¿Osa alguno de vosotros, cuando tiene algo contra otro, ir a juicio delante de los injustos, y no delante de los santos? ₂ ¿O no sabéis que los santos han de juzgar al mundo? Y si el mundo a ha de ser juzgado por vosotros, ¿sois indignos de juzgar cosas muy pequeñas? ₃ ¿O no sabéis que hemos de juzgar a los ángeles? ¿Cuánto más las cosas de esta vida?." 1 Corintios 6:1-3

Al final del milenio, Dios ejecuta la sentencia final contra los impíos. Los hombres impíos, en esta ocasión de todas las épocas, resucitan y, de esta manera, Satanás recobra poder sobre ellos para atacar a los justos que vienen del cielo para heredar la tierra. Es de resaltar, para dejar más claro que, si la Nueva Jerusalén viene del cielo y si de Dios desciende fuego del cielo para consumir a los impíos, entonces, eso quiere decir que los justos han estado durante los mil años en el cielo.

*"₅Esta es la primera resurrección; **los demás muertos no volvieron a vivir hasta que se cumplieron los mil años**. ₆ Dichosos y santos los que tienen parte en la primera resurrección. La segunda muerte no tiene poder sobre ellos, sino que serán sacerdotes de Dios y de Cristo, y reinarán con él mil años."* Apocalipsis 20:5,6 Nueva Versión Internacional

"Y yo Juan vi la santa ciudad, la Nueva Jerusalén, descender del cielo, de Dios, dispuesta como una esposa ataviada para su marido." Apocalipsis 21:2

*"₇Cuando los mil años se cumplan, Satanás será suelto de su prisión, ₈ y saldrá a engañar a las naciones que están en los cuatro ángulos de la tierra, a Gog y a Magog, a fin d reunirlos para la batalla; el número de los cuales es como la arena del mar. ₉ Y subieron sobre la anchura de la tierra, y rodearon el campamento de los santos **y la ciudad amada**; y de Dios descendió fuego del cielo y los consumió."* Apocalipsis 20:7-9

"₁Porque he aquí, viene el día ardiente como un horno, y todos los soberbios y todos los que hacen maldad serán estopa; aquel día que vendrá

los abrasará, ha dicho Jehová de los ejércitos, y no les dejará ni raíz ni rama. ₂ Mas a vosotros los que teméis mi nombre, nacerá el sol de justicia, y en sus alas traerá salvación; y saldréis y saltaréis como becerros de la manada. ₃ Hollaréis a los malos, los cuales serán ceniza bajo la planta de vuestros pies, en el día en que yo actúe, ha dicho Jehová de los ejércitos." Malaquías 4:1-3

En Isaías 24:23, encontramos también que la luna se avergonzará y el sol se confundirá después del milenio, y esto tiene su explicación en el libro de Apocalipsis. Según Apocalipsis, la Nueva Jerusalén no tiene necesidad de sol ni de luna ya que la misma gloria de Dios, y del Cordero, es quien la ilumina. Esta luz es tan fuerte que compite con el mismo sol.

*"La luna se avergonzará, y el sol se confundirá, cuando Jehová de los ejércitos reine en el monte de Sión y en Jerusalén, y delante de sus ancianos sea **glorioso**." Isaías 24:23*

*"₂Y yo Juan vi la santa ciudad, la nueva Jerusalén, descender del cielo, de Dios, dispuesta como una esposa ataviada para su marido. ₂₃ La ciudad no tiene necesidad de sol ni de luna que brillen en ella; porque la **gloria** de Dios la ilumina, y el Cordero es su lumbrera." Apocalipsis 21:2,23*

Según los siguientes textos, Dios hará cielos y tierra nuevos.

"Pero todos esperamos, según sus promesas, cielos nuevos y tierra nueva, en los cuales more la justicia." 2 Pedro 3:13

"Vi un cielo nuevo y una tierra nueva; porque el primer cielo y la primera tierra pasaron, y el mar ya no existía más." Apocalipsis 21:1

De acuerdo con el registro de las Escrituras, esta nueva creación se realizará también en seis días, pero, a diferencia de Adán y Eva, que no fueron testigos de la primera creación, los justos en esta ocasión verán con sus propios ojos cada etapa de la creación y el sábado va a ser el día que también conmemorará esa creación.

*"₂₂Porque **como los cielos nuevos y la tierra nueva que yo hago** permanecerán delante de mí, dice Jehová, así también permanecerá vuestra descendencia y vuestro nombre. ₂₃Y de mes en mes, y de día de reposo en día de reposo, vendrán todos a adorar delante de mí, dijo Jehová." Isaías 66:22,23*

Todas las cosas en ese momento habrán sido restauradas a su estado original. Dios habrá solucionado el problema del pecado para siempre y también vindicado su Nombre. La experiencia de este mundo protegerá el universo contra el pecado por toda la eternidad. En este punto se cumplirá lo que dijo el salmista cuando indicó:

"Porque los malignos serán destruidos, pero los que esperan en Jehová, ellos heredarán la tierra." Salmo 37:9

Conclusión

A lo largo del estudio planteado en este libro sobresale que en todo momento Dios realmente ha actuado con amor y justicia. Él hizo provisión para todos y a cada uno le corresponde elegir su rumbo final.

A pesar de lo duro de esta vida tenemos la esperanza de que un día el Señor acabará con todo el sufrimiento y si hasta aquí se han cumplido las profecías al pie de la letra, no tenemos por qué dudar de que pronto el Señor vendrá a buscar a su pueblo. Todas las señales nos dicen que Cristo está a las puertas y el pensamiento más importante en tu vida debería ser: Si hoy fuera mi último día ¿Qué sería de mi destino eterno?

Análisis textuales varios

Grupo 1

<table>
<tr><td colspan="2" align="center">Levítico 17,7</td></tr>
<tr>
<td>Así nunca más ofrecerán sus sacrificios a los demonios, tras los cuales se han prostituido. Esto será para ellos un estatuto perpetuo a través de sus generaciones.</td>
<td align="right">וְלֹא־יִזְבְּח֨וּ עוֹד֙ אֶת־זִבְחֵיהֶ֔ם לַשְּׂעִירִ֕ם
אֲשֶׁ֥ר הֵ֛ם זֹנִ֖ים אַחֲרֵיהֶ֑ם חֻקַּ֥ת עוֹלָ֛ם
תִּהְיֶה־זֹּ֥את לָהֶ֖ם לְדֹרֹתָֽם׃</td>
</tr>
</table>

לַשְּׂעִירִ֕ם: preposicion לְ + artículo הַ + sus. mp. absoluto de *Sair*-שָׂעִיר: **macho cabrío, demonio con forma animal o sàtiro**. Se pronuncia de manera simple: *Laseirím*. Y en transliteración lingüística así: laSSü`îrìm.

<table>
<tr><td colspan="2" align="center">Levítico 16,21</td></tr>
<tr>
<td>Aarón pondrá sus dos manos sobre la cabeza del macho cabrío vivo y confesará sobre él todas las iniquidades, las rebeliones y los pecados de los hijos de Israel, poniéndolos así sobre la cabeza del macho cabrío. Luego lo enviará al desierto por medio de un hombre designado para ello.</td>
<td align="right">יָדָ֗יו עַ֣ל רֹ֤אשׁ וְסָמַ֨ךְ אַהֲרֹ֜ן אֶת־שְׁתֵּ֥י
הַשָּׂעִיר֮ הַחַי֒ וְהִתְוַדָּ֣ה עָלָ֗יו אֶת־כָּל־עֲוֹנֹת֙
בְּנֵ֣י יִשְׂרָאֵ֔ל וְאֶת־כָּל־פִּשְׁעֵיהֶ֖ם לְכָל־
חַטֹּאתָ֑ם וְנָתַ֤ן אֹתָם֙ עַל־רֹ֣אשׁ הַשָּׂעִ֔יר
וְשִׁלַּ֛ח בְּיַד־אִ֥ישׁ עִתִּ֖י הַמִּדְבָּֽרָה׃</td>
</tr>
</table>

הַשָּׂעִיר֮: artículo הַ + sus. mp. absoluto de *Sair*-שָׂעִיר: **macho cabrío**. Se pronuncia de manera simple: *hasair*. Y en transliteración lingüística así: haSSä`îr.

Grupo 2

Daniel 9,25
Conoce, pues, y entiende que desde la salida de la palabra para **restaurar** y edificar Jerusalén hasta el Mesías Príncipe, habrá siete semanas, y sesenta y dos semanas; y volverá a ser edificada con plaza y muro, pero en tiempos angustiosos.	וְתֵדַ֞ע וְתַשְׂכֵּ֗ל מִן־מֹצָ֣א דָבָ֗ר **לְהָשִׁיב֙** וְלִבְנֹ֤ות יְרֽוּשָׁלִַ֙ם֙ עַד־מָשִׁ֣יחַ נָגִ֔יד שָׁבֻעִ֖ים שִׁבְעָ֑ה וְשָׁבֻעִ֞ים שִׁשִּׁ֣ים וּשְׁנַ֗יִם תָּשׁוּב֙ וְנִבְנְתָה֙ רְחֹ֣וב וְחָר֔וּץ וּבְצֹ֖וק הָעִתִּֽים׃

לְהָשִׁיב: Se pronuncia de manera simple: *lehashiv*. Y en transliteración lingüística así: **lühăšîv**. Preposición לְ + verbo hifil infinitivo constructo de *Shuv*-שׁוּב: **restablecer, reconstruir, restaurar, reintegrar, volver a traer, hacer volver, devolver, restituir;** figurativamente **convertir**.

1 Reyes. 20,34
Luego le dijo Ben-hadad: --**Yo restituiré** las ciudades que mi padre tomó a tu padre. Tú también podrás establecer centros comerciales en Damasco, como mi padre hizo en Samaria. --Entonces con este convenio yo te dejaré ir libre. Hizo, pues, un convenio con él y le dejó ir.	וַיֹּ֣אמֶר אֵלָ֡יו הֶעָרִ֣ים אֲשֶׁר־לָֽקַח־אָבִי֩ מֵאֵ֨ת אָבִ֜יךָ **אָשִׁ֗יב** וְֽחוּצֹ֞ות תָּשִׂ֤ים לְךָ֙ בְדַמֶּ֔שֶׂק כַּאֲשֶׁר־שָׂ֧ם אָבִ֣י בְּשֹֽׁמְרֹ֗ון וַאֲנִ֞י בַּבְּרִ֤ית אֲשַׁלְּחֶ֑ךָּ וַיִּכְרָת־לֹ֥ו בְרִ֖ית וַֽיְשַׁלְּחֵֽהוּ׃

אָשִׁיב: Se pronuncia de manera simple: *ashiv*. Y en transliteración lingüística así: ʾăšîv. Verbo hifil imperfecto 1 persona común singular de *Shuv*-שׁוּב: **restablecer, reconstruir, restaurar, reintegrar, volver a traer, hacer volver, devolver, restituir;** figurativamente **convertir**.

2 Samuel 9,7
David le dijo: --No tengas temor, porque ciertamente yo te mostraré bondad por amor a tu padre Jonatán. **Te devolveré** todas las tierras de tu padre Saúl, y tú comerás siempre a mi mesa.	וַיֹּאמֶר֩ לֹ֨ו דָוִ֜ד אַל־תִּירָ֗א כִּ֣י עָשֹׂ֣ה אֶעֱשֶׂה֩ עִמְּךָ֨ חֶ֜סֶד בַּעֲב֣וּר יְהֹונָתָ֣ן אָבִ֗יךָ **וַהֲשִׁבֹתִ֣י** לְךָ֗ אֶת־כָּל־שְׂדֵ֖ה שָׁא֣וּל אָבִ֑יךָ וְאַתָּ֗ה תֹּ֥אכַל לֶ֛חֶם עַל־שֻׁלְחָנִ֖י תָּמִֽיד׃

וַהֲשִׁבֹתִי: Se pronuncia de manera simple: *vahashivotí*. Y en transliteración lingüística así: **wahăšîvötî**. Verbo hifil perfecto con vav consecutiva 1 persona común singular de *Shuv*-שׁוּב: **restablecer, reconstruir, restaurar, reintegrar, volver a traer, hacer volver, devolver, restituir;** figurativamente **convertir**.

Grupo 3

Génesis 7:23	
Así fue arrasado de la faz de la tierra todo ser viviente. Fueron arrasados de la tierra desde el hombre hasta el ganado, los reptiles y las aves del cielo. Sólo **quedó** Noé y los que estaban con él en el arca.	וַיִּ֜מַח אֶֽת־כָּל־הַיְק֣וּם אֲשֶׁ֣ר עַל־פְּנֵ֣י הָֽאֲדָמָ֗ה מֵֽאָדָ֤ם עַד־בְּהֵמָה֙ עַד־רֶ֙מֶשׂ֙ וְעַד־ע֣וֹף הַשָּׁמַ֔יִם וַיִּמָּח֖וּ מִן־הָאָ֑רֶץ **וַיִּשָּׁ֧אֶר** אַךְ־נֹ֛חַ וַֽאֲשֶׁ֥ר אִתּ֖וֹ בַּתֵּבָֽה:

וַיִּשָּׁאֶר: *Shaar-*שָׁאַר (šăʼar) verb. nifal con vav consecutiva imperfecto 3 masculino singular: **sobrevivió, quedó**.

Isaías 24,6	
Por esta causa una maldición ha devorado la tierra, y los que la habitan son culpables. Por esta causa han disminuido los habitantes de la tierra, y *quedan muy pocos seres humanos.* Lit. queda poca humanidad.	עַל־כֵּ֗ן אָֽלָה֙ אָ֣כְלָה אֶ֔רֶץ וַיֶּאְשְׁמ֖וּ יֹ֣שְׁבֵי בָ֑הּ עַל־כֵּ֗ן ֙ יֹ֣שְׁבֵי אֶ֔רֶץ **וְנִשְׁאַ֥ר** אֱנ֖וֹשׁ מִזְעָֽר:

וְנִשְׁאַר: *Shaar-*שָׁאַר (šăʼar) verb. nifal con vav consecutiva perfecto 3 masculino singular: **sobrevivió, quedó**. Léase veNishar, en transliteración lingüística es wᵉniš´ar:.

Grupo 4

Isaías 24,22

Ellos serán agrupados como son agrupados los prisioneros en la **mazmorra**. En la cárcel quedarán encerrados y después de muchos días serán castigados.	וְאֻסְּפוּ אֲסֵפָה אַסִּיר עַל־בּוֹר וְסֻגְּרוּ עַל־מַסְגֵּר וּמֵרֹב יָמִים יִפָּקֵדוּ׃

Génesis 37,24

y lo tomaron y lo echaron en el pozo. Y el **pozo** estaba vacío, no había agua en él.	וַיִּקָּחֻהוּ וַיַּשְׁלִכוּ אֹתוֹ הַבֹּרָה וְהַבּוֹר רֵק אֵין בּוֹ מָיִם׃

Jeremías 38,6

Entonces tomaron a Jeremías y lo hicieron echar en la **cisterna** de Malquías hijo del rey, que estaba en el patio de la guardia. Y bajaron a Jeremías con sogas. En la cisterna no había agua, sino lodo; y Jeremías se hundió en el lodo.	וַיִּקְחוּ אֶת־יִרְמְיָהוּ וַיַּשְׁלִכוּ אֹתוֹ אֶל־הַבּוֹר מַלְכִּיָּהוּ בֶן־הַמֶּלֶךְ אֲשֶׁר בַּחֲצַר הַמַּטָּרָה וַיְשַׁלְּחוּ אֶת־יִרְמְיָהוּ בַּחֲבָלִים וּבַבּוֹר אֵין־מַיִם כִּי אִם־טִיט וַיִּטְבַּע יִרְמְיָהוּ בַּטִּיט׃

Isaías 38,18

Porque el Seol no te exaltará, ni la muerte te alabará. Tampoco los que descienden al **sepulcro** esperarán en tu verdad.	כִּי לֹא שְׁאוֹל תּוֹדֶךָּ מָוֶת יְהַלְלֶךָּ לֹא־יְשַׂבְּרוּ יוֹרְדֵי־בוֹר אֶל־אֲמִתֶּךָ׃

בּוֹר: sust. ms. de: **pozo, aljibe, cisterna, calabozo, mazmorra, tumba, sima**. Es cualquier excavación artificial en suelo rocoso, en forma de pera, a menudo excavada a algunos metros de profundidad, para recoger y almacenar la lluvia invernal; también para almacenamiento de granos; paredes cementadas. Se pronuncia de manera simple: *bor*. Y en transliteración lingüística así: **Bôr**.

Análisis textuales por Profesor Fabián Araya Soto. Email:faroarso@gmail.com

Made in the USA
Columbia, SC
26 September 2024